心一堂易學術數古籍整理叢刊

京氏易六親占法古籍校注系列

# 《斷易天機》校注

【明】劉世傑　原著

虎易　校注

書名：《新鍥纂集諸家全書大成斷易天機》校註
系列：心一堂易學術數古籍整理叢刊　京氏易六親占法古籍校注系列
原著：【明】劉世傑
校注：虎易
編輯：**陳劍聰**

出版：心一堂有限公司
通訊地址：香港九龍旺角彌敦道610號荷李活商業中心十八樓05-06室
深港讀者服務中心：中國深圳市羅湖區立新路六號羅湖商業大厦負一層008室
電話號碼：(852)90277110
網址：publish.sunyata.cc
電郵：sunyatabook@gmail.com
網店：http：//book.sunyata.cc
淘宝店地址：https：//sunyata.taobao.com
微店地址：https：//weidian.com/s/1212826297
臉書：https：//www.facebook.com/sunyatabook
讀者論壇：http：//bbs.sunyata.cc

版次：二零二二年五月初版

平裝

定價：港幣　六百八十八元正
新台幣　二千八百八十元正

國際書號　978-988-8582-77-8



香港發行：香港聯合書刊物流有限公司
地址：香港新界荃灣德士古道220～248號荃灣工業中心16樓
電話：(852) 2150 2100　傳真：(852) 2407 3062
電郵：info@suplogistics.com.hk
網址：http://www.suplogistics.com.hk

台灣發行：秀威資訊科技股份有限公司
地址：台灣台北市內湖區瑞光路七十六巷六十五號一樓
電話號碼：+886-2-2796-3638　傳真號碼：+886-2-2796-1377
網絡書店：www.bodbooks.com.tw
台灣秀威書店讀者服務中心：
地址：台灣台北市中山區松江路二〇九號1樓
電話號碼：+886-2-2518-0207
傳真號碼：+886-2-2518-0778
網址：www.govbooks.com.tw

中國大陸發行 零售：深圳心一堂文化傳播有限公司
地址：深圳市羅湖區立新路六號羅湖商業大厦負一層008室
電話號碼：(86)0755-82224934

心一堂微店二維碼

心一堂淘寶店二維碼

# 《京氏易六親占法古籍校注》總序（代自序）

中國古代的占卜預測，源遠流長，林林總總，類型繁多。例如：龜卜占、象占、星占、夢占、風角鳥占、拆字占、手面相占、奇門、六壬、太乙、四柱八字、六爻占、六親占、梅花易占、紫微占、雜占等各種術數占卜預測方法。《左傳》、《國語》、《史記》以及二十五史和各種古代筆記等著作，就記錄有很多預測的占例。清代《欽定四庫全書》，將各種預測類的書籍，統歸於《子部•術數類》，因此，各種預測的方法和門類，又可統稱為「術數」。「京氏易六親占法」，就是這些術數中的一個獨立的預測種類。

## （一）

「京氏易六親占法」，是西漢•京房創立的以易經為基礎，採用納甲、五行、六親等各種體例，納入卦中的一種預測方法，也是各種術數中比較系統和成熟的方法。據《漢書•眭兩夏侯京翼李傳》記載：「京房字君明，東郡頓丘人也。治《易》，事梁人焦延壽」。又曰：「房本姓李，推律自定為京氏」。又曰：「其說長於災變，分六十四卦，更直日用事，以風雨寒溫為候，各有占驗。房用之尤精。好鐘律，知音聲」。《漢書•儒林傳》曰：「京房受《易》梁人焦延壽。延壽云：『嘗從孟喜問《易》』。會喜死，房以為延壽《易》即孟氏學，翟牧、白生不肯，皆曰非也。至成帝時，劉向校書，考《易》說，以為諸《易》家說皆祖田何、楊叔元、丁將軍，大誼略同，唯京氏為異，倘焦延壽獨得隱士之說，托之孟氏，不相與同。房以明災異得幸，為石顯所譖誅，自有傳。房授東海殷嘉、河東姚平、河南乘弘，皆為郎、博士。由是《易》有京氏之學」。「自武帝立《五經》博士，開弟子員，設科射策，勸以官祿」。「至元帝世，復立《京氏易》」。「京氏易」在漢代元帝時被立為博士，足以證明其學說，是當時具有很高學術地位和學術價值的。

《欽定四庫全書》提要記載：「《京氏易傳》三卷，漢•京房撰、吳•陸績注」。「績有易注，已著錄房所著有《易傳》三卷，《周易章句》十卷，《周易錯卦》十卷，《周易妖占》十二卷，《周易占事》十二卷，《周易守株》三卷，《周易飛候》九卷，又六卷《周易飛候》，《六日七分》八卷，《周易四時候》四卷，《周易混沌》四卷，《周易委化》四卷，《周易逆刺占災異》十二卷，《易傳積算法、集占條例》一卷。今惟《易傳》存」。從以上記錄可以知道，京房的著作，唯有《京氏易傳》得以保存下來，絕大多數都已經亡佚。

南宋•晁公武（約1104—約1183年）《郡齋讀書志》曰：「景迂嘗曰：余自元豐壬戌偶脫去舉子事業，便有志學易，而輒好王氏。本妄以謂弼之外，當自有名象者，果得京氏傳。而文字顛倒舛訛，不可訓知。迨其服習甚久，漸有所窺，今三十有四年矣，乃能以其象數，辨正文字之舛謬。於邊郡山房寂寞之中，而私識之曰：是書兆《乾》《坤》之二象以成八卦，凡八變而六十有四。於其往來升降之際，以觀消息盈虛於天地之元，而酬酢乎萬物之表者，炳然在目也」。從以上記錄可知，目前傳世的《京氏易傳》，是北宋·晁景迂經歷三十四年的研究後，重新編排整理成書的。

唐宋以前記錄有「京氏易六親占法」相關資料，惟有元代胡一桂收錄的晉代郭璞的《郭氏洞林》了。

《火珠林》是目前存世的「京氏易六親占法」的第一本系統性著作，作者題為「麻衣道者」，後人據此認為，大約是唐末宋初的作品。宋人項世安（1129－1208）謂：「以京房考之，世所傳《火珠林》即其遺法，《火珠林》即交單重拆也」。張行成亦謂：「《火珠林》之用，祖於京房」。《朱子語類》曰：「卜卦之錢，用甲子起卦，始於京房」。又云：「今人以三錢當揲蓍，乃漢·焦贛、京房之學」。

自《京氏易傳》、《火珠林》重新問世，其後宋、元、明、清時期，又有《卜筮元龜》、《海底眼》、《天玄賦》、《黃金策》、《易林補遺》、《易隱》、《易冒》、《增刪卜易》、《卜筮正宗》等著作，以及《卜筮全書》、《斷易天機》、《易隱》等輯錄本著作面世，經歷代作者不斷實踐，修改、注釋、補遺，使「京氏易六親占法」這種優秀的文化遺產，得以不斷傳承和完善。

## （二）

為了讓讀者對「京氏易六親占法」系列古籍著作，有個初步的瞭解，下面對選擇、注釋和整理的「京氏易六親占法」系列古籍著作，選擇的校錄版本及內容，做一個簡單的介紹，供讀者參考。

### 京氏易六親占法古籍著作叢書之一《京氏易傳》：

作者：漢・京房：（公元前77年—前37年。）據【明・兵部侍郎范欽訂】「天一閣」本，作為校錄底本，參考《漢魏叢書・明・新安程榮校》本，及《欽定四庫全書》，校注整理。字數大約4.1萬。

《京氏易傳》，是漢代・京房的著作，據《郡齋讀書志》晁公武曰：「漢《藝文志》易京氏凡三種，八十九篇。隋《經籍志》有《京氏章句》十卷，又有《占候》十種，七十三卷。唐《藝文志》有《京氏章句》十卷，而《易占候》存者五種，二十三卷。今其章句亡矣。乃略見於僧一行及李鼎祚之書。今傳者曰《京氏積算易傳》三卷，《雜占條例法》一卷，或共題《易傳》四卷，而名皆與古不同。今所謂《京氏易傳》者，或題曰《京氏積算易傳》者，疑隋、唐《志》之《錯卦》是也。《雜占條例法》者，疑唐《志》之《逆刺占災異》是也。《錯卦》在隋七卷，唐八卷，所謂《積算》《雜》《逆刺占災異》十二卷是也。至唐，《逆刺》三卷，而亡其八卷。元佑八年，高麗進書，有《京氏周易占》十卷，疑隋《周易占》十二卷是也。是古易家有書，而無傳者多矣。京氏之書，幸而與存者才十之一，尚何離夫師說邪」？目前京房的著作，繼續傳世的僅《京氏易傳》，其他著作均已亡佚。《京氏易傳》構建了「京氏易六親占法」的的理論基礎，以及六親體系架構，為該占法提供了理論和體系上的重要框架。

## 京氏易六親占法古籍著作叢書之二（一）《郭氏洞林》

作者：晉•郭璞：（公元276年—324年）。元•胡一桂抄錄。據《欽定四庫全書•周易啟蒙翼傳•外篇》本，作為校錄底本，參考《欽定古今圖書集成》理學彙編經籍典•易經部•易學別傳十一•晉《郭璞洞林》，校注整理。字數大約0.8萬。

《郭氏洞林》是最早集錄郭璞卦例的著作，其收錄的十三個卦例，對於後來的學者，研究郭璞的占法及其思路，是很好的原始資料，對於研究郭璞的易學思想和占法，具有一定的參考價值。

**京氏易六親占法古籍著作叢書之二（二）《周易洞林》：**

作者：晉•郭璞：（公元276年—324年）。清•王謨輯。據清嘉慶3年王謨刻本，作為校錄底本，校注整理。字數大約1.4萬。

《周易洞林》在《郭氏洞林》的基礎上，又從其他古籍中，收錄了一些關於郭璞的卦例和事例，對於研究郭璞的思想和占法，具有一定的參考價值。

**京氏易六親占法古籍著作叢書之三《易洞林》：**

作者：晉•郭璞：（公元276年—324年）。清•馬國翰輯。據虛白廬藏嫏嬛館補校本，即《玉函山房輯佚書》本，作為校錄底本，校注整理。字數大約2.4萬。

《易洞林》也是在《郭氏洞林》和《周易洞林》的基礎上，又從其他古籍中，收錄了一些關於郭璞的卦例和事例，對於研究郭璞的思想和占法，具有一定的參考價值。

**京氏易六親占法古籍著作叢書之四《火珠林》：**

作者：麻衣道者。相傳為唐末宋初時期的著作。據虛白廬藏《漢鏡齋秘書四種•火珠林》本，作為校錄底本，校注整理。字數大約5.9萬。

《火珠林》這本著作的問世，為「京氏易六親占法」的應用，提供了第一本系統的著作。該著作對京氏易的體例進行了論述，也用一些占例，解說了「京氏易六親占法」的應用方法，本書對於研究「京氏易六親占法」，具有很高的學術價值，也具有很重要的研究和參考價值。

## 京氏易六親占法古籍著作叢書之五《增注周易神應六親百章海底眼》，簡稱《增注海底眼》：

作者：王鼒；重編：何侁、信亨。南宋•淳佑（甲辰年•公元1244年）。據《續修四庫全書》一〇五五冊•子部•術數類《增注周易神應六親百章海底眼》本，作為校錄底本，參考「國家圖書館•古籍館」清代抄本，校注整理。字數大約2萬。

《增注海底眼》這本著作，著重論述了一些基本概念和知識，以及五行的對應方法和應用，並編製大量歌訣，幫助讀者理解和記憶。特別是對六親的概念，進行了重點論述，本書是「京氏易六親占法」體系中的一本重要著作，對於研究「京氏易六親占法」传承，具有比較重要的研究和參考價值。

## 京氏易六親占法古籍著作叢書之六《大易斷例卜筮元龜》，簡稱《卜筮元龜》：

作者：元•蕭吉文。元•大德十一年（丁未年•公元1307年）。據日本京都大學附屬圖書館《大易斷例卜筮元龜》手抄本上卷本，作為校錄底本，參考《斷易天機》輯錄資料，校注整理。字數大約9.5萬。

《卜筮元龜》這本著作，在國內基本已經失傳了，這次是根據日本京都大學附屬圖書館《大易斷例卜筮元龜》手抄本，校對注釋整理的。該著作首次附入大量配圖，補充了「京氏易六親占法」應用的很多基礎知識和概念，並首次提出了「以錢代蓍法」的成卦方法，將「京氏易六親占法」占卜預測分門別類，作了進一步的細化，本書也是「京氏易六親占法」體系中的一本重要著作，對於研究「京氏易六親占法」传承，具有很重要的研究和參考價值。

## 京氏易六親占法古籍著作叢書之七《周易尚占》：

作者：元•李清庵。元•大德十一年（丁未年•公元1307年）。據明刻本《亦政堂鐫陳眉公家藏彙祕笈》（輯入《心一堂術數珍本古籍叢刊•占筮類》），作為校錄底本，校注整理。字數大約4.2萬。

《周易尚占》這本著作，是與《卜筮元龜》為同一時期的作品，首次附入十幅配圖，補充了「京氏易六親占法」應用的一些基礎知識和概念，下卷有六十四卦納甲、世應等內容，並有六十四卦的詩歌斷例，具有一定的參考價值。

## 京氏易六親占法古籍著作叢書之八《新鍥纂集諸家全書大成斷易天機》，又稱為《增補鬼谷源流斷易天機》（寶善堂梓行），簡稱《斷易天機》：

作者：明•劉世傑。明•嘉靖十七年（戊戌年•公元1538年）。豫錦誠•徐紹錦校正；閩書林•鄭雲齋梓行本，作為校錄底本，參考《卜筮元龜》、《卜筮全書》等著作，校注整理。字數大約39.6萬。

《斷易天機》這本著作的初版，在國內基本已經失傳了，這次是根據日本覆刻明本（心一堂據虛白廬藏本屬同一版本，輯入心一堂術數古術珍本叢刊）校對注釋整理的。本書是「京氏易六親占法」的第二個匯輯本，收錄了此前「京氏易六親占法」各種著作，各種基礎知識理論和實踐方法內容，特別是首次出現了「鬼谷辨爻法」這種六親爻位的對應方法，為「京氏易六親占法」的應用，提供了預測分析的思路，擴展了預測分析的信息。這本著作，是「京氏易六親占法」系列古籍中的一本重要著作，對於研究「京氏易六親占法」傳承，具有很重要的研究和參考價值。

## 京氏易六親占法古籍著作叢書之九《易林補遺》：

作者：明·張世寶。萬曆三十四年（丙午年·公元1306年）。據《易林補遺》初版本，作為校錄底本，校注整理。字數大約14.5萬。

《易林補遺》這本著作，對「京氏易六親占法」以前各種著作的缺失，進行了一些分析和補充。作者雖然是一個盲人，但不迷信於鬼神，根據當時社會上普遍存在的有病則求神問卜的現象，他主張有病應該找醫生治療，避免殘害生命以及造成錢財的浪費。他提出了「爻爻有伏有飛，伏無不用」的論述，把「飛伏」的應用方法，更加彰顯出來。並成功的將「反吟」、「伏吟」的概念，納入「京氏易六親占法」體系，使這個體系的應用更加完備。

## 京氏易六親占法古籍著作叢書之十《卜筮全書》：

作者：明·姚際隆。崇禎三年（庚午年·公元1630年）。據《卜筮全書》初版本，作為校錄底本，校注整理。字數大約34.8萬。

《卜筮全書》這本著作，是「京氏易六親占法」的第一個匯輯本，首次正式納入了《天玄賦》這本著作。現存的書籍，是後來修訂的版本，首次正式納入了《黃金策》，對京氏易占法的理論和實踐體系，比較全面的進行了彙編，具有很重要的研究和參考價值。

## 京氏易六親占法古籍著作叢書之十一《易隱》：

作者：明•曹九錫（明•天啟五年前後•公元1625年前後）。據明刊最早版本，作為校錄底本，參考清代多個版本，校注整理。字數大約21.3萬。

《易隱》這本著作，應該是「京氏易六親占法」的第三個匯輯本，書中引錄了大量古籍資料。特別是其中「身命占」和「家宅占」的內容，將預測分類更細，也為後來的學者，提供了一個細化分析的基本框架，具有重要的研究價值。

## 京氏易六親占法古籍著作叢書之十二《易冒》：

作者：清•程良玉。清•康熙三年（甲辰年•公元1664年）。據江蘇巡撫採進本，作為校錄底本，校注整理。字數大約12.7萬。

《易冒》這本著作，作者雖然也是一位盲人，但他對於很多基礎知識，進行追本求源，並對其來源及推演方法，進行了論述。對於各種成卦方式，他提出了自己的看法，對幫助讀者打破迷信，樹立客觀的思想，起到重要作用。本書在學術研究上，具有一定的價值。

## 京氏易六親占法古籍著作叢書之十三《增刪卜易》：

作者：清•李文輝。清•康熙二十九年（庚午年•公元1690年）。據清•康熙年間古吳陳長卿刻本《增刪卜易》爲底本，作為校錄底本，校注整理。字數大約25.2萬。

《增刪卜易》這本著作，對「京氏易六親占法」的應用，化繁為簡，提出採用指占之法，讓信息直接切入預測的核心。又提出分占之法，便於釐清不易辨別的問題，避免信息產生混淆。同時，還提出了多占之法，用以追蹤求測人所疑，查找產生問題的原因，尋找出解決問題的方法。當設計出解決問題的方法後，還可以檢驗其是否具有解決問題的功能。本書在學術研究上，具有一定的價值。

## 京氏易六親占法古籍著作叢書之十四《卜筮正宗》：

作者：清•王洪緒。清•康熙四十八年（己丑年•公元1709年）。據清初刻本，作為校錄底本，校注整理。字數大約21.8萬。

《卜筮正宗》這本著作，對《黃金策》的注釋部分，有自己獨特的見解。對當時社會上存在的一些問題，也做出了自己的回答。對十八個類型的問題，也進行了論述。不足之處，在於作者為了強求對應，篡改了《增刪卜易》一些卦例的原始內容，這些需要讀者注意的。

## 京氏易六親占法古籍著作叢書之十五《御定卜筮精蘊》：

作者不詳，大約是清代的版本。據《故宮珍本叢刊》本，作為校錄底本，校注整理。字數大約7.5萬。

《御定卜筮精蘊》這本著作，是「京氏易六親占法」體例的一個精編本，大量內容都是從之前的古籍中來。作者去粗取精，去偽存真，也是具有一定研究價值的著作。

【編按：以上大部分版本，輯入《心一堂易學經典叢刊》或《心一堂術數古籍珍本叢刊》】

（三）

我為什麼要把這些古籍著作，定名為「京氏易六親占法」呢？我這樣做，既是為了統一學術稱謂，也是為了給「京氏易」正名，使「京氏易」占法不至於与其他占卜方式混淆。

《京氏易傳》是將六十四卦，分屬乾、震、坎、艮、坤、巽、離、兌八宮，一宮統八卦。八宮所屬五行，乾、兌宮屬金，震、巽宮屬木，坎宮屬水，離宮屬火，坤、艮宮屬土。每個卦所附「父母、官鬼、兄弟、子孫、妻財」等六親，是根據這個卦原來所屬之宮的五行，按「生我者為父母、我生者為子孫、尅我者為官鬼、我尅者為妻財、比和者為兄弟」的體例，推演得來的。預測時以六親類比事物的爻，也稱為「用神」，「用爻」，「用事爻」等等，用來分析事物的吉凶發展趨勢。

《火珠林•序》曰：「繼自四聖人後，易卜以錢代蓍，法後天八宮卦，變以致用，實補前人未備之一端，見《京房易傳》，未詳始自何人。先賢云：『後天八宮卦，變六十四卦，即《火珠林》法』，則是書當為錢卜所宗仰也，特派衍支分，人爭著述，炫奇標異，原旨反晦。今得麻衣道者鈔本，反覆詳究。其論六親，財官輔助，合世應、日月、飛伏、動靜，並尅害、刑合、墓旺、空沖以定斷。與時傳易卜，同中有異，古法可參。如所云『卦定根源，六親為主，爻究傍通，五行而取』，即《京君明海底眼》『不離元宮五向推』之旨也」。

《增注海底眼•六親》曰：「六親占法少人知，不離元宮五向推」。本書提出「六親占法」的概念，我認為「六親占法」是最能代表京氏易預測體系特徵的名稱，比之「納甲占法」和「六爻占法」的說法，更為名實相符，客觀合理一些。

基於京氏易預測體系的特徵，我認為，凡採用京氏易體系預測理論及方法，就應該稱為「京氏易六親占法」，或者稱為「京氏易六親預測法」，或簡稱為「六親占法」、「六親預測法」為宜。

《論語•子路》曰：「子曰：『必也正名乎』」，「名不正，則言不順；言不順，則事不成」。經歷了二十多年的混亂，現在是到了應該為「京氏易六親占法」正名的時候了。為什麼要為「京氏易六親占法」正名呢？只有名正，實符，稱謂統一，大家交流才會順暢，有共同語言，理解才不會產生歧義，進行學術的研究才能進入正軌。同時，也可以讓後來的學習者，不被社會上各種廣告性名詞所欺騙和誤導。

從古至今，都有學者提出以「納甲」命名的名稱，他們是根據「京氏易」體系，將每個卦納入天干的特徵而命名的。我們知道，京氏易體系，除了納入天干，還有納入地支，五星，二十八宿，六親等各種內容，而「納甲」并非是具有「京氏易」占法主要特徵的名稱。當然，也有占卜書籍，根據採用金錢搖卦的起卦方式，命名為「金錢占卦法」的。

上世紀九十年代後，社會上「大師輩出」，他們提出很多新奇的名詞，比如什麼「太極預測法」、「無極預測法」。我們看看《漢典》對「太極」和「無極」的解釋：古代哲學家稱最原始的混沌之氣為「太極」。天地混沌未分以前，稱為「太極」。「中國古代哲學中認為形成宇宙萬物的本原。以其無形無象，無聲無色，無始無終，無可指名，故曰無極」。從《漢典》的解釋看，很顯然，這兩種命名與「京氏易」預測方式是不吻合的，這樣的名詞，只是為了吸引讀者眼球，採用新奇的名詞而已。

至於社會上還流傳的「六爻預測法」、「新派六爻法」、「盲派六爻」、「道家六爻」，「道家換宮六爻」等等名稱，不一而足，無非是為了標新立異。以上各種名稱，以簡稱「六爻」者為多，因此，「六爻」這個名詞，就成為民間大眾對「京氏易六親占法」的俗稱了。

「六爻」這個名稱，是以卦有六個爻的特徵命名，是古代經學的代表名稱，在「京氏易」占法中，並不具有代表性。我們應該知道，古人經學所稱的「六爻占」法，是採用卦爻辭和象辭進行預測的方法，如《新鍥纂集諸家全書大成斷易天機》第三、四卷，其中就有「六爻詩斷」的內容，讀者可以參閱。

還有人將「京氏易六親占法」體系的預測方法，分成什麼「傳統派」，「新派」，「象法派」，「理法派」、「盲派」等等，這些名稱，只能是某一個類型的表示，與京氏易採用「象數理占」為一體的預測方式，是不能類比的。

由於社會上紛紛擾擾的各種說法，導致大家對京氏易預測方法產生混亂的看法，致使大家在交流時，產生了學術上的一些混亂。

我認為，早期邵偉華先生用《周易預測學》的名稱，是為了避免當時意識形態影響的原因而採用的名稱，但之後出現的各種名稱，無非是為了標新立異，吸引讀者眼球，或是有欺騙讀者的廣告嫌疑。因此，現在已經到了必須為「京氏易六親占法」正名的时候了。

## （四）

根據我在社會上和網絡上的多年學習和實踐觀察，發現目前在「京氏易六親占法」學習上，普遍存在著一些誤區，應該引起大家的注意。

一是由於國家對於術數，持比較低調的態度，出版的古籍由於選擇底版的不足，即使是正規出版的書籍，因編輯自身能力的原因，也存在太多錯誤，或者出現一些缺漏，影響了讀者的正常學習。加上這二十多年來，「大師」輩出，他們印刷了很多並非合法的資料，還有一些人，將一些資料東拼西湊成書，更是誤導了很多讀者。

二是有些人認為，「京氏易六親占法」不如「三式」準確，「三式」才是術數中最好，最準確的。《四庫全書總目•術數二•六壬大全》：「六壬與遁甲、太乙，世謂之三式」。根據我和很多朋友的交流和實踐，我認為，術數無高低之分，只有學得好與不好之別，沒有任何一門術數可以稱為是最準確和最好的。讀者應該根據各自的興趣愛好，選擇適合自己學習種類。

三是有些人認為，只有找「大師」學習，得到所謂秘訣，才能學好用活。我們知道，早期由於歷史的原因，古籍資料獲得不易，大家尋求不到可以學習的資料，因此造成很多不明真相的後學，被一些「大師」矇騙錢財。我認為，學習任何術數，都沒有所謂的秘訣，只有基礎知識紮實，才是最好的秘訣。另外，在網絡上，很多群和聊天室，大多數人都還停留在猜謎語式的猜測中，不能客觀的運用「象數理占」的基本分析方法，去進行分析判斷，既可能誤導求測人，又對自己的學習無益，這樣的現象是不太正常的。我認為在現代社會，每個人都可以利用網絡，獲取各種資料信息，應該多讀一些書，多和不同的人去交流，利用網絡資源去學習，在實踐中去加深對理論和基礎知識的理解，要把每一個求測人都當作老師，從他們反饋的客觀信息，不斷有意識、有條理的訓練自己。只要不斷努力積累各種基礎知識以及社會常識，勤於記錄，多作積累，自然就能學得好、用得活。當然，如果有機會和條件的話，有老師指導學習，是可以少走一些彎路的。對於有自學能力的人來說，只要有精良的書籍版本，自學也是可以成功的。

四是有些人認為，「京氏易六親占法」預測，只有採用乾隆銅錢搖卦，才是最準確的。據可考的古籍記載，我國最早的成卦方式，應該是「蓍草揲蓍」法，即分數蓍草，得數以成卦的方法。除此之外，後世的先賢們，還創造了多種成卦的方法，例如「以錢代蓍」，「風角」，「字畫」，「數字」等各種成卦方法，讀者可參考《梅花易數》及其他相關書籍，去瞭解這些應用方法。對於各種成卦方式，古今均有各種非議，即使是目前被大家認同的「以錢代蓍」法，據《易隱》記載，也曾經被京房之師焦延壽批評過。《易隱•以錢代蓍法》曰：「焦延壽曰：今人以蓍草難得，用金錢代之。法固簡易，非其類矣。求蓍之代者，太極丸其庶幾乎。考諸陰陽老少之數，則合。質諸成爻成卦之變，則符。合二三得五，是五行之數也。計一丸得十五，是河圖中宮十五之數，洛書縱橫十五之數也。刑同六合，道備三才，甚矣。木丸之似蓍草也，則猶從其類也。金錢簡易云乎哉」。

現代的「大師」們，跟隨古代一些崇古的人，發展了這種崇古的思維。他們認為，乾隆銅錢具有良好的導電性，可以傳遞什麼古代信息，殘存信息，未來信息等等，因此只有採用乾隆銅錢成卦才是最好的，還有人認為，應該採用五帝錢成卦，信息量就大，還有人認為，應該採用「五帝」錢成卦，信息量就大，信息才準確。如果採用其他的銅錢成卦，就可能會造成信息不準確。如果採用數字起卦，或者其他方式成卦，則會造成信息量不足，更不準確了。

我認為，以上這些說法，是十分滑稽可笑和荒謬的，沒有任何理論和實踐的依據。試問，如果說銅的導電性好，那麼銀比銅的導電性更好，為什麼不採用銀幣呢？這都是出於他們崇古的思維，或限於他們自己僅會某種方法，或出於其他目的，或出於他們並沒有真正理解《易經》「感而遂通」之理，均屬無稽之談，讀者不可盲目迷信。

《易冒·自序》曰：「古之人，有以風占、鳥占、諺占，言語卜、威儀卜、政事卜，是無卜筮，而知吉凶也。況蓍草、金錢、木丸之占，而必執同異相非乎」？又曰：「愚以為：易者，象也；象也者，像也。其辭則異，其象則符。但告於蓍則以蓍占，告於五行則以五行占，告於焦氏則以焦氏占可也。其成卦成爻一也」。三百五十年前的一个盲人作者，尚且具有如此見識，實可令以上非議之人汗顏。

我認為，時代在不斷變化，我們現在已經進入電腦手機時代，很多網上的排盤系統，都是十分快捷的方法。為人預測和給自己預測，不管採用何種方式成卦，都可以獲取與求測的人和事物相關的客觀信息。各種成卦方式的原理，不在於採用乾隆銅錢所謂「導電性」是否良好，而是在於《易傳》所說的「感而遂通」。其要點在於，求測人求測時的「一念之誠」，即客觀的說明需要預測的事物，不可雜亂。

五是有些人認為，預測的結果，吉凶應該就是唯一的。我們知道，人們預測的目的，就是為了「趨吉避凶」，不是僅僅需要知道一個所謂吉凶的結果，而是希望讓事物能夠向有利於自己的方向，避開不利於自己的方向，得到有效改善和發展。這樣不是很矛盾嗎？既然吉凶的結果是唯一的，如何又能「趨吉避凶」呢？預測又有什麼意義呢？換言之，既然可以「趨吉避凶」，那吉凶結果就不可能是唯一的，是可以因人因事而發生改變的。以上兩種看法，看似悖論。

「京氏易六親占法」，給看似無序的天地和人事，架構了一個對應的坐標。利用這個坐標，我們就可以分析、判斷、選擇出有利於我們的為人處世方式。客觀的說，任何預測方法，任何人預測，都不可能和客觀的事物完全準確對應，總是存在有不對應的情況發生。大多數時候，求測人所需要面對的，是對於未來事物的發展，如何去選擇的取捨問題。因此，預測師要根據卦中顯示的信息，客觀的解讀，幫助求測人找到存在的問題，以及產生問題的原因，指導求測人改善不客觀的認識，尋找正確的方法，以達到「趨吉避凶」的目的。

《增刪卜易·趨避章》曰：「聖人作易，原令人趨吉避凶。若使吉不可趨，凶不可避，聖人作之何益？世人卜之何用」？

我們也必須知道，並不是所有的人和事物，都是可依主觀的變化而發生改變的。這是需要求測人能按照預測師的指導，自己首先認識，按照可以向好的方向轉化的方式，堅持努力調整，才可以達成事物向有利於自己的方向去發展的。如果求測人不能認識，即使知道問題所在，也不願意去努力調整，那麼事物就會沿著之前的方向運行下去。

我的看法，預測是對事物發展過程，發展趨勢的分析判斷，其預測結果也並非是唯一的，可因人、因事而發生改變。對於有些已經發生，或者處於事物運行過程末端，已經無法改變的事物，其結果可能就是唯一的。例如面臨高考，已經沒有時間改善，那麼，考試成績的結果就是唯一的。再如已經懷孕，測懷孕的是男是女，結果也必然是唯一的。對於有些還未發生，或者正處於運行過程開始的事物，其結果可以因求測人的主觀變化和調整，而發生改變，其最後的結果，就並非是唯一的了。例如測以後的高考成績，則可以根據學生的客觀情況，指導其在生理、心理的調整，學習環境、學習方法的調整方面，做出有利的改善，幫助提高學習的成績。再如測找工作，可以根據客觀的信息，指導求測人在有利的時機、有利的方位去尋找，可以做到事半功倍。

六是有些人認為，應期要絕對的對應。當然，我們應該知道，應期的問題，是一個比較複雜的問題，每個卦中，能顯示應期的方式是多樣性的。我們在實踐中會經常發現，應期會出現早一些和晚一些的情況。究其原因，除了預測師的自身能力以外，還有一個不能忽視的原因，即時間和空間的不確定性。愛因斯坦的廣義相對論認為：「由於有物質的存在，空間和時間會發生彎曲，而引力場實際上是一個彎曲的時空」。因此，在時空發生彎曲的情況下，出現不能完全對應的情況，是客觀存在的，也是我們必須客觀面對的。

七是社會上出現的所謂「象法派」，「理法派」，看似新的流派。「象法派」重於象而輕於理，「理法派」重於理而輕於象，這兩者各有偏頗，偏廢一端，這都是不可取的。我們知道，「象數理占」在京氏易預測分析中，是一個整體，不可偏廢。我們應該綜合應用「象數理占」的方法，整體思維，整體分析為宜。

（五）

我們學習古代的術數方法，一方面要傳承古人的優秀文化，另一方面更要挖掘古人的智慧和方法，要結合當時的時代特徵，擴展更加廣闊的應用領域。

一是要在繼承古代優秀文化的基礎上，善於吸取古人的智慧，充分挖掘古籍的信息。有些已經發現的應用方法，例如元代著作《大易斷例卜筮元龜•占家內行人知在何處章》曰：「凡占行人在何處，子變印綬父母擬」，注釋曰：「以卦所生為爻。假令《困》卦，五月卦屬火，則丁未為子爻，戊寅為父母也」，這裡隱含的提出了轉換六親的概念。由於作者沒有清晰的注釋說明，六親轉換的內容比較含糊，以致很難被讀者發現和理解。《新鍥斷易天機》轉錄此內容為：「凡占行人在何處，子變應爻父母擬」，將原文的「印綬」兩字，錯錄為「應爻」兩字，導致讀者根本無法理解，以至於後來的著作，就沒有這樣的內容了，致使「轉換六親」的方法幾乎失傳。

我在校對整理這些古籍時，看到了這樣零星的材料，按照其原理進行還原，知道了這種轉換的方法。經過多年的應用實踐，我認為認識和掌握了這種轉換的方法，我們就可以從卦中，獲取與求測人相關的更多信息，甚至發現很多用常規方式，不可能發現的信息、隱蔽的信息。可以幫助我們，尋找影響求測人和事物關係的背後原因，便於更好的為求測人提供分析和化解的有效服務。

幾種轉換六親的方式如下：

1、以世爻為「我」轉換六親。

2、以用神為「我」轉換六親。

3、以月卦身為「我」，進行轉換六親。

4、以卦中的任一爻為「我」轉換六親。

有些還沒有發現，或者古籍中還存在的隱藏線索，或者古人沒有說透的概念，例如納音的應用，也需要讀者，或者後來的學者，去不斷挖掘，不斷研究，不斷完善。

二是要在繼承的基礎上，將古人成熟的應用方法，歸納整理，擴展更寬的應用領域。

例如「象數理占」，這是京氏易預測的基本方法，所謂「象」，即事物基本的屬性具象。簡單歸納如下：

一、卦宮象：如乾宮，坤宮象等。

二、內外象：如外卦主外、高、遠象；內卦主內、低矮、近象。

三、爻性象：如陽爻有剛象，陰爻有柔象。陽主過去象，陰主未來象等。

四、爻位象：如初爻元士，二爻大夫等象。初爻主腳，三爻主腹，六爻主頭等象。

五、五行象：如甲乙寅木屬木，丙丁巳午屬火等象。五行表示對應的時間、空間之象。

六、六親象：如父母爻主父母、長輩、文章、老師、論文、文憑、證件、證據、防護裝備，信息物品等象。

七、六神象：如青龍主喜，主仁、酒色等象。

八、進退象：如寅化卯為進，卯化寅為退等象。

九、世應象：世為己，應為人；婚姻關係，合作關係等象。

十、卦名象：如「夬」有抉擇之象，「蠱」有內亂之象。

十一、卦辭象：如乾卦象曰：「天行健，君子以自強不息」等預示之象。

十二、爻辭象：如乾卦初九象曰：「潛龍勿用，陽在下也」等預示之象。

十三、納音象：如甲子乙丑海中金之類象。

十四、時間象：如：寅卯辰表示春季，巳午未表示夏季；子水表示夜半，午火表示中午等等。

十五、方位象（空間之象）：如子水北方之象，午火南方之象等等。

十六、理象：（道理、義理、原理、事理）：如：生尅制化，刑冲合害等五行運行基本原理之象。

再如飛伏方法的應用，《易林補遺》曰：「爻爻有伏有飛，伏無不用」，但作者又認為飛伏的應用，僅僅是「若卦內有用神，不居空陷，不必更取伏神。如六爻不見主象者，卻取伏神推之」。

我們知道，伏神表示隱藏的信息。因此世爻下的伏神，是可以表示求測人的潛意識，或者內心思維的。從伏神與飛神的關係，可以得知求測人自身的心理狀態。另外，如世下伏神與應爻沖尅，也可以表示求測人與對方內心抵觸，或者言語衝突。

三是在學習的過程中，不能迷信古人，認為古人所論都是對的。要根據京氏易的基本原理和方法，不斷的創新思路，尋找更多更好的應用方法。

例如預測疾病，《天玄賦》論疾病曰：「決輕重存亡之兆，專察鬼爻。定金木水火之鄉，可分症候」，古人基本上是以官鬼爻去論病。

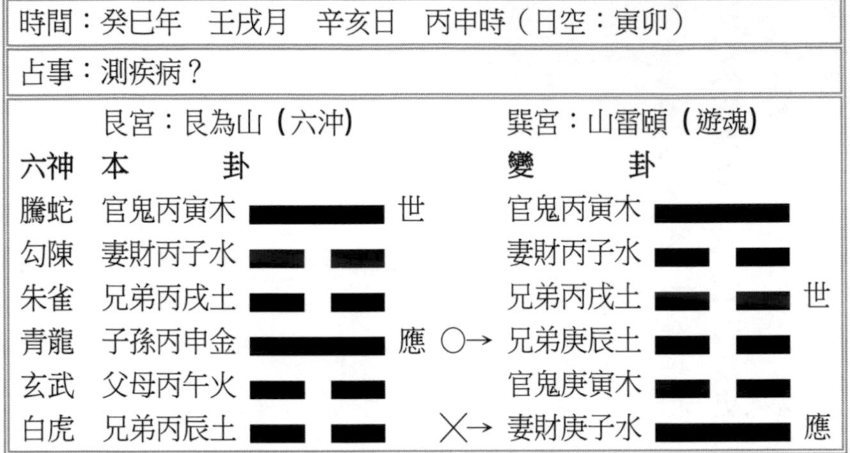

時間：癸巳年　壬戌月　辛亥日　丙申時（日空：寅卯）

占事：測疾病？

| | 艮宮：艮為山（六沖） | | | | 巽宮：山雷頤（遊魂） | | |
|---|---|---|---|---|---|---|---|
| **六神** | **本　卦** | | | | **變　卦** | | |
| 騰蛇 | 官鬼丙寅木 | ▅▅▅ | 世 | | 官鬼丙寅木 | ▅▅▅ | |
| 勾陳 | 妻財丙子水 | ▅ ▅ | | | 妻財丙子水 | ▅ ▅ | |
| 朱雀 | 兄弟丙戌土 | ▅ ▅ | | | 兄弟丙戌土 | ▅ ▅ | 世 |
| 青龍 | 子孫丙申金 | ▅▅▅ | 應 | ○→ | 兄弟庚辰土 | ▅ ▅ | |
| 玄武 | 父母丙午火 | ▅ ▅ | | | 官鬼庚寅木 | ▅ ▅ | |
| 白虎 | 兄弟丙辰土 | ▅ ▅ | | ╳→ | 妻財庚子水 | ▅▅▅ | 應 |

例如：癸巳年　壬戌月　辛亥日　丙申時，測疾病？

此卦午火被日令亥水，內卦三合子水相剋。卦中寅木雖然得日令生合，但逢旬空不受生。以上信息表示，求測人身體存在氣血兩虛的現象。六爻寅木雖然有日令亥水生合，內卦三合子水生，但爻遇旬空不受生，因此，會出現有頭暈的現象，並且還會有記憶力減退的現象，這是由於肝膽氣虛，運行不暢，導致腦供血不足造成的。應該找醫生去檢查，及時治療和調整。這樣去分析，才能客觀對應求測人的客觀現象。

我們既要繼承古人一些好的理論方法和應用方式，但也不必象古人那樣，執定鬼爻為病，可以根據京氏易的基本原理，和基本方法去分析判斷。

## （六）

我出生於二十世紀五十年代，由於父親過早的去世，我勉強讀了個小學，雖然小學畢業時，被保送到縣裡最好的中學，但由於文革和武鬥，學校都停課鬧革命，所以就沒有學上了。一九七零年，學校開始復課鬧革命，因為我們家庭生活困難，我想參加工作，為家裡減輕負擔，我也沒能繼續讀書。一九七零年六月，我還不滿十六歲，就因為得到組織上照顧，開始參加工作了，因此，我的文化基礎知識，是十分貧乏的。

進入八十年代，是中國社會開始發生大變革的時代，是人們知道文化知識貧乏，渴望讀書的時代，也是人們普遍感覺迷茫的時代，我生活於這個時代，也不可避免會產生對不可知的未來的困惑。

八十年代末期，隨著改革開放，《周易》慢慢也被解禁，國內開始了一個學習易學和術數預測的高潮。我也是這個時期，開始接觸到《易經》，從中體會到古人的一些智慧。邵偉華先生的《周易預測學》出版問世，我看到他在辦函授班，也參加了第二屆函授。後來，國家開始了搶救古籍的工作，出版了一批術數類古籍，我先後購買了這些書籍，開始進行自學。一九九三年，我得到《增刪卜易》這本著作，雖然此書編輯十分混亂，但還是引起我對「京氏易六親占法」的極大興趣。一九九五年，劉大鈞先生的《納甲筮法》出版，我從中深入瞭解到「京氏易六親占法」的基礎知識，然後長期實踐，深入研究和理解。一九九七年，我參加過山東大學周易研究中心舉辦的「首屆大易文化研討班」，這次也發了一本他們自己編寫的《增刪卜易》，對比我以前買的版本，好了很多。從此，我放棄了之前所學的其他術數方法，只對與「京氏易六親占法」相關的著作感興趣了。這個時期的自學，由於環境因素的影響，基本上是偷偷進行的。

九十年代後期，由於有了互聯網，我開始在網上和一些朋友討論和交流，在這個過程中，發現很多想學習的朋友，因為沒有資料，學習起來十分困難。基於這種情況，我開始用手頭的資料，錄入整理成電子文本，供易友們學習。再後來，隨著互聯網的發展，網上資料的增多，我經過對照發現，現代出版的古籍，錯漏太多，同時，因為古籍生僻字太多，加上沒有注釋，很多後學的朋友感覺學起來不易，也為了我自己對這一門學術研究的需要，因此，觸發了我想把「京氏易六親占法」相關的古籍，重新校注整理的想法。

我和易友鼎升，本著「為往聖繼絕學，為後世傳經典」的基本精神，十幾年來，到處搜求，各處尋找，也得到很多易友的幫助，終於收集到一批古籍資料，我從中選取有傳承價值，以及有研究價值的十幾個古籍版本，進行校對注釋整理，經歷十多年的不懈努力，終於完成了這一工作。希望能為有志於傳承這一門學術的朋友，提供最原始的資料，也希望能讓後來的學者少走彎路。

在這套古籍著作的校注整理過程中，得到「鼎升」先生的很多具體指導，以及「冰天烈焰」、「犀角尖尖」，「天地一掌中」等網友提供的原版影印古籍資料，也得到「漢典論壇」等網絡上很多朋友的幫助，在此一併向他們致謝。書中有些注釋資料，來源於網絡，未能一一加以說明，也請原作者諒解。

雖然經歷了十幾年的多次校對，注釋，整理，但書稿中不可避免還會存在一些問題，希望能得到方家的指正，也希望得到讀者的批評，在有機會的情況下，再作進一步的修訂，不至於誤導讀者。

京氏易學愛好者　湖北省潛江市　周光虎

撰於己丑年夏至日　公曆2009年6月21日　星期日

2017年9月28日9時40分星期四　重新修訂

2020年再修訂

網名：虎易

QQ：77090074

微信：wxid_e9cvbx1mugcf22

電子郵箱：tiger1955@163.com

新浪博客：http://blog.sina.com.cn/hbhy

http://blog.sina.com.cn/u/1248458677

# 《新鍥纂集諸家全書大成斷易天機》校注整理說明

京氏易六親占法，自西漢京房創立，歷經二千餘年，因戰亂兵火等各種原因，能流傳下來的完整著作不多。《新鍥纂集諸家全書大成斷易天機》是明代中期的一個輯錄本，該書輯錄了明代以前，以及明代早期的一些重要著作，如《卜筮元龜》、《天玄賦》等，為後世讀者研究「京氏易六親占卦法」的傳承和演變，提供了很重要寶貴的資料。可惜的是，目前國內只有清代的版本傳世，已經脫漏了初版的一些內容。

二零一三年六月，有幸得易友分享了日本收藏的中國文獻，和刻覆刻嘉靖十七年（西元1538年）的《新鍥纂集諸家全書大成斷易天機》（心一堂按：此本與虛白盧藏本屬同一刻本，輯入心一堂古籍珍本叢刊），據此版本錄入校注整理出來。

此次錄入校注，主要做了以下幾個方面的工作：

一、對文中明顯的錯別字，直接改正，採用校勘記的方式說明。

二、對原本中的生僻字，以現代漢語拼音注音，並簡注字義。

三、原本採用舊式標點，現在採用現代標點方式，重新標點。

四、原本有些內容錯漏，據已知的更早期的著作，互相校對補入。

五、對書中一些名詞，採用註腳的方式進行注釋。對文中的內容，按我個人的理解，以

「虎易按」的方式進行注釋，供讀者參考。

　　雖經多次校注，估計錯誤和闕漏之處也可能在所難免。讀者如發現校注錯誤，煩請告訴我及時改正。以免誤傳，貽誤後學。

初校稿完成於：2013年11月12日

二校稿完成於：2014年7月6日

三校注釋定稿：2017年6月13日

統一重校定稿：2019年7月15日

京氏易學愛好者　湖北省潛江市　虎易

網名：虎易

QQ：77090074

微信：wxid_e9cvbx1mugcf22

電子郵箱：tiger1955@163.com

新浪博客：http：//blog.sina.com.cn/hbhy

http：//blog.sina.com.cn/u/1248458677

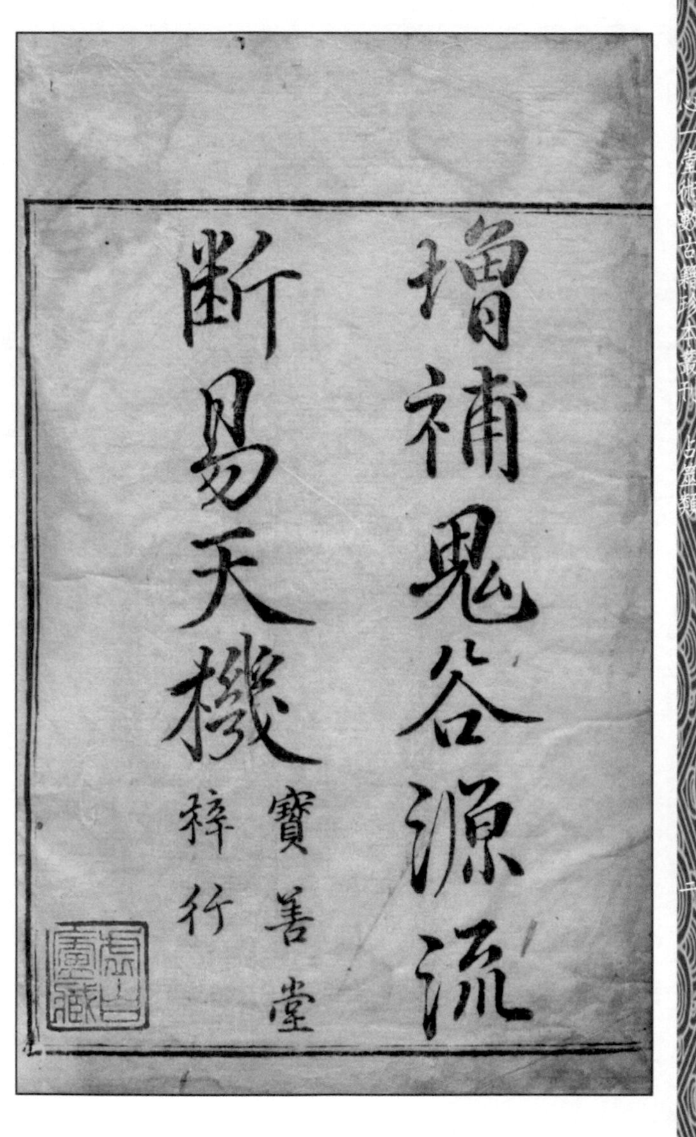


纂集諸家全書大成斷易天機(虛白廬藏和刻覆明刊本),輯入心一堂術數古籍珍本叢刊

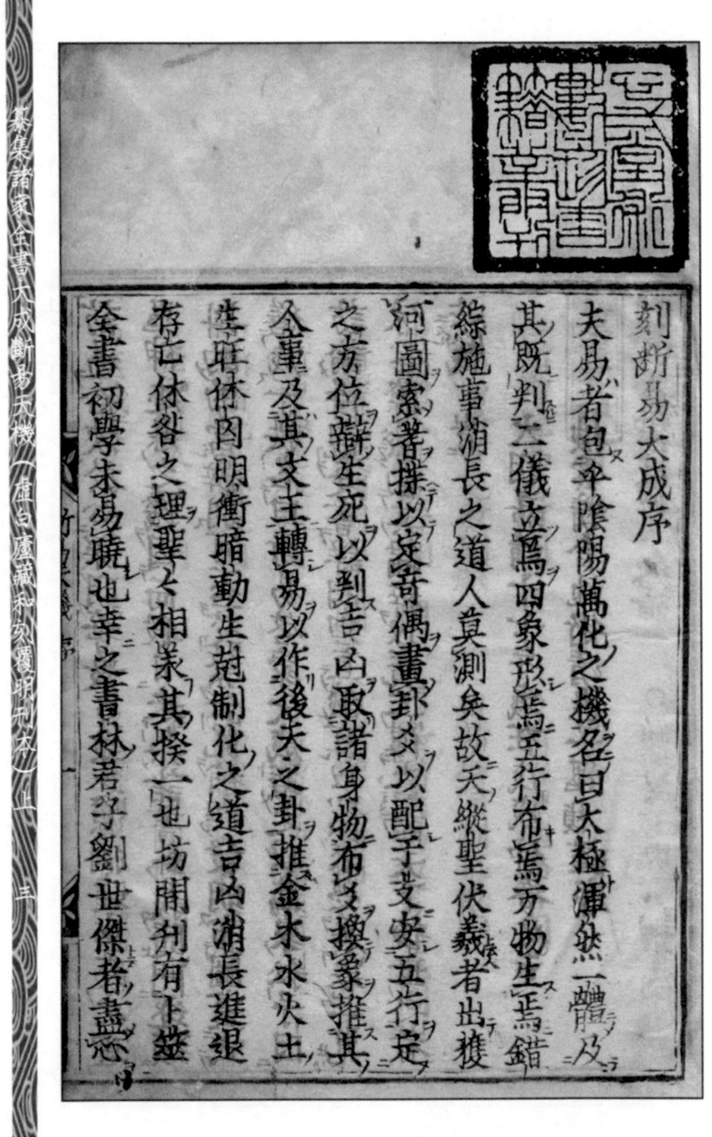

刻断易大成序

夫易者包乎陰陽萬化之機名曰太極渾然一體及其既判二儀立焉四象形焉五行布焉万物生焉錯綜施事消長之道人莫測矣故天縱聖伏羲者出獲河圖索蓍揲以定奇偶畫卦爻以配干支安五行定之方位辯生死以判吉凶取諸身物布爻擬象推其全軍及其文王轉易以作後天之卦推金木水火土生旺休囚明衝暗動生尅制化之道吉凶消長進退存亡休咎之理聖〻相承其揆一也坊間刊有卜筮全書初學未易曉也幸之書林若字劉世傑者盡心

纂集諸家全書大成斷易天機（虛白廬藏和刻覆明刊本）上　三

纂集諸家全書大成斷易天機(虛白廬藏和刻覆明刊本)，輯入心一堂術數古籍珍本叢刊

# 刻斷易大成序

夫易者，包乎陰陽①，萬化之機②，名曰太極③，渾然一體。及其既判，二儀④立焉，四象⑤形焉，五行⑥佈焉，萬物生焉。錯綜施事，消長之道，人莫測矣。故天縱聖，伏羲⑦者出，獲河圖，索蓍揲⑧，以定奇偶。畫卦爻以配干㊀支，安五行，定之方位，辯生死以判吉凶，取諸身物，佈爻換象，推其人事。及其文王轉易，以作後天之卦，推金、木、水、火、土，生旺休囚，明沖暗動，生剋制化之道，吉凶消長，進退存亡，休咎⑨之理。聖聖相羕⑩，其揆⑪一也。

坊間刊有《卜筮全書》，初學未易曉也。幸之書林君子劉世傑者，盡心訪易，治浹⑫於心，深明蓍數爻象⑬之源，洞達盛衰之理，鬼神跡息之機。因而暇日⑭，採集諸書卦義，隨門逐類，斟酌的當⑮，辨別可否，芟繁⑯去亂，補釋發明，佈圖畫式，繕成一帙⑰㊁，名曰《斷易啟蒙大成》，匿之以為家秘。予⑱因訪論，得睹是書，詳明理直，誠可以開來學⑲，展卷一覽，休咎了然⑳。勸其繡梓，以廣其傳，嘉諸天下後世之者共哉。

時　大明嘉靖十七年㉑歲在戊戌仲春之吉

栨雲精舍地術清虛子魏禎謹序

## 注釋

①陰陽：「陰陽」是我國古代的哲學概念。古代樸素的唯物主義思想家把矛盾運動中的萬事萬物概括為「陰」、「陽」兩個對立的範疇，並以雙方變化的原理來說明物質世界的運動。他們認為，「陰陽」是化生萬物的兩種元素，即陰氣、陽氣。《易經•繫辭上》曰：「陰陽不測之謂神」。

②萬化之機：宇宙中各種事物變化之所由。

③太極：天地混沌未分以前，稱為「太極」。《易經•繫辭上》曰：「易有太極」。

④二儀：指「陰陽」兩儀。《易經•繫辭上》曰：「易有太極，是生兩儀」。

⑤四象：指少陰、少陽、老陰、老陽四種象。《易經•繫辭上》曰：「易有太極，是生兩儀，兩儀生四象」。

⑥五行：指金、木、水、火、土五行。

⑦伏羲(x ī)：(生卒不詳)，風姓，燧人氏之子。亦作「伏戲」、「皇羲」、「宓犧」、「庖犧」、「包犧」、「犧皇」、「太昊」，《史記》中稱「伏犧」，又稱青帝，是五天帝之一，都陳，相傳在位115年，傳十五世，凡千二百六十載。伏羲是古代傳說中中華民族人文始祖，有勝德，始畫八卦，造書契，教民佃、漁、畜牧等。

⑧索蓍揲（sh ī shé）：探索以蓍草（古代用以占卜的草）揲蓍成卦的方法。參閱「揲蓍」注釋。

⑨休咎（jiù）：吉凶，善惡。

⑩羕（yàng）：水流悠長。

⑪揆（kuí）：道理，準則。

⑫洽浹（qià jiā）：廣博，周遍。

⑬蓍數爻（yáo）象：蓍數指揲蓍所得的數，爻象指易卦的爻辭和象辭。

⑭暇（xiá）日：空閒的日子。

⑮的當：合適、恰當。

⑯芟（shān）繁：刪除繁瑣。

⑰繕（shàn）成一帙（zhì）：編錄抄寫整理成一套。

⑱予：我。假借為「余」字。

⑲來學：指後來的學者。

⑳了然：亦作「瞭然」。清楚，明瞭。

㉑大明嘉靖十七年：西元1538年。

## 校勘記

㊀「干」，原本作「于」，疑誤，據其文意改。

㊁「帙」，原本作「秩」，疑誤，據其文意改。

# 斷易天機目錄

## 第二卷

## 第三卷

## 第四卷

## 第五卷

第六卷　一一六一

目錄終

## 注釋

①掛扐（lè）揲蓍（shé shī）：亦稱「揲蓍草」，「數蓍草」。古人數蓍草成卦時，先在五十根蓍草中抽出一根，再將其餘分作兩部分，然後四根一數（稱為「揲蓍」），將餘數夾在手指中間（稱為「掛扐」）。以最後得數的奇偶，定陰爻或陽爻。這種成卦的方法，稱為「掛扐揲蓍」。

②原本作「新增關禁殺」，據《蔔筮全書•神殺歌例•關鎖殺》原文改作「新增關鎖殺」

③爻神：對卦爻的敬稱。

## 校勘記

㈠「首卷」，原本作「第一卷」，但以下十四條目錄均為圖，據此補入改。據正文目錄，將「第一卷」目錄移於圖後。

㈡「新增龍馬出河之瑞圖」，原本作「新增龍馬出河圖」，疑誤，據本圖名稱改。

㈢「新增神龜出洛之瑞圖」，原本作「新增神龜出洛圖」，疑誤，據本圖名稱改。

㈣「新增掛扐揲蓍之法圖」，原本作「新增掛扐揲蓍圖」，疑誤，據本圖名稱改。

㈤「新增伏羲八卦圖」，原本作「新增先天卦文圖」，疑誤，據本圖名稱改。

㈥「新增文王八卦圖」，原本作「新增後天卦文圖」，疑誤，據本圖名稱改。

㊆「新增五聖蓍室之圖」，原本作「新增五聖圖像」，疑誤，據本圖名稱改。

㊇「新增王羽先生卦式」，原本作「新增鬼谷子圖像」，疑誤，據本圖名稱改。

㊈「筮儀」，原本作「筮儀文」，疑誤，據內容名稱改。

㊉「六十甲子納音例」，原本脫漏，據內容標題名稱補入。

⑪「八卦渾天納甲六點陣圖」，原本作「八卦渾天甲六點陣圖」，疑誤，據內容標題名稱改。

⑫「五行配六親法」，原本作「五行配卦」，疑誤，據內容標題名稱改。

⑬「新增推八卦八節旺廢之法圖」，原本作「新增八卦旺廢圖」，疑誤，據內容標題名稱改。

⑭「論三合例」，原本作「三合例」，疑誤，據內容標題名稱改。

⑮「論天元祿例」，原本作「天元祿例」，疑誤，據內容標題名稱改。

⑯「論天乙貴人例」，原本作「天乙貴人例」，疑誤，據內容標題名稱改。

⑰「新增論福星貴人例」，原本作「新增福星貴人例」，疑誤，據內容標題名稱改。

⑱「論天喜」，原本作「天喜論」，疑誤，據內容標題名稱改。

⑲「新增論天德」，原本作「新增天德論」，疑誤，據內容標題名稱改。

⑳「新增論月德」，原本作「新增月德論」，疑誤，據內容標題名稱改。

㉑「月解神」，原本作「月解例」，疑誤，據《卜筮全書·神殺歌例·月解神》原文改。

㉒「天醫」，原本作「天醫吉神」，疑誤，據內容標題名稱改。

㉓「天嗣」，原本脫漏，據內容標題名稱補入。

㉔「皇恩貴」，原本脫漏，據內容標題名稱補入。

㉕「無鬼無氣、絕處逢生、合處逢沖、隨官入墓、逢沖暗動、助鬼傷身」目錄，原本脫漏，據內容標題名稱補入。

㉖「父母用、兄弟用、子孫用、妻財用、官鬼用」，原本脫漏，據內容標題名稱補入。

㉗「鬼谷斷云」，原本脫漏，據內容標題名稱補入。

㉘「新增論伏神類」，原本作「新增伏神類」，疑誤，據目錄體例名稱改。

㉙「伏神定局、出現旺相伏藏、占財伏兄、占財伏鬼、財伏父子、占官鬼伏兄、占鬼伏財鄉、占鬼伏父下、占鬼伏子爻、占鬼伏官」目錄，原本脫漏，據內容標題名稱補入。

㉚「用爻伏藏、用爻出現」，原本脫漏，據內容標題名稱補入。

㉛「出現爻象重疊」，原本作「出現爻象」，疑誤，據內容標題名稱原文改。

㉜「子孫獨發、兄弟獨發、父母獨發、妻財獨發、官鬼獨發」目錄，原本脫漏，據內容標題名稱補入。

㉝「爻神例」，原本作「反神例」，疑誤，據《國家圖書館·古籍館》清抄本內容改。

㉟「用爻例」，原本脫漏，據《國家圖書館•古籍館》清抄本內容補入。

㊱「論六神賦」，原本作「論六神」，疑誤，據內容標題名稱改。

㊲「每月六神所在定局、六神歌賦、六神所主事、明六神訣、日六神內動、日六神外動、六神有氣吉凶、六神彖象歌、六神空亡」目錄，原本脫漏，據內容標題名稱補入。

㊳「父母用變、子孫用變、妻財用變、兄弟用變、官鬼用變」目錄，原本脫漏，據內容標題名稱補入。

㊴「六親根源」，原本作「六親占法」，疑誤，據《火珠林•六親根源》標題改。

㊵「父母類、子孫類、妻財類、官鬼類、兄弟類」目錄，原本脫漏，據內容標題名稱補入。

㊶「五鄉沖剋取來情爻、沖剋父母爻、沖剋兄弟爻、沖剋子孫爻、沖剋妻財爻、沖剋官鬼爻」目錄，原本脫漏，據內容標題名稱補入。

㊷「占祈禳」，原本作「占祈禱」，疑誤，據內容標題名稱改。

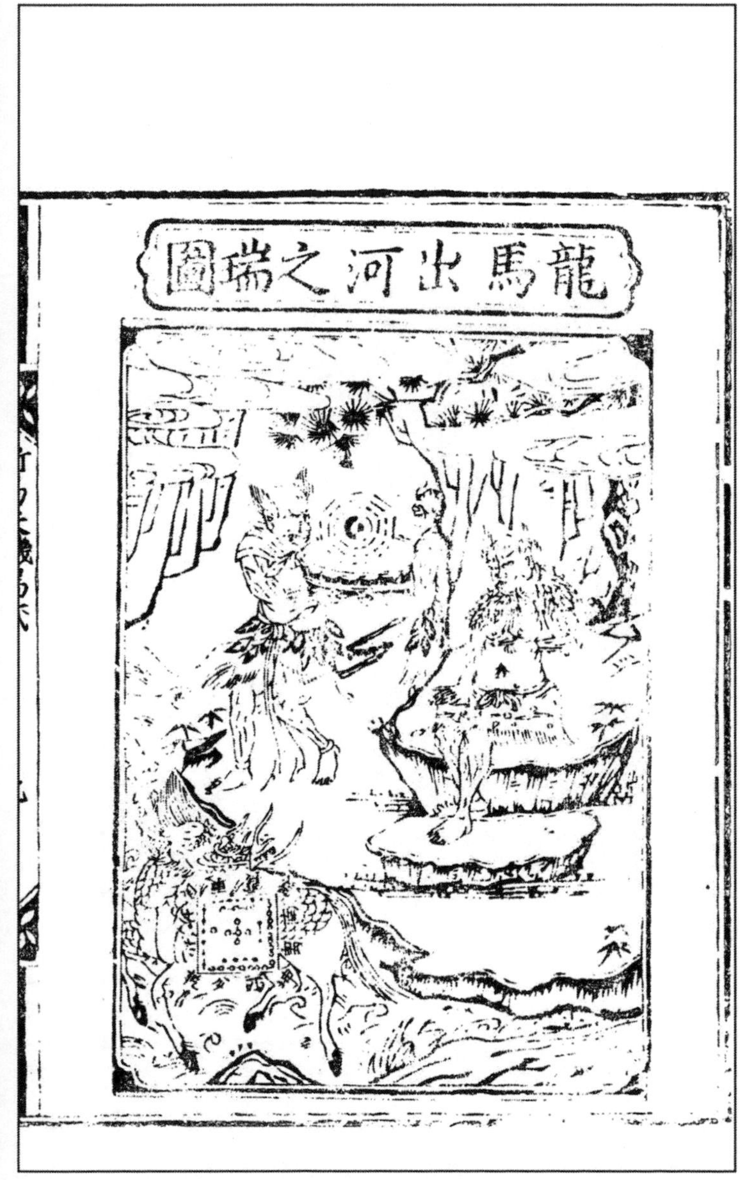
龍馬出河之瑞圖

神龜出洛之瑞圖
心一堂術數古籍珍本叢刊　占筮類
二二

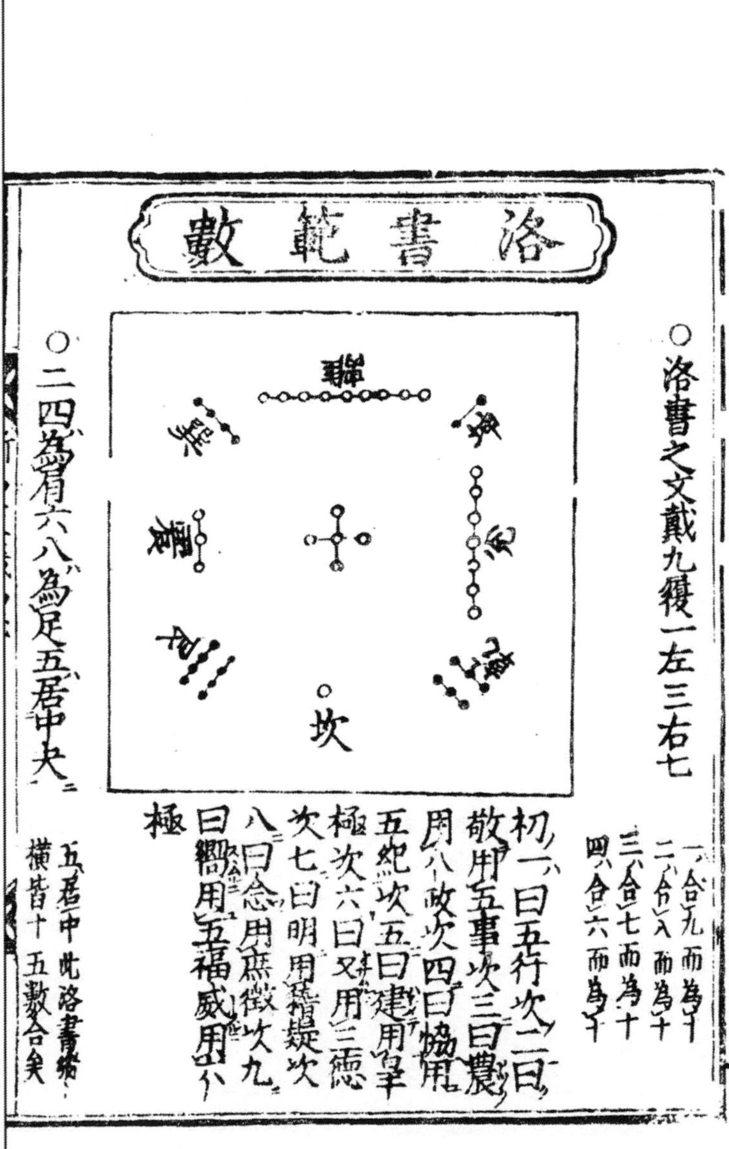

洛書範數

○洛書之文戴九履一左三右七

○二四為肩六八為足五居中央



一合九而為十　二合八而為十　三合七而為十　四合六而為十

初一曰五行次二曰敬用五事次三曰農用八政次四曰協用五紀次五曰建用皇極次六曰乂用三德次七曰明用稽疑次八曰念用庶徵次九曰嚮用五福威用六極

五居中　此洛書縱橫皆十五數合矣

# 河圖象數

○河圖之文前七二後一六左三八右四九居中者五與十

前七二即二合七也
後一六即一合六也

火
木　土　金
水

天一地二天三地四天五地六天七地八天九地十天數五地數五五位相得而各有合天數二十有五地數三十凡天地之數五十有五此所以成變化而行鬼神也

○河圖天一生水地六成之地二生火天七成之天三生木地八成之地四生金天九成之

左三八即三八合也
右四九即四九合也
居中者五與十合也

# 八卦五行相合圖

坤之三交於乾之三成兌
坤 乙 地 二
兌 丁 地 四
離 己 地 六
巽 辛 地 八
坤 癸 地 十
坤之二交於乾之二成离
坤之初交於乾之初成巽

木 火 土 金 水

乾之三交於坤之三成艮
乾 甲 天 一
艮 丙 天 三
坎 戊 天 五
震 庚 天 七
乾 壬 天 九
乾之二交於坤之二成坎
乾之初交於坤之初成震

己 庚 辛 壬 癸

土 甲己土即一与六合
金 乙庚金即二与七合
水 丙辛水即三与八合
木 丁壬木即四与九合
火 戊癸火即五与十合

甲 乙 丙 丁 戊

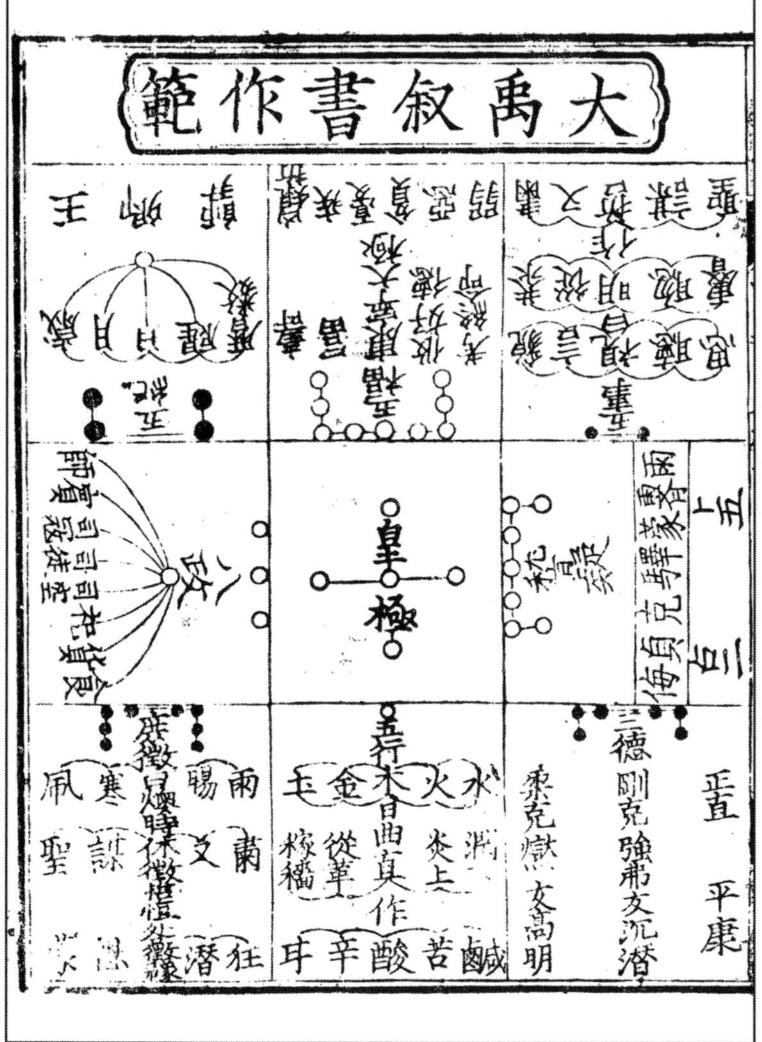
大禹叙書作範
五行
水　火　木　金　土
潤下　炎上　曲直　從革　稼穡
鹹　苦　酸　辛　甘
八政
皇極
三德
正直　平康
剛克　強弗友沉潛
柔克　燮友高明
五事
五紀
歲　月　日　星辰　曆數

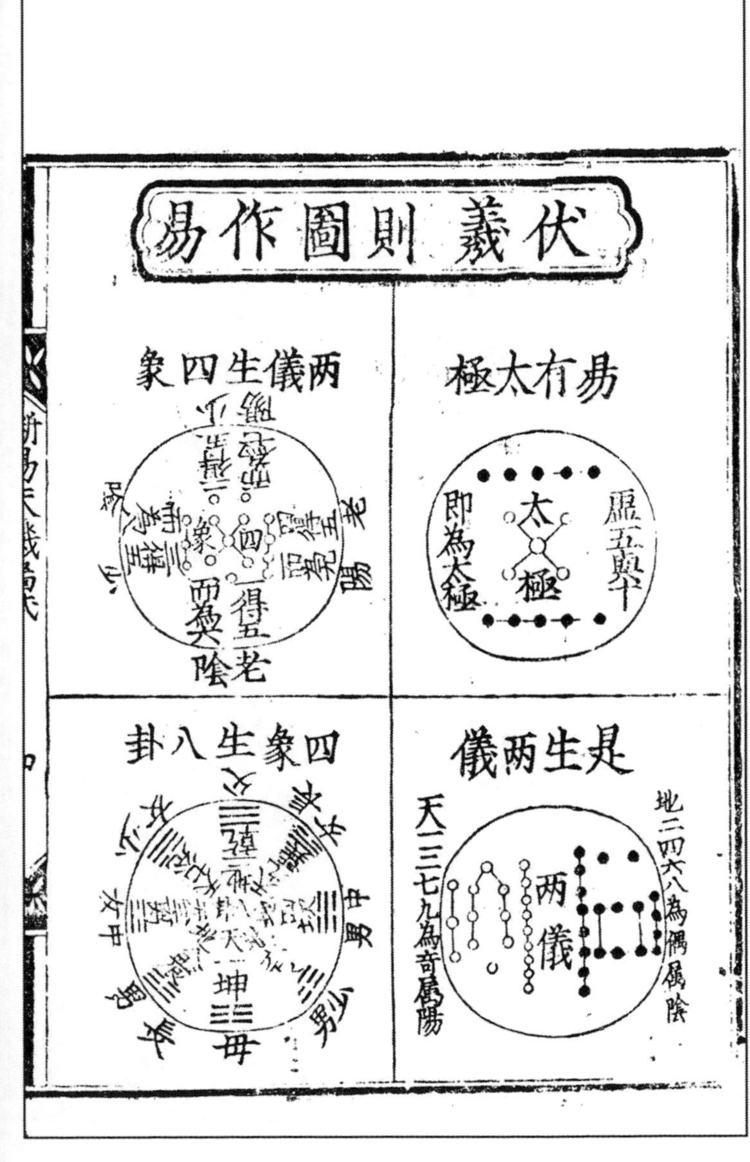
伏羲則圖作易
易有太極
即為太極
太極
是生兩儀
兩儀
天一三七九為奇屬陽
地二四六八為偶屬陰
兩儀生四象
老陽
老陰
少陽
少陰
四象生八卦
乾
坤
父
母
長男
中男
少男
長女
中女
少女

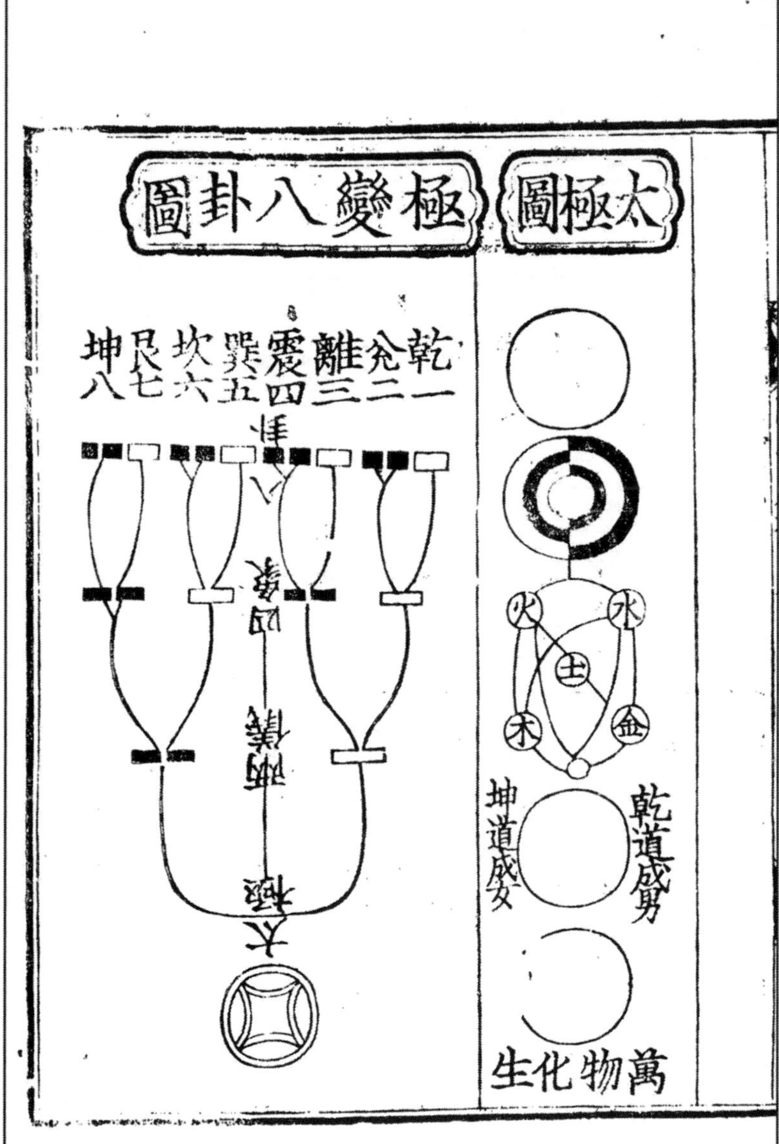
太極圖
火
水
土
木
金
乾道成男
坤道成女
萬物化生
極變八卦圖
乾一
兌二
離三
震四
巽五
坎六
艮七
坤八
八卦
四象
兩儀
太極

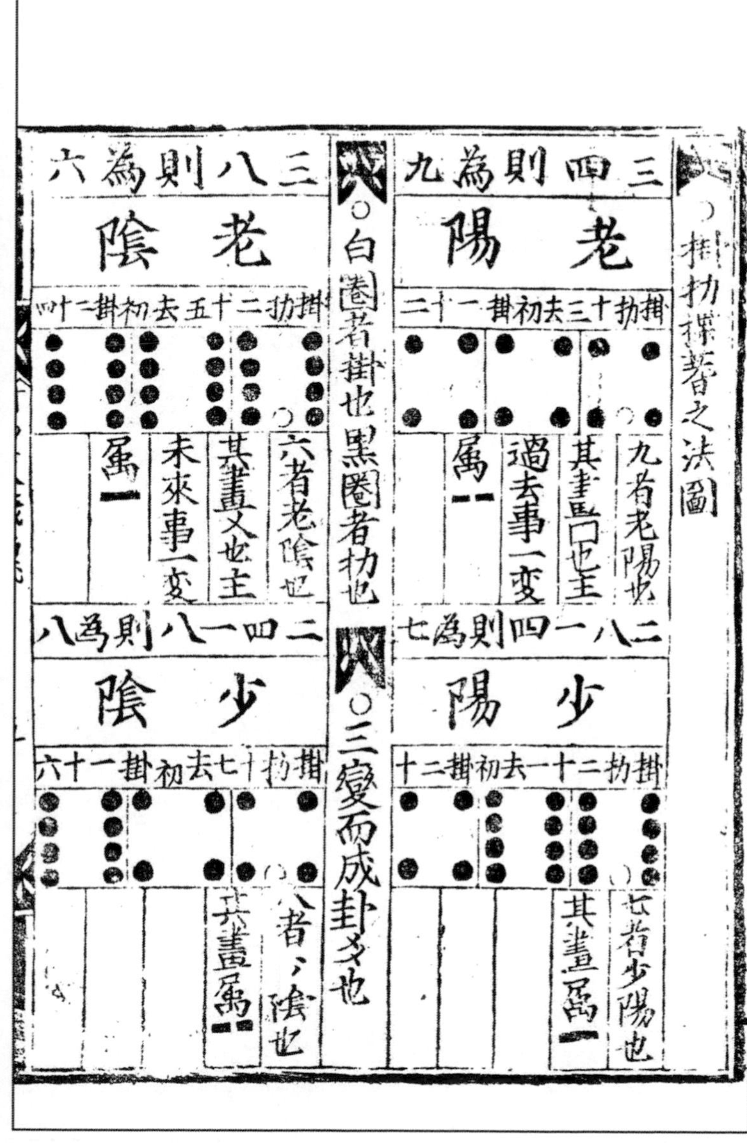

○掛扐揲蓍之法圖
三四則為九
老陽
掛扐十三去初掛一十二
九者老陽也
其畫□也主
過去事一变
屬一
○白圈者掛也黑圈者扐也
三八則為六
老陰
掛扐二十五去初掛二十四
六者老陰也
其畫✕也主
未來事一变
屬一
○三變而成卦爻也
二八一四則為七
少陽
掛扐二十一去初掛一十二
七者少陽也
其畫屬一
二四一八則為八
少陰
掛扐十七去初掛一十六
八者少陰也
其畫屬—

伏羲八卦圖

文王八卦圖

**先天伏羲圖說**

天地定位，山澤通氣，雷風相薄，水火不相射，八卦相錯。數往者順，知來者逆，是故易逆數也。

**後天文王圖說**

帝出乎震（正春也），齊乎巽（春末夏初），相見乎離（正夏也），致役乎坤（夏末秋初），說乎兌（正秋也），戰乎乾（秋末冬初），勞乎坎（正冬也），成乎艮（冬末）北也，萬物所藏。文王八卦以屬春夏秋冬四時之序也。

**八卦取象圖說**

乾為馬，坤為牛，震為龍，巽為雞，坎為豕，離為雉，艮為狗，兌為羊。〔此遠取諸物之象〕

乾為首，坤為腹，震為足，巽為股，坎為耳，離為目，艮為手，兌為口。〔近取諸身之象〕

總取卦象，八卦為八物，屬類遂為上卦，看所屬之方為下卦。乾為西北方，坎為北方，艮為東北方，震為東方，巽為東南方，離為南方，坤為西南方，兌為西方，下[illegible]可通耶。

先天伏羲圖說：天地定位，山澤通氣，雷風相薄，水火不相射，八卦相錯，數往者順，知來者逆；是故，易逆數也。

後天文王圖說：帝出乎震正春也，齊乎巽春末夏初，相見乎離正夏也，致役乎坤夏末秋初，說言乎兑正秋也，戰乎乾秋末冬初，勞乎坎正冬也，成言乎艮冬末止也，萬物所藏。文王八卦以屬春夏秋冬四時之序也。

八卦取象圖說：乾為馬，坤為牛，震為龍，巽為雞，坎為豕，離為雉，艮為狗，兑為羊。此遠取物之象。乾為首，坤為腹，震為足，巽為股，坎為耳，離為目，艮為手，兑為口。近取諸身之象。

總取八卦象：八卦萬物屬類並為上卦，看所屬之方為下卦，乾為西北方，坎為北方，艮為東北方，震為東方，巽為東南方，離為南方，坤為西南方，兑為西方。以上皆可起卦。

# 五聖蓍室之圖

乾遇巽時為月窟

地逢雷處見天根

## 蓍室圖說

蓍生嘉林無以草如蓍者代之擇地潔處為蓍室中設伏羲大禹文王周公孔子五聖人像爻設案上置蓍五十莖韜以纁帛貯以皂囊納於櫝中櫝用竹筒為之如蓍之長半為底半為蓋下別為臺函之使不偃仆櫝前設元龜元龜之前置壺占用陶器或古銅器左佳壺前置香炉室前南向為牖設大案於牖下為布皆案旁設小案占占備筆紙墨硯將筮則洒掃拂拭滌硯注水及筆正衣冠盥漱訖出蓍於壺占畢反於櫝致敬而退

# 蓍室圖說

蓍生嘉林，無，以草如蓍者代之。擇地潔處為蓍室①，中設庖羲②、大禹③、文王④、周公⑤、孔子⑥五聖人像。次設案，上置蓍五十莖⑦，韜以纁帛⑧，貯以皂囊⑨，納於櫝中⑩。櫝用竹筒為之，如蓍之長，半為底，半為蓋，下別為台函之⑪，使不偃仆⑫。櫝前設元龜，元龜之前置壺，壺㊀用陶器或古銅器尤佳，壺前置香爐。室前南向為牖，設大案於牖下，為佈蓍之案，旁設小案，案㊁上備筆紙墨硯。將筮則灑掃拂拭⑬，滌硯⑭注水及筆，正衣冠，盥漱訖⑮，出蓍於壺。占畢，反於櫝，致敬而退。

虎易按：此說源於《周易本義•筮儀》，讀者可參閱後文所附《周易本義•筮儀》。

## 注釋

①蓍室：指專門佈置用於占卜的房間。

②庖羲（xī）：參閱「伏羲」注釋。

③大禹：禹，姓姒，名文命，字(高)密。史稱大禹、帝禹，為夏后氏首領、夏朝開國君王。禹是黃帝的玄孫、顓頊的孫子。其父名鯀，被帝堯封於崇，為伯爵，世稱「崇伯鯀」或「崇伯」，其母為有莘氏之女脩己。相傳，禹治理黃河有功，受舜禪讓而繼承帝位。在諸侯的擁戴下，禹王正式即位，國號夏。並分封丹朱於唐，分封商均於虞。禹是

夏朝的第一位天子，因此後人也稱他為夏禹。他是中國古代傳說時代與堯、舜齊名的賢聖帝王，他最卓著的功績，就是歷來被傳頌的治理滔天洪水，又劃定中國版圖為九州。後人稱他為大禹。參閱《史記》。

④文王：姬昌（前1152年—前1056年），姬姓，名昌，季歷之子，周朝奠基者，歷史上的一代明君。相傳《周易》為其被囚羑里時所作。西元前1046年，其子周武王姬發滅商，追尊他為周文王。參閱《史記》。

⑤周公：本名姬旦，尊稱為叔旦，史稱周公旦，是周朝歷史上第一代周公，謚號周文公。周文王姬昌第四子，周武王姬發同母弟。因封地在周，故稱周公或周公旦。《尚書大傳》稱其：「一年救亂，二年克殷，三年踐奄，四年建侯衛，五年營成周，六年制禮樂，七年致政成王」。參閱《史記》。

⑥孔子：（西元前551年—西元前479年），名丘，字仲尼。祖籍宋國夏邑，出生於魯國陬邑。孔子曾帶領部分弟子周遊列國，修訂了六經：《詩》、《書》、《禮》、《樂》、《易》、《春秋》。相傳他有弟子三千，賢弟子七十二人。孔子去世後，其弟子將其言行語錄記錄，整理編成了儒家經典《論語》。參閱《史記・卷四十七・孔子世家第十七》。

⑦蓍五十莖：指用五十根蓍草。蓍草：古代常以其莖用作占卜。

⑧韜（tāo）以纁帛（xūn bó）：納藏於淺紅色的絲織品中。

⑨貯（zhù）以皂囊（zào náng）：儲存，收藏於黑綢口袋中。皂囊亦作「阜囊」。

⑩納（nà）於櫝（dú）中：放在木匣之中。

⑪函（hán）之：用匣子或封套裝盛。

⑫偃仆（yǎn pú）：仆倒，傾倒。仰而倒曰偃，伏而覆曰仆。

⑬拂拭（fúshì）：除去塵埃。

⑭滌硯（díyàn）：洗滌硯臺。

⑮盥漱訖（guàn sòuqì）：洗漱完畢。

## 校勘記

㈠「壺」，原本作「占」，疑誤，據其文意改。

㈡「案」，原本作「占」，疑誤，據其文意改。

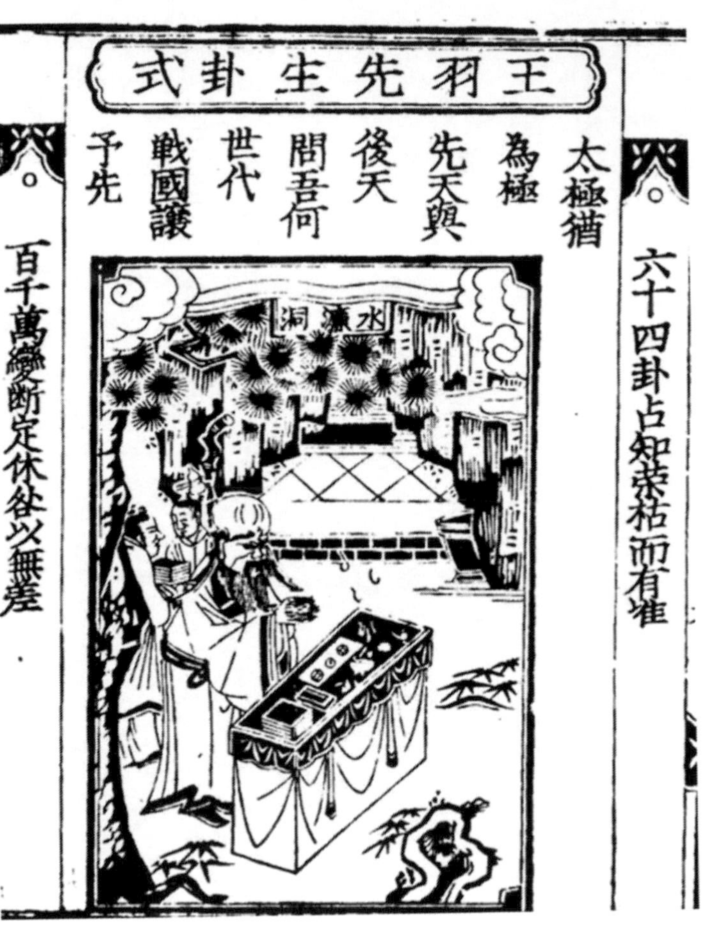


太極猶為極，先天與後天，問吾何世代，戰國讓予先。
六十四卦占知榮枯而有準，百千萬變斷定休咎以無差。

# 新鍥纂集諸家全書大成斷易天機卷之一


作者　劉世傑　編著
清虛子　魏禎　序
豫錦誠　徐紹錦　校正
閩書林　鄭雲齋　梓行


## ·筮儀

擇地潔處為蓍室，南戶，置牀於室中央。

牀大約長五尺，廣三尺，毋太近壁。

蓍五十莖，韜以纁帛，貯以皂囊，納之櫝中，置于牀北。櫝以竹筒，或堅木，或布漆為之。圓徑三寸，如蓍之長。半為底，半為蓋，下別為臺函之，使不偃仆。

設木格于櫝南，居牀二分之北。格，以橫木板為之，高一尺，長竟牀。當中為兩大刻，相距一尺。大刻之西為三小刻，相距各五寸許。下施橫足，側立案上。

置香爐一于格南，香合一于爐南，日炷香致敬。將筮，則灑掃拂拭，滌硯一、注水，及筆一、墨一、黃漆板一，于爐東。東上，筮者齊潔衣冠，北面，盥手焚香致敬。筮者北面，見《儀禮》。若使人筮，則主人焚香畢，少退，北面立。筮者進立於牀前少西，南向受命。主人直述所占之事㊀，筮者許諾。主人右還，西向立；筮者右還，北向立。兩手奉櫝蓋，置於格南爐北。出蓍於櫝，去囊解韜，置於櫝東。合五十策，兩手執之，熏于爐上。

此後所用蓍策之數，其說並見《啟蒙》①。

命之曰：「假爾泰筮有常，假爾泰筮有常。某官姓名，今以某事云云，未知可否，爰質所疑，于神於靈。吉凶得失，悔吝憂虞②，惟爾有神，尚明告之」。乃以右手取其一策，反於櫝中，而以左右手中分四十九策，置格之左右兩大刻。

此第一營，所謂「分而為二以象兩」者也。

次以左手取左大刻之策執之，而以右手取右大刻之一策，掛于左手之小指間。

此第二營，所謂「掛一以象三」者也。

次以右手四揲左手之策。

此第三營之半，所謂「揲之以四，以象四時」者也。

次歸其所餘之策，或一，或二，或三，或四，而扐之左手無名指間。

此第四營之半，所謂「歸奇於扐，以象閏」者也。

次以右手反過揲之策于左大刻，遂取右大刻之策執之，而以左手四揲之。

此第三營之半。

次歸其所餘之策，如前，而扐之左手中指之間。

此第四營之半，所謂「再扐以象再閏」者也㊁。一㊂變所餘之策，左一則右必三，左二則右亦二，左三則右必一，左四則右亦四。通掛一㊃之策，不五則九。五以一其四而為奇，九以兩其四而為偶；奇者三，而偶者一也。

次以右手反過揲之策於右大刻，而合左手一掛二扐之策，置於格上第一小刻。

以東為上。後放此。

是為一變。

再以兩手取左右大刻之蓍合之。

或四十四策，或四十策。

復四營，如第一變之儀，而置其掛扐之策於格上第二小刻，是為二變。

二變所餘之策，左一則右必二，左二則右必一，左三則右必四，左四則右必三。通掛一之策，不四則八。四以一其四而為奇，八以兩其四而為偶，奇偶各得四之二焉。

又再取左右大刻之蓍合之。

或四十策，或三十六策，或三十二策。

復四營，如第二變之儀，而置其掛扐之策於格上第三小刻，是為三變。

三變餘策，與二變同。

三變既畢，乃視其三變所得掛扐過揲之策，而畫其爻於版。

掛扐之數，五四為奇，九八為偶。掛扐三奇，合十三策，則過揲三十六策，而為老陽，其畫為○，所謂「重」也。掛扐兩奇一偶，合十七策，則過揲三十二策，而為少陰，其畫為- -，所謂「拆」也。掛扐兩偶一奇，合二十一策，則過揲二十八策，而為少陽，其畫為—，所謂「單」也。掛扐三偶，合二十五策，則過揲二十四策，而為老陰，其畫為╳，所謂「交」也。

如是每三變而成爻，

第一、第四、第七、第十、第十三、第十六，凡六變並同。但第三變以下不命，而但用四十九蓍耳。第二、第五、第八、第十一、第十四、第十七，凡六變亦同。第三、第六、第九、第十二、第十五、第十八，凡六變亦同。

凡十有八變而成卦，乃考其卦之變，而占其事之吉凶。

卦變別有圖，說見《啟蒙》㈤。

禮畢，韜蓍襲之以囊，入櫝加蓋，斂筆硯墨版，再焚香致敬而退。

如使人筮，則主人焚香，揖筮者而退。

虎易按：此篇《筮儀》，據「明善堂重梓」版《周易本義•筮儀》校對，採用現代標點方式，重新標點，供讀者參考。

## 注釋

①《啟蒙》：指《易學啟蒙》。南宋・朱熹、蔡元定合撰，由蔡氏起稿。蔡元定（1135-1198），字季通，學者稱西山先生，建寧府建陽縣（今屬福建）人，師事朱熹，朱熹以友視之。參閱《宋書・卷四百三十四・列傳第一百九十三・蔡元定》。

②憂虞（yú）：憂慮。

## 校勘記

㊀「筮者進立於牀前少西，南向受命。主人直述所占之事」，原本脫漏，據《周易本義・筮儀》原文補入。

㊁「也」，原本脫漏，據《周易本義・筮儀》原文補入。

㊂㊃「二」，原本作「三」，疑誤，據《周易本義・筮儀》原文改。

㊄「卦變別有圖，說見《啟蒙》」，原本作「卦變例別有圖說啟蒙」，疑誤，據《周易本義・筮儀》原文改。

### •六十甲子納音①例

凡斷卦，須審卦爻生旺休囚，以逐日辰②斷之。更後生亦當熟記甲子，庶知今日日辰係是某甲旬中，好定吉凶。

甲子乙丑海中金，丙寅丁卯爐中火，戊辰己巳大林木，庚午辛未路傍土，壬申癸酉劍鋒金，

甲戌乙亥山頭火，丙子丁丑澗③下水，戊寅己卯城頭土，庚辰辛巳白鑞④金㊀，壬午癸未楊柳木，

甲申乙酉泉中水，丙戌丁亥屋上土，戊子己丑霹靂火，庚寅辛卯松柏木，壬辰癸巳長流水，

甲午乙未沙中金，丙申丁酉山下火，戊戌己亥平地木，庚子辛丑壁上土，壬寅癸卯金箔⑤金，

甲辰乙巳覆燈火，丙午丁未天河水，戊申己酉大驛⑥土，庚戌辛亥釵釧⑦金，壬子癸丑桑柘⑧木，

甲寅乙卯大溪水，丙辰丁巳沙中土，戊午己未天上火，庚申辛酉石榴木，壬戌癸亥大海水。

| 六十甲子納音表 | | | | | |
|---|---|---|---|---|---|
| 干支 | 甲子乙丑 | 丙寅丁卯 | 戊辰己巳 | 庚午辛未 | 壬申癸酉 |
| 納音 | 海中金 | 爐中火 | 大林木 | 路旁土 | 劍鋒金 |
| 干支 | 甲戌乙亥 | 丙子丁丑 | 戊寅己卯 | 庚辰辛巳 | 壬午癸未 |
| 納音 | 山頭火 | 澗下水 | 城頭土 | 白鑞金 | 楊柳木 |
| 干支 | 甲申乙酉 | 丙戌丁亥 | 戊子己丑 | 庚寅辛卯 | 壬辰癸巳 |
| 納音 | 井泉水 | 屋上土 | 霹靂火 | 松柏木 | 長流水 |
| 干支 | 甲午乙未 | 丙申丁酉 | 戊戌己亥 | 庚子辛丑 | 壬寅癸卯 |
| 納音 | 沙中金 | 山下火 | 平地木 | 壁上土 | 金箔金 |
| 干支 | 甲辰乙巳 | 丙午丁未 | 戊申己酉 | 庚戌辛亥 | 壬子癸丑 |
| 納音 | 覆燈火 | 天河水 | 大驛土 | 釵釧金 | 桑柘木 |
| 干支 | 甲寅乙卯 | 丙辰丁巳 | 戊午己未 | 庚申辛酉 | 壬戌癸亥 |
| 納音 | 大溪水 | 沙中土 | 天上火 | 石榴木 | 大海水 |

虎易按：

一、「戊寅己卯城頭土」，也有書籍作「城牆土」。「甲申乙酉泉中水」，也有書籍作「井泉水」。「壬寅癸卯金箔金」，也有書籍作「錫箔金」。「甲辰乙巳覆燈火」，也有書籍作「佛燈火」。「甲午乙未沙中金」，也有書籍作「砂中金」。以上幾處文字有差異，但其意思相近，不另作考據。

二、在京氏易六親占法預測中，一般很少運用納音。所以，關於納音的起源及論述，這裡就不多作介紹了，讀者可參看《五行大義》，以及其他相關著作。

## 注釋

①納音：古以五音（宮、商、角、徵、羽）十二律（黃鐘、太簇、姑洗、蕤賓、夷則、無射、大呂、夾鐘、②仲呂、林鐘、南呂、應鐘）相合為六十音，與六十甲子相配合，按金、火、木、水、土五行之序旋相為宮，稱為納音。參閱宋•沈括《夢溪筆談•樂律一》、清•錢大昕《納音說》。

②日辰：指天干和地支。天干稱為「日」，地支稱為「辰」，合稱「日辰」。

③澗（jiàn）：夾在兩山間的水溝。

④白鑞（là）：1. 錫的別名。2. 錫與鉛的合金。即焊錫。

⑤金箔（bó）：黃金捶成的薄片。

⑥大驛（yì）：驛道，大道。

⑦釵釧（chāi chuàn）：釵簪與臂鐲。泛指婦人的飾物。

⑧桑柘（zhè）木：桑木與柘木。桑樹和柘樹，木材質堅而緻密，是貴重的木料。

## 校勘記

㈠「白鑞金」，原本作「白臘金」，疑誤，據其文意改。

虎易按：天干地支是古人用以標記年月日時的專門理論。十天干（甲、乙、丙、丁、戊、己、庚、辛、壬、癸）和十二地支（子、丑、寅、卯、辰、巳、午、未、申、酉、戌、亥）依一定順序組合相配，天干輪迴六次，相應於地支輪迴五次，共同構成一個以六十為週期的干支循環體系，稱為六十甲子，也稱為六十花甲子。下面補入〈天干地支〉、〈曆法知識簡介〉、〈陰陽五行〉等內容，供讀者參考。

## 〈天干地支〉

### 十天干

甲、乙、丙、丁、戊、己、庚、辛、壬、癸。

十天干順序表

| 順序 | 天干 |
|---|---|
| 1 | 甲 |
| 2 | 乙 |
| 3 | 丙 |
| 4 | 丁 |
| 5 | 戊 |
| 6 | 己 |
| 7 | 庚 |
| 8 | 辛 |
| 9 | 壬 |
| 10 | 癸 |

### 十天干陰陽

甲為陽，乙為陰，丙為陽，丁為陰，戊為陽，己為陰，庚為陽，辛為陰，壬為陽，癸為陰。

十天干陰陽表

| 天干 | 陰陽 |
|---|---|
| 甲 | 陽 |
| 乙 | 陰 |
| 丙 | 陽 |
| 丁 | 陰 |
| 戊 | 陽 |
| 己 | 陰 |
| 庚 | 陽 |
| 辛 | 陰 |
| 壬 | 陽 |
| 癸 | 陰 |

## 十天干五行屬性

甲乙木，丙丁火，戊己土，庚辛金，壬癸水。

甲為陽木，乙為陰木，丙為陽火，丁為陰火，戊為陽土，己為陰土，庚為陽金，辛為陰金，壬為陽水，癸為陰水。

### 十天干五行屬性工作表

| 天干 | 甲 | 乙 | 丙 | 丁 | 戊 | 己 | 庚 | 辛 | 壬 | 癸 |
| --- | --- | --- | --- | --- | --- | --- | --- | --- | --- | --- |
| 五行 | 木 | 木 | 火 | 火 | 土 | 土 | 金 | 金 | 水 | 水 |

## 十天干對應方位

甲乙屬東方，丙丁屬南方，戊己屬中央，庚辛屬西方，壬癸屬北方。

### 十天干對應方位表

| 天干 | 甲 | 乙 | 丙 | 丁 | 戊 | 己 | 庚 | 辛 | 壬 | 癸 |
| --- | --- | --- | --- | --- | --- | --- | --- | --- | --- | --- |
| 方位 | 東 | 東 | 南 | 南 | 中 | 中 | 西 | 西 | 北 | 北 |

天干相合

甲與己合，乙與庚合，丙與辛合，丁與壬合，戊與癸合。

十天干相合表

| 天干 | 甲 | 乙 | 丙 | 丁 | 戊 | 己 | 庚 | 辛 | 壬 | 癸 |
|---|---|---|---|---|---|---|---|---|---|---|
| 相合 | 己 | 庚 | 辛 | 壬 | 癸 | 甲 | 乙 | 丙 | 丁 | 戊 |

天干合化

甲己合化土，乙庚合化金，丙辛合化水，丁壬合化木，戊癸合化火。

十天干相合表

| 天干 | 甲 | 乙 | 丙 | 丁 | 戊 | 己 | 庚 | 辛 | 壬 | 癸 |
|---|---|---|---|---|---|---|---|---|---|---|
| 相合 | 己 | 庚 | 辛 | 壬 | 癸 | 甲 | 乙 | 丙 | 丁 | 戊 |
| 合化 | 土 | 金 | 水 | 木 | 火 | 土 | 金 | 水 | 木 | 火 |

## 十天干的含義

後漢劉熙①《釋名》，對十天干的含義解釋曰：

甲，孚也，萬物解孚甲②而生也。

乙，軋③也，自抽軋而出也。

丙，炳也，物生炳然皆著見也。

丁，壯也，物體皆丁壯也。

戊，茂也，物皆茂盛也。

己，紀也，皆有定形可紀識也。

庚，猶更也，庚堅強貌也。

辛，新也，物初新者皆收成也。

壬，妊也，陰陽交物懷妊也，至子而萌也。

癸，揆也，揆度④而生，乃出之也。

《史記•律書》對天干的詮釋：「甲者，言萬物剖符甲而出也。乙者，言萬物生軋軋也。丙者，言陽道著明，故曰丙。丁者，言萬物之丁壯也。庚者，言陰氣庚萬物，故曰庚。辛者，言萬物之辛生，故曰辛。壬之為言任也，言陽氣任養萬物於下也。癸之為言揆也，言萬物可揆度，故曰癸」。

這是將甲、乙、丙、丁、戊、己、庚、辛、壬、癸等十天干，分別對應於春、夏、秋、冬四季的天運物象特徵，從而說明植物在一年中的演化過程。萬物從剖甲而生，經抽軋而出、炳然壯茂，庚庚有實，到新物獲收，即完成了一個生長週期。接下來是新的生機開始萌動，等待著解甲而出，開始新一輪的演進。這是對大自然各種生衰變化過程的高度概括。

此外，東漢許慎《說文解字》和《漢書•律曆志》也有與此類似的解釋。天干的排列順序，象徵著萬物由發生而少壯，而繁盛，而衰老，而死亡，而更始的一個演化週期。

注釋

①劉熙（xī）：（生卒年不詳，約生於160年左右），或稱劉熹，字成國，北海（今山東昌樂）人，官至南安太守。東漢經學家，訓詁學家。著有《釋名》和《孟子注》，其中《釋名》是我國重要的訓詁著作，在後代有很大影響。劉熙的《孟子注》，今已不傳。

②孚（fú）甲：指草木種子分裂發芽。引申為萌發，萌生。孚，通「莩」，葉裡白皮。甲，草木初生時所帶種子的皮殼。

③軋（gá）：擠。

④揆（kuí）度：揣度，估量。

## 十二地支

子、丑、寅、卯、辰、巳、午、未、申、酉、戌、亥。

**十二地支順序表**

| 順序 | 地支 |
|---|---|
| 1 | 子 |
| 2 | 丑 |
| 3 | 寅 |
| 4 | 卯 |
| 5 | 辰 |
| 6 | 巳 |
| 7 | 午 |
| 8 | 未 |
| 9 | 申 |
| 10 | 酉 |
| 11 | 戌 |
| 12 | 亥 |

## 十二地支陰陽

子為陽，丑為陰，寅為陽，卯為陰，辰為陽，巳為陰，午為陽，未為陰，申為陽，酉為陰，戌為陽，亥為陰。

**十二地支陰陽表**

| 地支 | 陰陽 |
|---|---|
| 子 | 陽 |
| 丑 | 陰 |
| 寅 | 陽 |
| 卯 | 陰 |
| 辰 | 陽 |
| 巳 | 陰 |
| 午 | 陽 |
| 未 | 陰 |
| 申 | 陽 |
| 酉 | 陰 |
| 戌 | 陽 |
| 亥 | 陰 |

十二地支五行

子水，丑土，寅木，卯木，辰土，巳火，午火，未土，申金，酉金，戌土，亥水。

子為陽水，丑為陰土，寅為陽木，卯為陰木，辰為陽土，巳為陰火，午為陽火，未為陰土，申為陽金，酉為陰金，戌為陽土，亥為陰水。

十二地支對應五行表

| 地支 | 五行 |
| --- | --- |
| 子 | 水 |
| 丑 | 土 |
| 寅 | 木 |
| 卯 | 木 |
| 辰 | 土 |
| 巳 | 火 |
| 午 | 火 |
| 未 | 土 |
| 申 | 金 |
| 酉 | 金 |
| 戌 | 土 |
| 亥 | 水 |

十二地支對應方位

子配北，丑寅配東北，卯配東，辰巳配東南，午配南，未申配西南，酉配西，戌亥配西北。

十二地支對應方位表

| 地支 | 方位 |
| --- | --- |
| 子 | 北 |
| 丑 | 東北 |
| 寅 | |
| 卯 | 東 |
| 辰 | 東南 |
| 巳 | |
| 午 | 南 |
| 未 | 西南 |
| 申 | |
| 酉 | 西 |
| 戌 | 西北 |
| 亥 | |

## 十二地支對應屬相

子鼠，丑牛，寅虎，卯兔，辰龍，巳蛇，午馬，未羊，申猴，酉雞，戌狗，亥豬。

### 十二地支對應屬相表

| 地支 | 子 | 丑 | 寅 | 卯 | 辰 | 巳 | 午 | 未 | 申 | 酉 | 戌 | 亥 |
|---|---|---|---|---|---|---|---|---|---|---|---|---|
| 屬相 | 鼠 | 牛 | 虎 | 兔 | 龍 | 蛇 | 馬 | 羊 | 猴 | 雞 | 狗 | 豬 |

## 十二地支相合

子與丑合，寅與亥合，卯與戌合，辰與酉合，巳與申合，午與未合。

### 十二地支相合表

| 地支 | 子 | 丑 | 寅 | 卯 | 辰 | 巳 | 午 | 未 | 申 | 酉 | 戌 | 亥 |
|---|---|---|---|---|---|---|---|---|---|---|---|---|
| 相合 | 丑 | 子 | 亥 | 戌 | 酉 | 申 | 未 | 午 | 巳 | 辰 | 卯 | 寅 |

十二地支相沖

子午相沖，丑未相沖，寅申相沖，卯酉相沖，辰戌相沖，巳亥相沖。

十二地支相合相沖表

| 地支 | 相沖 |
|---|---|
| 子 | 午 |
| 丑 | 未 |
| 寅 | 申 |
| 卯 | 酉 |
| 辰 | 戌 |
| 巳 | 亥 |
| 午 | 子 |
| 未 | 丑 |
| 申 | 寅 |
| 酉 | 卯 |
| 戌 | 辰 |
| 亥 | 巳 |

十二地支的含義

《史記•律書》，對十二地支的含義解釋曰：

子者，滋也；滋者，言萬物滋於下也。

丑者，紐也；言陽氣在上未降，萬物厄紐，未敢出也。

寅者，言萬物始生螾然也，故曰寅。

卯者，卯之為言茂也，言萬物茂也。

辰者，言萬物之蜄也。

巳者，言陽氣之已盡也。

午者，陰陽交，故曰午。
未者，言萬物皆成，有滋味也。
申者，言陰用事，申賊萬物，故曰申。
酉者，萬物之老也，故曰酉。
戌者，言萬物盡滅，故曰戌。
亥者，該也；言陽氣藏於下，故該也。

〈曆法知識簡介〉

我國古人很早即以干支紀日，殷代甲骨卜辭中已使用這種方法。漢代開始以干支紀年。古人將一年分為十二個月後，即用十二地支紀月；倣此將一晝夜等分十二份後，又以十二地支分別標記十二個時辰。干支紀時方法是我國古人的一大發明，用其可很方便地紀錄年月日時的週期性運行過程。

天干地支原本是我國古人創造的用以計量時間的符號體系。兩漢時期，古人按照干支中各字的排列順序，並根據一年四季自然萬物演變的週期性，賦予了其中各字以特定的含義，從而使天干和地支在標記時間序列的同時，也成為兩套表示事物週期性變化過程的專門理論。干支理論是我國古代典型的週期演化理論。

關於地支，《淮南子•天文訓》根據其與十二個月的對應關係作了如下解釋：「正月指寅，十二月指丑，一歲而匝，終而復始。指寅則萬物螾；指卯則茂茂然。指辰，辰則振之也。指巳，巳則生已定也。指午，午者忤也。指未，未，昧也。指申，申者呻之也。指酉，酉者飽也。指戌，戌者滅也。指亥，亥者閡也。指子，子者茲也。指丑，丑者紐也」。這是借用地支大致描繪了一年十二個月生物的演化過程。在此基礎上《漢書•律曆志》、《說文解字》和《釋名》等也有類同之說。

這說明，地支與天干一樣，也是表示事物由微而著，由盛而衰的週期性變化過程。顯然，漢代人對干支中各字的解釋，未必完全符合其本義，其中不乏牽強附會之處。這種情況說明，漢代人是借用天干地支建構二套循環演化理論，用以描述「陰陽之施化，萬物之始終」。

京氏易預測體系所採用的曆法，是一種與西曆和農曆都不相同的方法，也稱為干支曆。因此，有必要對各種曆法知識作一個簡單的介紹，使讀者對此有所瞭解，不至於混淆。

## 干支曆

干支曆，又稱節氣曆。干支曆是一種以60組各不相同的天干地支標記年、月、日、時的曆法，是中國所特有的陽曆。年月日時是曆法的基本要素。干支曆主要由干支紀年、干支紀月、干支紀日、干支紀時四部分組成。它以立春為歲首，交節日為月首。立春為一年之始，年長為一回歸年，用二十四節氣劃分出十二個月，每個月含有兩個節氣。干支曆與地球環繞太陽的週期運動有關，其年月日全由太陽視運動決定，與太陰月相無關，它比農曆更穩定而準確地反映出一年四季的氣候和物候變化。由於60干支以甲子為首，所以干支曆又稱為甲子曆。

陽曆

也叫太陽曆。以地球繞行太陽一週的時長為依據制定的一種曆法。地球繞太陽公轉一週的時長是365.2422日(365日5 時48分46秒)，稱為一個回歸年。

由於曆法規定的年必需是整日數，為方便計，平常以365天為一年，稱為平年。餘下的時間，大約每隔四年增加一日，有366日的這一年稱為閏年。但這樣，每四年又虧44分56秒。所以每400年少三個閏年。陽曆的4、6、9、11是小月，30天。2月28天（平年），其餘的月份是31天。月的長短則人為決定，與月的圓缺無關。現代各國通用的西曆就是由陽曆改變而成的。

陰曆

又稱太陰曆。以月亮(太陰)盈虧週期的時長為根據制定的一種曆法。他以月亮的圓缺決定一個月時間的長度，月份和地球與太陽的繞行週期(四季寒暑)無關，年的長度只是月的整數倍。

月亮盈虧週期為29.5306日(29日12時44分3秒)，稱為一個朔望月。由於曆法規定月必需是整日數，這樣一年中有些月份是29天(小月)，有些月份是30日(大月)，以此為整曆法月的平均時長與月亮的盈虧週期相一致。以前民間所謂的陰曆是指陰陽曆，即現代的陰曆。

陰陽曆

一種既考慮月亮盈虧週期也考慮地球繞日運行週期，是集合陰曆，陽曆兩類曆法而制定的一種曆法。以月亮為繞地球一周的時間為一月，但設置閏月(一年中可以有12個月，也可以有13個月)，使一年的平均天數跟太陽年的天數相符。這種曆法與月相基本符合，也與地球繞太陽的週年運動相符合。

陰陽曆年的開始與太陽曆年的開始差別變化始終不大，因此月份與季節變化就有著相當密切的關係，雖然它的程度不及太陽曆。

西曆

太陽曆的一種。現在我國和大多數國家通用的曆法。它採用這種辦法來解決太陽回歸年(365.2422日)與太陽曆法年(365日)之間的時間差數問題，即每4年的最後一年(閏年)增加一閏日，每百年的最後一年減免一閏日，每400年的最後一年又為閏年、增加一閏日。

農曆

又稱舊曆，是陰陽曆的一種，過去誤稱陰曆。相傳起於夏代，所以也叫夏曆。由於在我國己使用很多年，所以習慣上叫陰曆。它的特點是：既重視月亮的圓缺變化，又照顧一年中的四季寒暑。

除了把太陽和月亮的運行規律在曆法中協調起來，採用「19年7閏法」，即在19年中，分別有的年增加一個月(閏月)，其他年份仍是12個月。一年有13個月的又稱為閏年，全年384~385日。一年有12個月的又稱平年，全年353~354日。

這種置閏曆法的精度相當高。這種曆法又根據太陽在黃道的位置，把一個太陽年分成二十四個節氣，以便於農事。其缺點是平年和閏年日數相差較大。

### 歲首曆法

現在，陽曆的歲首是元旦，陰曆的歲首是春節。但在古代各朝卻不一致。如東周以子月為歲首，春秋時代的宋、齊等國把歲首放在丑月。

夏曆•周曆•秦曆，是戰國至漢初時期中國的常用曆法。均以365.25日為一回歸年，但每年的開端不同：夏曆建寅，即以陰曆正月為歲首；周曆建子，即以陰曆十一月為歲首，歲首的月建不同。四季也就隨之而不同。在先秦古籍中，《春秋》和《孟子》多用簡歷，《楚辭》和《呂氏春秋》則用複曆。秦始皇統一中國後，以顓頊（zhuan xu）曆為基礎，以建亥之月（即夏曆十月）為歲首，但春夏秋冬和月份的搭配，完全和夏曆相同。自漢武帝起改用夏曆以後，歷代沿用。

**夏曆、周曆、秦曆對應月令表**

| | 子月 | 丑月 | 寅月 | 卯月 | 辰月 | 巳月 | 午月 | 未月 | 申月 | 酉月 | 戌月 | 亥月 |
|---|---|---|---|---|---|---|---|---|---|---|---|---|
| 夏曆 | 十一 | 十二 | 正月 | 二月 | 三月 | 四月 | 五月 | 六月 | 七月 | 八月 | 九月 | 十月 |
| 周曆 | 正月 | 二月 | 三月 | 四月 | 五月 | 六月 | 七月 | 八月 | 九月 | 十月 | 十一 | 十二 |
| 秦曆 | 二月 | 三月 | 四月 | 五月 | 六月 | 七月 | 八月 | 九月 | 十月 | 十一 | 十二 | 正月 |

### 二十四節氣

二十四節氣起源於黃河流域。遠在春秋時代，就定出仲春、仲夏、仲秋和仲冬等四個節氣。以後不斷地改進與完善，到秦漢年間，二十四節氣已完全確立。由於《顓頊曆》行用百餘年，已出現較大誤差，西元前104年，漢武帝命司馬遷、星官射姓、曆官鄧平與民間曆算家落下閎、唐都等二十多人編制新曆。太初元年，編成頒行，所以稱為《太初曆》。《太初曆》正式把二十四節氣訂於曆法，明確了二十四節氣的天文位置。

太陽從黃經零度起，沿黃經每運行十五度，所經歷的時日稱為「一個節氣」。每年運行三百六十度，共經歷二十四個節氣，每月二個。其中，每月第一個節氣為「節氣」，即：立春、驚蟄、清明、立夏、芒種、小暑、立秋、白露、寒露、立冬、大雪和小寒等十二個節氣；每月的第二個節氣為「中氣」，即：雨水、春分、穀雨、小滿、夏至、大暑、處暑、秋分、霜降、小雪、冬至和大寒等十二個節氣。「節氣」和「中氣」交替出現，各歷時十五天左右。現在人們已經把「節氣」和「中氣」統稱為「節氣」。

節令的含義

正月立春：「立」是開始的意思，表示萬物復蘇的春天又開始了，天氣將回暖，萬物將更新，是農事活動開始的標誌。立春大約是在西曆的二月四日或五日。

二月驚蟄：春雷開始轟鳴，驚醒了蟄伏在泥土裡冬眠的昆蟲和小動物，過冬的蟲卵快要孵化了，這個節氣表示春意漸濃，氣溫升高。驚蟄大約是在西曆的三月六日或七日。

三月清明：這個節氣表示氣溫已變暖，草木萌動，自然界出現一片清秀明朗的景象。清明大約是在西曆的四月五日或六日。

四月立夏：這個節氣表示夏季開始，炎熱的天氣將要來臨，農事活動已進入夏季繁忙季節了。立夏大約是在西曆的五月六日或七日。

五月芒種：「芒」是指穀實尖端的細毛，在北方是割麥種稻的時候，也是耕種最忙的時節。芒種大約是在西曆的六月六日或七日。

六月小暑：這個節氣表示已進入暑天，炎熱逼人。小暑大約是在西曆的七月七日或八日。

七月立秋：這個節氣表示炎熱的夏季將過，天高氣爽的秋天開始。立秋大約是在西曆的八月八日或九日。

八月白露：這個節氣表示天氣更涼，空氣中的水氣，夜晚常在草木等物體上，凝結成白色的露珠。白露大約是在西曆的九月八日或九日。

九月寒露：這個節氣表示清爽的秋天將過，預示氣候的寒涼程度將逐漸加劇。寒露大約是在西曆的十月八日或九日。

十月立冬：這個節氣表示冬季的開始，寒冷的冬天開始。立冬大約是在西曆的十一月七日或八日。

十一月大雪：這個節氣表示降雪來得較大。大雪大約是在西曆的十二月七日或八日。

十二月小寒：這個節氣表示開始進入冬季最寒冷的季節，會有霜凍。小寒大約是在西曆的一月五日或六日。

為了便於記憶，人們編出了二十四節氣歌訣：

春雨驚春清谷天，夏滿芒夏暑相連，秋處露秋寒霜降，冬雪雪冬小大寒。

## 〈陰陽五行〉

《易經•繫辭上》曰「一陰一陽謂之道」。萬事萬物皆有陰陽。陰陽力是維持力，可轉化，可變化，並且是永不停歇的運動。

五行，指金、木、水、火、土，五種物質屬性。

### 一、陰陽學說

陰陽學說，是我國古代先民，通過對各種事物和現象的觀察，把宇宙間的萬物萬象，分為陰陽兩大類，而建立起來的一種古代樸素的辨證唯物的哲學思想。陰陽學說認為：任何事物的發生、發展和變化，都在於陰陽二氣運動的結果。

## 第一節：陰陽學說的起源：

「陰陽」的概念，最早見於《易經》，《周易•繫辭下》曰：「古者包犧氏之王天下也，仰則觀象於天，俯則觀法於地，觀鳥獸之文，與地之宜，近取諸身，遠取諸物，於是始作八卦，以通神明之德，以類萬物之情」。《周禮•春官•宗伯•太卜》曰：「太卜……掌三易之法，一曰《連山》，二曰《歸藏》，三曰《周易》，其經卦皆八，其別皆六十有四」。《山海經》：「伏羲氏得河圖，夏后氏因之，曰《連山》，黃帝得河圖，商人因之，曰《歸藏》」。（注：今本無，《玉海》本引。此引自馬國翰《玉房山函輯佚書》。）而易經中的八卦，就是由陰和陽這兩個最基本的爻來組成的。陰陽觀念的產生，可以追溯到更久遠的年代。由上述可知，早在夏朝時期，陰陽學說可能就已經產生和形成了。所以，有學者推斷，陰陽學說至少起源於夏朝。具體的考據，請讀者參考有關文獻資料。

## 第二節、陰陽學說的基本概念：

陰陽學說認為：一切事物的形成、變化和發展，全在於陰陽二氣的運動。認為宇宙間任何事物，都具有既對立又統一的陰陽兩個方面，經常不斷地運動和相互作用。這種運動和相互作用，是一切事物運動變化的根源。古人把這種不斷運動變化，叫做「生生不息」。他們認為陰陽的含意具有普遍性，就用陰陽這個概念來解釋自然界兩種對立和相互消長的物質勢力，並認為陰陽的對立和消長是事物本身所固有的，進而認為陰陽的對立和消長是宇宙的基本規律。

《黃帝內經•素問•陰陽應象大論》說：「陰陽者天地之道也，萬物之綱紀，變化之父母，生殺之本始，神明之府也」。闡明了宇宙間一切事物的生長、發展和消亡，都是事物陰陽兩個方面不斷運動和相互作用的結果。所以說，陰陽的矛盾對立統一運動規律，是自然界一切事物運動變化固有的規律，世界本身就是陰陽二氣對立統一運動的結果。因而，陰陽學說也就成為認識和掌握自然界規律的一種思想方法。

陰陽是中國古代哲學的一對範疇。陰陽的最初涵義是很樸素的，表示陽光的向背，向日為陽，背日為陰，後來引申為氣候的寒暖，方位的上下、左右、內外，運動狀態的躁動和寧靜等。

陰和陽，既可以表示相互對立的事物，又可用來分析一個事物內部所存在著的相互對立的兩個方面。一般來說，陽代表事物具有運動著的、活躍的、剛強的等屬性的一方面，例如，動、剛強、活躍、興奮、積極、光亮、無形的、機能的、上升的、外向的、外露的、輕的、熱的、增長、生命活動等，都屬於陽；陰代表事物的具有相對靜止著的、內守的、下降的、不活躍、柔和的等屬性的另一方面，例如，靜、柔和、不活躍、抑制、消極、寒冷、晦暗、有形的、物質的、下降的、在內的、重的、冷的、減少、肉體等，都屬於陰。

以天地而言，天氣輕清為陽，地氣重濁為陰；以水火而言，水性寒而潤下屬陰，火性熱而炎上屬陽。

以動物為例，則它的肉體為陰，生命活動為陽；它內在的臟腑為陰，外露的皮毛為陽；它向下的腹為陰、向上背為陽……。

由以上例子說明，陰陽是指宇宙間萬事萬物，最基本的也是最高度的區別和概括。任何事物均可以陰陽的屬性來劃分，但必須是針對相互關聯的一對事物，或是一個事物的兩個方面，這種劃分才有實際意義。如果被分析的兩個事物互不關聯，或不是統一體的兩個對立方面，就不能用陰陽來區分其相對屬性及其相互關係。

事物的陰陽屬性，並不是絕對的，而是相對的。這種相對性，一方面表現為在一定的條件下，陰和陽之間可以發生相互轉化，即陰可以轉化為陽，陽也可以轉化為陰。另一方面，體現於事物的無限可分性。

第三節、陰陽變化的規律：

陰和陽之間，並不是孤立和靜止不變的，而是存在著相對，依存、消長、轉化的關係。現分述如下：

（一）陰陽的相對性：

陰陽是說明事物的兩種屬性，是代表矛盾對立、統一的兩個方面。是自然界相互聯繫的事物和現象對立雙方的概括。陰陽是相互鬥爭，相互對立、相互制約和相互排斥的，自然界的一切事物和現象，無不包含著對立的兩個方面。如天為陽、地為陰；白天為陽、黑夜為陰；上為陽、下為陰；熱為陽、寒為陰；等。諸如此類，說明了不論任何事物，都是對立存在宇宙間的。因為陰陽之間的相互鬥爭，相互對立、相互制約和相互排斥，才能推動事物的變化和發展，自然界才能生生不息。但是，事物的陰陽屬性不是絕對的，而是相對的，必須根據互相比較的條件而定。就人體而言：體表為陽，內臟為陰；就內臟而言：六腑屬陽，五臟為陰；就五臟而言，心肺在上屬陽、肝腎在下屬陰；就腎而言，腎所藏之「精」為陰，腎的「命門之火」屬陽。由此可見，事物的陰陽屬性是相對的。陰陽兩種對立的矛盾，是一切事物的根本矛盾。但是，陰陽兩種對立的矛盾，又是互相統一的。唯有這種統一，然後才能產生變化，生成萬物。所以，陰陽的對立與統一，是一切事物的始終。

（二）陰陽的互根：

陽依附於陰，陰依附於陽，在它們之間，存在著相互資生、相互依存的關係——即任何陽的一面或陰的一面，都不能離開另一面而單獨存在。以自然界來說，外為陽、內為陰；上為陽，下為陰，白天為陽、黑夜為陰。如果沒有上、外、白天，也就無法說明下、內、黑夜。以人體生理來說，機能活動屬陽，營養物質（津液、精血等）屬陰。各種營養物質是機能活動的物質基礎，有了足夠的營養物質，機能活動就表現得旺盛。從另一方面來說，營養物質的來源，又是依靠內臟的功能活動而吸取的。以上說明二者是相互依傍、存亡與共的，陰與陽的每一個側面，都以另一個側面作為自己存在的前提，如果沒有陰，也就談不上有陽。如果單獨的有陰無陽，或者有陽無陰，則一切都歸於靜止寂滅了。因此，陰陽是互相依存，互相作用的。

（三）陰陽的消長：

指陰陽雙方在對立互根的基礎上，是在永恆地運動變化著，不斷出現「陰消陽長」與「陽消陰長」的現象，這是一切事物運動發展和變化的過程。例如：四季氣候變化，從冬至春至夏，由寒逐漸變熱，是一個「陰消陽長」的過程；由夏至秋至冬，由熱逐漸變寒，又是一個「陽消陰長」的過程。由於四季氣候陰陽消長，所以才有寒熱溫涼的變化。萬物才能生長收藏。如果氣候失去了常度，出現了反常變化，就會產生災害。由於陰陽兩個對立的矛盾，始終處在此消彼長、此進彼退的動態平衡之中，因此，在正常情況下，陰陽是處於相對平衡的狀態的，所以，才能保持事物的正常發展變化。如果「消長」關係超出一定的限制，不能保持相對的平衡時，便將出現陰陽某一方面的偏盛偏衰。也就是陰陽變化的異常反應了。

（四）陰陽的轉化：

指同一體的陰陽，在一定的條件下，當其發展到一定的階段，其雙方可以各自向其相反方面轉化，陰可以轉為陽，陽可以轉為陰，稱之為「陰陽轉化」。如果說「陰陽消長」是一個量變過程的話，則陰陽的轉化便是一個質變的過程。陰極生陽，陽極生陰，所以就陰變陽，陽變陰了。陰陽的互相轉化，是事物發展的必然規律。事物只要順著陰陽變化的規律發展，最終就能達到事物互相轉化的目的。

二、五行學說

五行是指自然界五類物質的運行。其相生和相剋，是以各類物質的自然屬性類比規定的。五行學說是我國古代先民創造的。它以日常生活的五種物質：金、木、水、火、土五種元素，作為構成宇宙萬物及各種自然現象變化的基礎。這五類物質各有不同屬性，如木有生長發育之性；火有炎熱、向上之性；土有和平、存實之性；金有肅殺、收斂之性；水有寒涼、滋潤之性。五行學說把自然界一切事物的性質，都納入這五大類的範疇。五種元素在天上形成五星，即金星、木星、水星、火星、土星，在地上就是金、木、水、火、土五種物質，在人就表示為仁、義、禮、智、信五種德性。《黃帝內經•素問》曰：「五行者，金木水火土，更貴更賤，以知生死，以決成敗。」其運行規律，讀者可細心觀察和體會。

五行學說認為：宇宙萬物皆由木、火、土、金、水五種基本物質構成，其間有相生和相勝兩大定律，可用以說明宇宙萬物的起源和變化。五行的「行」字，有「運行」之意，故五行中包含著一個非常重要的觀念，便是變動運轉的觀念，也就是「相生」與「相剋」。

## 第一節：五行學說的起源：

五行學說的產生，在學術界中仍然是一個尚未搞清楚的問題。有的易學家認為，五行學說很可能是與陰陽學說同時產生的。有的史學家認為，五行學說的創始人是孟子。有的哲學家認為，五行最早的真正可靠的記載，見於《尚書•洪范》「五行：一曰水，二曰火，三曰木，四曰金，五曰土」。所以，大約是西周戰國時代了。

## 第二節：五行學說的基本概念：

五行是指木、火、土、金、水五種物質的運動。中國古代人民在長期的生活和生產實踐中認識到木、火、土、金、水是必不可少的最基本物質，並由此引申為世間一切事物都是由木、火、土、金、水這五種基本物質之間的運動變化生成的，這五種物質之間，存在著既相互資生又相互制約的關係，在不斷的相生相剋運動中維持著動態的平衡，是宇宙間萬物生生滅滅的規律和原因。這就是五行學說的基本涵義。

## 第三節：五行的生剋乘侮：

五行學說認為，五行之間存在著生、剋、乘、侮的關係。五行的相生相剋關係，可以解釋事物之間的相互聯繫，而五行的相乘相侮，則可以用來表示事物之間平衡被打破後的相互影響。

| 五行相生表 | | | | | |
|---|---|---|---|---|---|
| 五行 | 金 | 水 | 木 | 火 | 土 |
| **相生** | 水 | 木 | 火 | 土 | 金 |

### （一）五行相生

五行相生：金生水，水生木，木生火，火生土，土生金。

五行相生循環圖表

五行相生，即五行相互滋生和相互助長。五行相生的次序是：木生火，火生土，土生金，金生水，水生木。在相生的關係中，都有生我、我生兩個方面的關係。如生我者為父母，我生者為子孫。相生關係又可稱為母子關係，如木生火，也就是木為火之母，火則為木之子。

五行相生含義：

木生火，是因為木性溫暖，火隱伏其中，鑽木而生火，所以木生火。

火生土，是因為火灼熱，所以能夠焚燒木，木被焚燒後就變成灰燼，灰即土，所以火生土。

土生金，因為金隱藏在石裡，依附著山，津潤而生，聚土成山，有山必生石，所以土生金。

金生水，因為少陰之氣（金氣）溫潤流澤，金潤水生，金熔化後也成水狀，所以金生水。

水生木，因為水溫潤而使樹木生長出來，所以水生木。

（二）五行相剋

**五行相剋表**

| 五行 | 金 | 木 | 土 | 水 | 火 |
|---|---|---|---|---|---|
| **相剋** | 木 | 土 | 水 | 火 | 金 |

五行相剋：金剋木，木剋土，土剋水，水剋火，火剋金。

五行相剋，即五行相互剋制和相互約束。五行的相剋次序為：木剋土，土剋水，水剋火，火剋金，金剋

五行相剋循環圖表

木。在相剋關係中，都有剋我、我剋兩個方面的關係。剋我者為官鬼，我剋者為妻財。如木剋土，則木為土之官鬼，土為木之妻財；土剋水，則土為水之官鬼，水為土之妻財；詳見後節《六親相生相剋》內容。

五行相剋含義：

是因為天地之性具有：

衆勝寡，故水勝火。

精勝堅，故火勝金。

剛勝柔，故金勝木。

專勝散，故木勝土。

實勝虛，故土勝水。

五行相生相剋，像陰陽一樣，是事物不可分割的兩個方面，是密不可分的。沒有生，事物就無法發生和生長；而沒有剋，事物無所約束，就無法維持正常的協調關係。只有保持相生相剋的動態平衡，才能使事物正常的發生與發展。

如果五行相生相剋太過或不及，就會破壞正常的生剋關係，而出現相乘或相侮的情況。

（三）五行相乘：

五行相乘，即五行中的某一行對被剋的一行剋制太過。比如，木過於亢盛，而金又不能正常地剋制木時，木就會過度地剋土，使土更虛，這就是木乘土。物盛極，稱為亢、太過。凡事物亢極則乘，強而欺弱。但是，事物本身亢極、太過，往往易折。如鋼太剛易折斷，玉太硬易破碎。就是這個道理。

（四）五行相侮：

五行相侮，即五行中的某一行本身太過，使剋它的一行無法制約它，反而被它所剋制，所以又被稱為反剋或反侮。比如，在正常情況下水剋火，但當水太少或火過盛時，水不但不能剋火，反而會被火燒乾，即火反剋或反侮水。

（五）五行生剋制化宜忌：

金：金旺得火，方成器皿。金能生水，水多金沉；強金得水，方挫其鋒。金能剋木，木多金缺；木弱逢金，必為砍折。金賴土生，土多金埋；土能生金，金多土變。

火：火旺得水，方成相濟。火能生土，土多火晦；強火得土，方止其焰。火能剋金，金多火熄；金弱遇火，必見銷熔。火賴木生，木多火熾；木能生火，火多木焚。

水：水旺得土，方成池沼。水能生木，木多水縮；強水得木，方泄其勢。水能剋火，火多水乾；火弱遇水，必然熄滅。水賴金生，金多水濁；金能生水，水多金沉。

土：土旺得木，方能疏通。土能生金，金多土變；強土得金，方制其壅。土能剋水，水多土流；水弱逢土，必為淤塞。土賴火生，火多土焦；火能生土，土多火晦。

木：木旺得金，方成棟樑。木能生火，火多木焚；強木得火，方化其頑。木能剋土，土多木折；土弱逢木，必為傾陷。木賴水生，水多木漂；水能生木，木多水縮。

第四節：五行基本屬性：

木主仁，其性直，其情和，其味酸，其色青。木盛的人長得丰姿秀麗，骨骼修長，手足細膩，口尖發美，面色青白。為人有博愛惻隱之心，慈祥愷悌之意，清高慷慨，質樸無偽。木衰之人則個子瘦長，頭髮稀少，性格偏狹，嫉妒不仁。木氣死絕之人則眉眼不正，項長喉結，肌肉乾燥，為人鄙下吝嗇。

火主禮，其性急，其情恭，其味苦，其色赤。火盛之人頭小腳長，上尖下闊，濃眉小耳，精神閃爍，為人謙和恭敬，純樸急躁。火衰之人則黃瘦尖楞，語言妄誕，詭詐妒毒，做事有始無終。

土主信，其性重，其情厚，其味甘，其色黃。土盛之人圓腰廓鼻，眉清木秀，口才聲重。為人忠孝至誠，度量寬厚，言必行，行必果。土氣太過則頭腦僵化，愚拙不明，內向好靜。不及之人面色憂滯，面扁鼻低，為人狠毒乖戾，不講信用，不通情理。

金主義，其性剛，其情烈，其味辣，其色白。金盛之人骨肉相稱，面方白淨，眉高眼深，體健神清。為人剛毅果斷，疏財仗義，深知廉恥。太過則有勇無謀，貪欲不仁。

不及則身材瘦小，為人刻薄內毒，喜淫好殺，吝嗇貪婪。

水主智，其性聰，其情善，其味鹹，其色黑。水旺之人面黑有采，語言清和，為人深思熟慮，足智多謀，學識過人。太過則好說是非，飄蕩貪淫。不及則人物短小，性情無常，膽小無略，行事反覆。

**五行屬性與對應物象表**

| 五行 | 金 | 木 | 水 | 火 | 土 |
|---|---|---|---|---|---|
| **天干** | 庚辛 | 甲乙 | 壬癸 | 丙丁 | 戊己 |
| **地支** | 申酉 | 寅卯 | 亥子 | 巳午 | 辰戌丑未 |
| **八卦** | 乾兌 | 震巽 | 坎 | 離 | 艮坤 |
| **相生** | 水 | 火 | 木 | 土 | 金 |
| **相剋** | 木 | 土 | 火 | 金 | 水 |
| **五數** | 四 | 三 | 一 | 二 | 五 |
| **五季** | 秋 | 春 | 冬 | 夏 | （長夏）季月 |
| **五色** | 白 | 青綠 | 黑 | 赤紅 | 黃 |
| **五方** | 西 | 東 | 北 | 南 | 中 |
| **五氣** | 躁 | 風 | 寒 | 暑 | 濕 |
| **五化** | 收 | 生 | 藏 | 長 | 化 |
| **五味** | 辛 | 酸 | 鹹 | 苦 | 甘 |
| **五官** | 鼻 | 目 | 耳 | 舌 | 口 |
| **五臟** | 肺 | 肝 | 腎 | 心 | 脾 |
| **五腑** | 大腸 | 膽 | 膀胱 | 小腸 | 胃 |
| **五腧** | 經 | 井 | 合 | 滎 | 愈 |
| **五精** | 魂 | 魄 | 志 | 神 | 意 |
| **五情** | 悲 | 怒 | 恐 | 喜 | 思 |
| **五音** | 商 | 角 | 羽 | 徵 | 宮 |
| **五聲** | 哭 | 呼 | 呻 | 笑 | 歌 |
| **五務** | 臥 | 步 | 立 | 視 | 坐 |
| **五常** | 義 | 仁 | 智 | 禮 | 信 |
| **形體** | 皮毛 | 筋 | 骨髓 | 血脈 | 肌肉 |
| **津液** | 涕 | 淚 | 唾 | 汗 | 涎 |

五行數序

| 五行數序表 | | | | | |
|---|---|---|---|---|---|
| 五行 | 水 | 火 | 木 | 金 | 土 |
| 數序 | 一 | 二 | 三 | 四 | 五 |

水一、火二、木三、金四、土五。

## •以錢代蓍①卜龜之法

按：《洪範②》曰：「龜從，筮從」。是知二者，學者不可偏廢。其法以周通錢③三隻，擲以成卦爻。卜者執龜祝之曰：「伏羲㊀易前民用，卦合神明。顒若有孚④，仰叩先天之肇教⑤，感而遂通㊁，撥開後進之迷途。敬爇爐香，恕⑥聞上帝，伏羲、大禹、文王、周公、孔子五大聖人，孔門衛道七十二賢，濂溪周敦頤⑦㊂、洛陽㊃•明道伊川⑧、關•張橫渠⑨、閩•朱熹⑩、陳摶⑪、穆修⑫、李挺之⑬㊄、邵康節⑭，王鬼谷⑮，嚴君平⑯，袁天罡⑰、李淳風⑱、孫臏⑲、管輅⑳、諸葛孔明㉑、列位大聖大賢先生。凡有翼吾易者，天降虛齊，六丁六甲神將，年月日時四直功曹，排卦童子，成卦童郎，虛空有感，一切聖賢，本境英烈神祇㉒，里社㉓正神，本家奉事，壇爐香火，土地㉔，福德明神，聞此寶香，願賜降臨。今遇太歲某年某月某日，節甲某旬，據某府某縣某鄉某裡某社某姓名，禱析某事，憂疑㉕未決，敬就大神聖，所求靈卦。上知天文，下知地戶，中察人間禍福。八八六十四卦內賜一卦，三百八十四爻內賜六爻，伏望諸位聖神，靈通報應。是吉是凶，卦莫亂成；或悔或吝，爻勿亂動。吉則吉神出現，凶則凶象伏藏。人有誠心，卦有靈應，盡在卦中，分明判示」。遂將錢擲下，三次成，得何卦。「適來內卦，某宮三爻。已蒙某爻發動」。如無發動，則云「未蒙發動」。「再求外象三爻，圓成一卦，以定吉凶」。「適來冒動諸位聖賢先生，稽首奉送，各返虛空，後有告訴，一望降臨，稽首皈依，伏惟珍重」。

## 注釋

①以錢代蓍：以搖銅錢成卦的方法，代替蓍草揲蓍成卦的方法。

②洪範：即《尚書‧卷三十‧周書‧洪範》。

③周通錢：五代末，後周世宗柴榮顯德二年（西元955年）毀佛寺銅像，仿唐「開元

通寶」，以所毀銅像鑄周通錢，名「周元通寶」。由於周元通寶是毀銅佛像來鑄的，後人認為此錢能辟邪。

④顒（yóng）若有孚：《易•觀》曰：「觀：盥而不薦，有孚顒若」。馬注：「敬也」。虞注：「君德有威容貌」。

⑤肇（zhào）教：始創之教。

⑥愬（sù）：同「訴」。

⑦周敦頤：（1017 年—1073 年），原名敦實，别稱濂溪先生，又稱周元皓，因避宋英宗舊諱改名敦頤，字茂叔，號濂溪，尊稱周子。道州營道樓田堡（今湖南省道縣）人。程朱理學代表人，北宋思想家、理學家、哲學家、文學家，學界公認的理學鼻祖。主要著作有《太極圖說》、《通書》。周敦頤、邵雍、程頤、程顥、張載，合稱為「北宋五子」。參閱《宋史•列傳第一百八十六•道學一•周敦頤》。

⑧伊川：程頤（1033 年 -1107 年），字正叔，漢族，洛陽伊川（今河南洛陽伊川縣）人，世稱伊川先生，出生於湖北黃陂，北宋理學家和教育家。為程顥之胞弟。曆官汝州團練推官、西京國子監教授。元祐元年（1086）除秘書省校書郎，授崇政殿說書。與其胞兄程顥共創「洛學」，為理學奠定了基礎。與其兄程顥不但學術思想相同，而且教育思想基本一致，合稱「二程」。程顥與程頤一起，創立了「天理」學說。

參閱《宋史・列傳第一百八十六・道學一・程頤》。

⑨張橫渠：張載（1020年-1077年），字子厚，鳳翔郿縣（今陝西眉縣）橫渠鎮人，世稱橫渠先生，尊稱張子。曾任著作佐郎、崇文院校書等職。後辭歸，講學關中，故其學派稱為「關學」。北宋思想家、教育家、理學創始人之一。參閱《宋史・列傳第一百八十六・道學一・張載》。

⑩朱熹：（1130.9.15—1200.4.23），字元晦，又字仲晦，號晦庵，晚稱晦翁，謚文，世稱朱文公，尊稱為朱子。祖籍江南東路徐州府蕭縣，南宋時朱氏家族移居徽州府婺源縣（今江西省婺源），出生於南劍州尤溪（今屬福建省尤溪縣）。朱熹是程顥、程頤的三傳弟子李侗的學生，任江西南康、福建漳州知府、浙東巡撫，做官清正有為，振舉書院建設。官拜煥章閣侍制兼侍講，為宋寧宗皇帝講學。朱熹是宋朝著名的理學家、思想家、哲學家、教育家、詩人，閩學派的代表人物，儒學集大成者。著述甚多，有《四書章句集注》、《太極圖說解》、《周易本義》、《通書解說》、《周易讀本》、《楚辭集注》等，後人輯有《朱子大全》、《朱子集語象》等。其中《四書章句集注》成為欽定的教科書和科舉考試的標準。參閱《宋史・列傳第一百八十八・道學三・朱熹》。

⑪陳摶：（871年—989年）字「圖南」，號「扶搖子」，賜號「希夷先生」。四川

普州（今四川安嶽）人，五代宋初時是一位道門高隱和學術大師。陳摶繼承漢代以來的象數學傳統，並把黃老清靜無為思想、道教修煉方術和儒家修養、佛教禪觀會歸一流，對宋代理學有較大影響，後人稱其為「陳摶老祖」、「睡仙」、希夷祖師等。隱於武當山九室岩，移華山雲台觀，多著述。陳摶是傳統神秘文化中富有傳奇色彩的一代宗師。相傳紫微斗數及無極圖說皆為陳摶創作。參閱《宋史・列傳第二百一十六・隱逸上・陳摶》。

⑫穆修：（979年－1032年），字伯長，北宋鄆州（今山東鄆城）人。曾師事陳摶，學得《太極圖》，傳周敦頤，又長於《春秋》之學。大中祥符二年（1009年）進士。卒於仁宗明道元年（1032年）。參閱《宋史・列傳第二百一・文苑四・穆修》。

⑬李挺之：（980年－1045年），字挺之，山東青社（今山東青州）人，精於《易》學。曾師從穆修學《易》，後為邵雍師。參閱《宋史・列傳第一百九十・儒林一・李之才》。

⑭邵康節：邵雍（1011—1077）字堯夫，謚號康節，自號安樂先生、伊川翁，後人稱百源先生，尊稱邵子。其先范陽（今河北涿縣）人，幼隨父遷共城（今河南輝縣）。少有志，讀書蘇門山百源上。仁宗嘉祐及神宗熙寧中，先後被召授官，皆不赴。創「先天學」，以為萬物皆由「太極」演化而成。著有《觀物篇》、《先天圖》、《伊川擊壤集》、《皇極經世》等著作。參閱《宋史・列傳第一百八十六・道學一・邵雍》。

⑮王鬼谷：鬼谷子，姓王名詡，又名王禪、王通，號玄微子，春秋戰國時期衛國朝歌人，因隱居鬼谷，故自稱鬼谷先生。「王禪老祖」是後人對鬼谷子的稱呼。其長於持身養性和縱橫術、精通兵法、武術、奇門八卦，著有《鬼谷子》兵書十四篇傳世。民間稱其為王禪老祖，中國春秋戰國史上一代顯赫人物，是「諸子百家」之一，縱橫家的鼻祖，也是位卓有成就的教育家，他的弟子有兵家：孫臏、龐涓；縱橫家：蘇秦、張儀。經常進入雲夢山採藥修道。因隱居清溪鬼谷，所以稱鬼谷子先生。參閱《東周列國志》。

⑯君平：嚴君平，（西元前86年——西元10年），名遵（據說原名莊君平，東漢班固著《漢書》，因避漢明帝劉莊諱，改寫為嚴君平），蜀郡成都市人。西漢早期道家學者，思想家。漢成帝時隱居成都市井中，以蓟筮為業，「因勢導之以善」，宣揚忠孝信義和老子道德經，以惠眾人。參閱《漢書•卷七十二•王貢兩龔鮑傳》。

⑰袁天罡（gāng）：袁天綱，益州成都（今四川成都）人。尤工相術。隋大業中，為資官令。武德初，蜀道使詹俊赤牒授火井令。著有《六壬課》、《五行相書》、《推背圖》、《袁天罡稱骨歌》等。通志著錄，其有《易鏡玄要》一卷。久佚。參閱《舊唐書•卷一百九十一•列傳第一百四十一•袁天綱》。

⑱李淳風：（602－670），岐州雍人（今陝西省寶雞市鳳翔縣）。唐代傑出天文學家、

數學家，道家學者，撰《麟德曆》代《戊寅曆》，所撰《典章文物志》、《乙巳占》、《秘閣錄》，並《演齊人要術》等凡十餘部，多傳於代。李淳風和袁天罡所著《推背圖》以其預言準確而著稱於世。李淳風是世界上第一個給風定級的人。參閱《舊唐書•卷七十九•列傳第二十九•李淳風》。

⑲孫臏：孫臏，生卒年不詳，中國戰國初期軍事家，兵家代表人物。孫臏原名不詳，因受過臏刑故名孫臏。

⑳管輅：，（209年－256年），字公明，平原（今山東德州平原縣）人。三國時期曹魏術士。精通《周易》，善於蓍筮、相術，習鳥語，相傳每言輒中，出神入化。正元初，為少府丞。北宋時被追封為平原子。管輅是歷史上著名的術士，被後世奉為卜卦觀相的祖師。參閱《三國志•魏書第二十九•方技傳•管輅》。

㉑諸葛孔明：諸葛亮（181年－234年10月8日），字孔明，號臥龍（也作伏龍），徐州琅琊陽都（今山東臨沂市沂南縣）人，三國時期蜀漢丞相。在世時被封為武鄉侯，死後追謚忠武侯，東晉政權因其軍事才能特追封他為武興王。參閱《三國志•蜀書五•諸葛亮傳》。

㉒神祇（qí）：指天神和地神，也泛指神明。

㉓里社：借指鄉里。

㉔土地：神名。指掌管、守護某個地方的神。

㉕憂疑：憂慮疑懼。

## 校勘記

㈠「伏羲」，原本作「伏以」，疑誤，據人物稱謂改。

㈡「感而遂通」，原本作「感而通遂」，疑誤，據《周易•繫辭下》原文改。

㈢「濂溪周敦頤」，原本作「濂周惇頤」，疑誤，據人物稱謂改。

㈣「洛陽」，原本作「洛」字，疑誤，據人物所在地名改。

㈤「李挺之」，原本作「李挺」，疑誤，據人物稱謂改。

## ·擲錢要訣歌

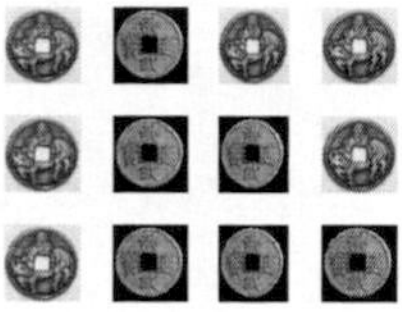

兩背由來拆 ⚋
雙眉本是單 ⚊
渾眉交定位 ╳
總背是重安 ○

如擲得兩錢覆，一錢仰，是其畫⚋，屬少陰。

如擲得一錢覆，兩錢仰，是其畫⚊，屬少陽。

如三錢俱仰，而為老陰，是其畫╳，屬陰變，主①未來事。

如三錢俱覆，而為老陽，是其畫○，屬陽變，主過去事。

| 擲錢要訣歌 | | | | |
|---|---|---|---|---|
| 銅錢正、背面 | | | 歌訣 | 卦畫符號 |
|  | | | 兩背由來拆 | ⚋ |
|  | | | 雙眉本是單 | ⚊ |
|  | | | 渾眉交定位 | ╳ |
|  | | | 總背是重安 | ○ |

### 注釋

①主：預示。如「主吉」，即預示吉。「主凶」，即預示凶。其他均倣此。

虎易按：此節講解用銅錢搖卦，代替用蓍草占卜的方法。搖卦時，用三個銅錢，平放在手心，雙手合扣，然後集中意念，專想所要預測的一種事，一事一測，不得有其他雜念，也不得想要預測幾個事情。最好是用口說出，因為說話的時候，是不可能想其他事情的，效果會更好。時間大約為一分鐘左右，以心情平靜，意念集中，無其他雜念摻入為準，就可以開始搖卦了。

一個卦有六個爻，因此要搖六次，並記錄下每次所搖的爻象。因為搖出的卦有六個爻，所以也稱為六爻卦。裝卦時「自下裝上」，依次按初、二、三、四、五、上的次序排列裝卦。

如果搖出的是一個背面，兩個正面，就記錄為「＼」單，畫「⚊」爻，也稱為少陽爻；

如果搖出的是兩個背面，一個正面，就記錄為「＼＼」拆，畫「⚋」，也稱為少陰爻；

如果搖出的是三個背面，就記錄為重，畫「○」，屬陽爻，謂陽動，也稱為老陽爻；

如果搖出的是三個正面，就記錄為交，畫「╳」，屬陰爻，謂陰動，也稱為老陰爻。

其中，少陽爻和少陰爻為靜爻，是不能變的；如果搖出的六次，都是少陽爻和少陰爻，則稱為靜卦；老陽爻和老陰爻稱為動爻，也稱為發動，有動爻就會發生變化；如果搖出的六次中，有老陽爻和老陰爻，按照老陽爻變少陰爻、老陰爻變少陽爻的規定，就有了變卦。下面試搖一卦為例：

第一次搖出一個背面，兩個正面，畫「⚊」爻；

第二次搖出三個正面，畫「╳」爻；

第三次搖出兩個背面，一個正面，畫「⚋」爻；
第四次搖出三個背面，畫「○」爻；
第五次搖出兩個背面，一個正面，畫「⚋」爻；
第六次搖出一個背面，兩個正面，畫「⚊」爻；

按照初、二、三、四、五、上的次序排列裝卦，形成的卦稱為主卦，也可以稱為本卦。因為卦中有二、四兩個爻是動爻，按照老陽爻變少陰爻、老陰爻變少陽爻的規定，就有了變卦。裝卦如下：

| 爻位 | 本　卦 | 世應 | 動爻 | 變　卦 | 說明 |
|---|---|---|---|---|---|
| 上爻 | ⚊ | | | ⚊ | 靜爻不變 |
| 五爻 | ⚋ | 世 | | ⚋ | 靜爻不變 |
| 四爻 | ⚊ | | ○→ | ⚋ | 老陽爻動，變成少陰爻。 |
| 三爻 | ⚋ | | | ⚋ | 靜爻不變 |
| 二爻 | ⚋ | 應 | ×→ | ⚊ | 老陰爻動，變成少陽爻。 |
| 初爻 | ⚊ | | | ⚊ | 靜爻不變 |

所得本卦為《火雷噬嗑》，變卦為《山澤損》。

六爻卦的初爻、二爻、三爻、四爻、五爻、上爻，是表示爻象所處的位置，也稱為爻位。其他搖卦和裝卦的方法倣此。

八宮單卦是由三爻卦畫組成的，也稱為「單卦」或「經卦」，由兩個單卦上下重疊組成的六爻

## 八宮單卦卦象圖

並附每爻形成所搖銅錢的正、背面個數。

| 乾卦 | 銅錢正背面個數 | 坤卦 | 銅錢正背面個數 |
|---|---|---|---|
| ⚊<br>⚊<br>⚊ | 一個背面，兩個正面。<br>一個背面，兩個正面。<br>一個背面，兩個正面。 | ⚋<br>⚋<br>⚋ | 兩個背面，一個正面。<br>兩個背面，一個正面。<br>兩個背面，一個正面。 |
| 初、二、三爻都是陽爻。 | | 初、二、三爻都是陰爻。 | |
| 震卦 | 銅錢正背面個數 | 艮卦 | 銅錢正背面個數 |
| ⚋<br>⚋<br>⚊ | 兩個背面，一個正面。<br>兩個背面，一個正面。<br>一個背面，兩個正面。 | ⚊<br>⚋<br>⚋ | 一個背面，兩個正面。<br>兩個背面，一個正面。<br>兩個背面，一個正面。 |
| 初爻為陽爻，二、三爻為陰爻。 | | 初、二爻為陰爻，三爻為陽爻。 | |
| 離卦 | 銅錢正背面個數 | 坎卦 | 銅錢正背面個數 |
| ⚊<br>⚋<br>⚊ | 一個背面，兩個正面。<br>兩個背面，一個正面。<br>一個背面，兩個正面。 | ⚋<br>⚊<br>⚋ | 兩個背面，一個正面。<br>一個背面，兩個正面。<br>兩個背面，一個正面。 |
| 初為陽爻，二為陰爻，三為陽爻。 | | 初為陰爻，二為陽爻，三為陰爻。 | |
| 兌卦 | 銅錢正背面個數 | 巽卦 | 銅錢正背面個數 |
| ⚋<br>⚊<br>⚊ | 兩個背面，一個正面。<br>一個背面，兩個正面。<br>一個背面，兩個正面。 | ⚊<br>⚊<br>⚋ | 一個背面，兩個正面。<br>一個背面，兩個正面。<br>兩個背面，一個正面。 |
| 初、二爻為陽爻，三爻為陰爻。 | | 初爻為陰爻，二、三爻為陽爻。 | |

卦，也稱為「重卦」，或者稱為「別卦」。在下面的單卦稱為「下卦」，也稱為「內卦」，在上面的單卦稱為「上卦」，也稱為「外卦」。

### 注釋

①重卦：謂重迭八卦以成六十四卦，每卦由兩個單卦組成，凡六爻。

## •新增成卦定象圖㊀

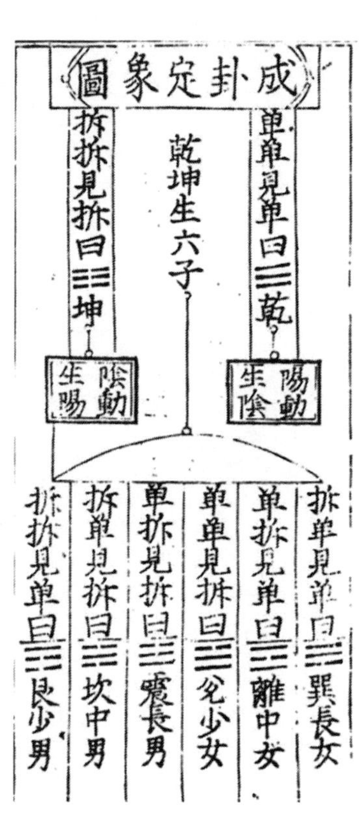


虎易按：以上「單」、「拆」，是指用銅錢搖卦時，正反面的個數。參見「以錢代蓍法」。「單單見單」、「拆單見拆」等，是從下往上數，順序排列的。整理成圖表如下：

| 成卦定象對照表 | | | | | | | | |
|---|---|---|---|---|---|---|---|---|
| 單拆 | 單單單 | 拆拆拆 | 拆單單 | 單拆單 | 單單拆 | 單拆拆 | 拆單拆 | 拆拆單 |
| 卦形 | ☰ | ☷ | ☴ | ☲ | ☱ | ☳ | ☵ | ☶ |
| 卦名 | 乾 | 坤 | 巽 | 離 | 兌 | 震 | 坎 | 艮 |
| 人物 | 父 | 母 | 長女 | 中女 | 少女 | 長男 | 中男 | 少男 |

### 校勘記

㊀「新增成卦定象圖」，原本作「成卦定象圖」，疑誤，據本書目錄改。

## ・八卦正象

☰乾三連、☷坤六斷、☲離中虛、☵坎中滿、
☳震仰盂、☶艮覆碗、☱兌上缺、☴巽下斷。

虎易按：此歌訣來自朱熹《周易本義・八卦取象歌》，是按八卦的卦形，形象描述的。附圖如下，供讀者參考。

乾三連，指乾卦的三個爻都是陽爻，卦畫是連在一起的，為三根長線。

坤六斷，指坤卦的三個爻都是陰爻，卦畫中間是斷開的，為六根短線。

震仰盂，指震卦的卦形，象一個仰面向上，盛東西的盂。

艮覆碗，指艮卦的卦形，象一個底在上覆扣的碗。

離中虛，指離卦的中爻卦畫，是中間斷開的短線。

坎中滿，指坎卦的中爻卦畫，是連接飽滿的長線。

兌上缺，指兌卦的上爻卦畫，是中間斷開的短線。

巽下斷，指巽卦的下爻卦畫，是中間斷開的短線。

**《周易本義・八卦取象歌》對照表**

| 八卦 | 乾 | 坤 | 離 | 坎 | 震 | 艮 | 兌 | 巽 |
|---|---|---|---|---|---|---|---|---|
| 拼音 | qián | kūn | lí | kǎn | zhèn | gèn | duì | xùn |
| 卦形 | ☰ | ☷ | ☲ | ☵ | ☳ | ☶ | ☱ | ☴ |
| 歌決 | 乾三連 | 坤六斷 | 離中虛 | 坎中滿 | 震仰盂 | 艮覆碗 | 兌上缺 | 巽下斷 |

## 八卦歌訣及卦畫對照表

| 八卦歌訣 | 卦畫 | 各卦組成的初、二、三爻單折爻畫 |
|---|---|---|
| 乾三連 | ☰ | 連得三爻俱是單，為乾卦。（一長畫為單。） |
| 坤六斷 | ☷ | 連得三爻俱是折，為坤卦。（兩短畫為折。） |
| 震仰盂 | ☳ | 初爻單，二爻三爻俱是折，為震卦。 |
| 艮覆碗 | ☶ | 初爻二爻俱是折，三爻單，為艮卦。 |
| 離中虛 | ☲ | 初爻單，二爻折，三爻又單為離卦。 |
| 坎中滿 | ☵ | 初爻折，二爻單，三爻又折為坎卦。 |
| 兌上缺 | ☱ | 初爻二爻俱是單，三爻折，為兌卦。 |
| 巽下斷 | ☴ | 初爻折，二爻三爻俱是單，為巽卦。 |

讀者可參閱朱熹《周易本義・八卦取象歌》，熟悉理解八卦的名稱、卦形，便於今後可以熟練的應用。

說明：「單、折」兩種爻畫，古籍中均以一點（、）表示單，兩點（、、）表示折。此處為適應現代讀者的閱讀習慣，修改為：一長橫（━）表示單，兩短橫（╍）表示折。請讀者注意對應。

## •八卦所屬

乾天屬金，坎水屬水，艮山屬土，震雷屬木，俱屬陽順行

巽風屬木，離火屬火，坤地屬土，兌澤屬金，俱屬陰逆行

虎易按：下面補入〈八卦自然之象〉，〈八卦對應人物〉，〈八卦對應身體〉，〈八卦對應動物〉等基礎資料，供讀者參考。

〈八卦自然之象〉

乾為天，坎為水，艮為山，震為雷，巽為風，離為火，坤為地，兌為澤。

〈八卦對應人物〉

乾為老父，坤為老母，震為長男，巽為長女，坎為中男，離為中女，艮為少男，兌為少女。

〈八卦對應身體〉

乾為首，坤為腹，震為足，巽為股，坎為耳，離為目，艮為手，兌為口。

〈八卦對應動物〉

乾為馬，坤為牛，震為龍，巽為雞，坎為豕，離為雉，艮為狗，兌為羊。

虎易按：更詳細的內容，請參看《易經•說卦傳》和《梅花易數》的萬物類象部分內容。

## 八卦屬性與對應物象表

| 八卦 | 乾 | 兌 | 離 | 震 | 巽 | 坎 | 艮 | 坤 |
|---|---|---|---|---|---|---|---|---|
| **數序** | 一 | 二 | 三 | 四 | 五 | 六 | 七 | 八 |
| **五行** | 金 | 金 | 火 | 木 | 木 | 水 | 土 | 土 |
| **陰陽** | 陽 | 陰 | 陰 | 陽 | 陰 | 陽 | 陽 | 陰 |
| **身體** | 首 | 口 | 目 | 足 | 股 | 耳 | 手 | 腹 |
| **動物** | 馬 | 羊 | 雉 | 龍 | 雞 | 豕 | 狗 | 牛 |
| **人物** | 老父 | 少女 | 中女 | 長男 | 長女 | 中男 | 少男 | 老母 |
| **方位** | 西北 | 西 | 南 | 東 | 東南 | 北 | 東北 | 西南 |
| **特性** | 健 | 悅 | 麗 | 動 | 入 | 陷 | 止 | 順 |

## •六十四卦象例　凡八宮

乾宮八卦金

䷀乾為天、䷫天風姤、䷠天山遯、䷋天地否、䷓風地觀、䷖山地剝、䷢火地晉、䷍火天大有。

坎宮八卦水

䷜坎為水、䷻水澤節、䷂水雷屯、䷾水火既濟、䷰澤火革、䷶雷火豐、䷣地火明夷、䷆地水師。

艮宮八卦土

䷳艮為山、䷕山火賁、䷙山天大畜、䷨山澤損、䷥火澤睽、䷉天澤履、䷼風澤中孚、䷴風山漸。

震宮八卦木

䷲震為雷、䷏雷地豫、䷧雷水解、䷟雷風恒、䷭地風升、䷯水風井、䷛澤風大過、䷐澤雷隨。

巽宮八卦木

䷸巽為風、䷈風天小畜、䷤風火家人、䷩風雷益、䷘天雷无妄、䷔火雷噬嗑①、䷚山雷頤、䷑山風蠱。

離宮八卦火

☲離為火、☶火山旅、☴火風鼎、☵火水未濟、☵山水蒙、☵風水渙、☵天水訟、☲天火同人。

坤宮八卦土

☷坤為地、☳地雷復、☱地澤臨、☰地天泰、☰雷天大壯、☰澤天夬、☰水天需、☷水地比。

兌宮八卦金

☱兌為澤、☵澤水困、☷澤地萃、☶澤山咸、☶水山蹇、☶地山謙、☶雷山小過、☱雷澤歸妹。

虎易按：以上所列八宮六十四卦，對八宮的卦宮屬性，卦名，讀者宜背誦熟悉，便於今後熟練應用。卦名是由上卦象徵、下卦象徵、重卦象徵組成的。

## 注釋

①噬嗑（shì kè）：《易經》卦名。六十四卦之一。震下離上。謂頤中有物，齧（niè）而合之。象徵以刑法治國。亦象徵市集聚合天下貨物以交易。

由兩個單卦上下重疊組成的六爻卦，稱為重卦。八宮單卦交互上下重疊，就組成了

### 八宮六十四卦形、卦名表對照表

（按京氏易八宮次序排列）

| 乾宮 | 乾為天 | 天風姤 | 天山遯 | 天地否 | 風地觀 | 山地剝 | 火地晉 | 火天大有 |
|---|---|---|---|---|---|---|---|---|
| 震宮 | 震為雷 | 雷地豫 | 雷水解 | 雷風恒 | 地風升 | 水風井 | 澤風大過 | 澤雷隨 |
| 坎宮 | 坎為水 | 水澤節 | 水雷屯 | 水火既濟 | 澤火革 | 雷火豐 | 地火明夷 | 地水師 |
| 艮宮 | 艮為山 | 山火賁 | 山天大畜 | 山澤損 | 火澤睽 | 天澤履 | 風澤中孚 | 風山漸 |
| 坤宮 | 坤為地 | 地雷復 | 地澤臨 | 地天泰 | 雷天大壯 | 澤天夬 | 水天需 | 水地比 |
| 巽宮 | 巽為風 | 風天小畜 | 風火家人 | 風雷益 | 天雷无妄 | 火雷噬嗑 | 山雷頤 | 山風蠱 |
| 離宮 | 離為火 | 火山旅 | 火風鼎 | 火水未濟 | 山水蒙 | 風水渙 | 天水訟 | 天火同人 |
| 兌宮 | 兌為澤 | 澤水困 | 澤地萃 | 澤山咸 | 水山蹇 | 地山謙 | 雷山小過 | 雷澤歸妹 |

六十四個重卦。

由每個卦宮的單卦，自身上下重疊而成的卦，稱為首卦，也稱為純卦，因為有八個宮，因此有八個首卦，也統稱為八純卦。

每宮都由八個卦組成，其後面的七個卦都是由本宮首卦變化出來的。變卦按照陽爻變陰爻、陰爻變陽爻的規定，按從下往上的順序變，因為上六爻不能變，所以變至第五爻，就再往下變。

各宮第一卦，就是本宮首卦。

第二卦即一變卦，變首卦的初爻。

第三卦即二變卦，變第二卦的

第二爻，

第四卦即三變卦，變第三卦的第三爻，

第五卦即四變卦，變第四卦的第四爻，

第六卦即五變卦，變第五卦的第五爻，

以上一至五變卦，是從下往上變。因上爻為宗廟，不能變。則再往下變。

第七卦即六變卦，往下變第六卦的第四爻，也稱為「遊魂卦」。

第八卦即七變卦，將第七卦的內卦初、二、三爻全變，也稱為「歸魂卦」。

附《乾》宮八卦變卦順序表，供讀者參考。

| 乾宮八卦變卦順序表 | | | |
|---|---|---|---|
| **本宮首卦**（八純卦） | **第二卦** | **第三卦** | **第四卦** |
| 乾為天 | （一變卦）天風姤 | （二變卦）天山遯 | （三變卦）天地否 |
| ⚊ 世<br>⚊<br>⚊<br>⚊ 應<br>⚊<br>⚊ | ⚊<br>⚊<br>⚊ 應<br>⚊<br>⚊<br>⚋ 世 | ⚊<br>⚊ 應<br>⚊<br>⚊<br>⚋ 世<br>⚋ | ⚊ 應<br>⚊<br>⚊<br>⚋ 世<br>⚋<br>⚋ |
| 《乾》宮首卦 | 一變《乾》卦初爻 | 二變《姤》卦二爻 | 三變《遯》卦三爻 |
| **第五卦** | **第六卦** | **第七卦**（遊魂卦） | **第八卦**（歸魂卦） |
| （四變卦）風地觀 | （五變卦）山地剝 | （六變卦）火地晉 | （七變卦）火天大有 |
| ⚊<br>⚊<br>⚋ 世<br>⚋<br>⚋<br>⚋ 應 | ⚊<br>⚋ 世<br>⚋<br>⚋<br>⚋ 應<br>⚋ | ⚊<br>⚋<br>⚊ 世<br>⚋<br>⚋<br>⚋ 應 | ⚊ 應<br>⚋<br>⚊<br>⚊ 世<br>⚊<br>⚊ |
| 四變《否》卦四爻 | 五變《觀》卦五爻 | 六變《剝》卦四爻 | 七變《晉》卦內三爻 |

乾宮首卦《乾為天》卦，是由上卦為乾，下卦為乾的兩個乾單卦，上下重疊而成。乾卦的象徵為天，所以名為《乾為天》卦。

乾宮第二卦《天風姤》卦，是變乾宮首卦《乾為天》的初爻，變后由上卦為乾，下卦為巽的兩個單卦，上下重疊而成。乾卦的象徵為天，巽卦的象徵為風，所以名為《天風姤》卦。

乾宮第三卦《天山遯》卦，是變乾宮第二卦《天風姤》卦的第二爻，變后上卦為乾，下卦為艮的兩個單卦，上下重疊而成。乾的象徵為天，艮的象徵為山，所以名為《天山遯》卦。

乾宮第四卦《天地否》卦，是變乾宮第三卦《天山遯》卦的第三爻，變后由上卦為乾，下卦為坤的兩個單卦，上下重疊而成。乾的象徵為天，坤的象徵為地，所以名為《天地否》卦。

乾宮第五卦《風地觀》卦，是變乾宮第四卦《天地否》卦的第四爻，變后由上卦為巽，下卦為坤的兩個單卦，上下重疊而成。巽的象徵為風，坤的象徵為地，所以名為《風地觀》卦。

乾宮第六卦《山地剝》卦，是變乾宮第五卦《風地觀》卦的第五爻，變后由上卦為艮，下卦為坤的兩個單卦，上下重疊而成。艮的象徵為山，坤的象徵為地，所以名為《山地剝》卦。

乾宮第七卦《火地晉》卦，是向下變乾宮第六卦《山地剝》卦的第四爻，變后由上卦為離，下卦為坤的兩個單卦，上下重疊而成。離的象徵為火，坤的象徵為地，所以名為《火地晉》卦，此卦是乾宮的遊魂卦。

乾宮第八卦《火天大有》卦，是向下變乾宮第七卦《火地晉》卦的初、二、三爻三個爻，變後由上卦為離，下卦為乾的兩個單卦，上下重疊而成。離的象徵為火，乾的象徵為天，所以名為《火天大有》卦，此卦是乾宮的歸魂卦。

其他卦宮的變卦方法倣此。

下面附《六十四卦標準讀音》和《周易本義●上下經卦名次序歌》，供讀者參考。

## 六十四卦標準讀音

《乾》（qián）《坤》（kūn）《屯》（zhūn）《蒙》（méng）《需》（xū）《訟》（sòng）《師》（shī），《比》（bì）《小畜》（xiǎo xù）兮《履》（lǚ）《泰》（tài）《否》（pǐ）；《同人》（tóng rén）《大有》（dà yǒu）《謙》（qiān）《豫》（yù）《隨》（suí），《蠱》（gǔ）《臨》（lín）《觀》（guān）兮《噬嗑》（shì hé）《賁》（bì）；《剝》（bō）《復》（fù）《无妄》（wú wàng）《大畜》（dà xù）《頤》（yí），《大過》（dà guò）《坎》（kǎn）《離》（lí）三十備。

《咸》（xián）《恒》（héng）《遯》（dùn）兮及《大壯》（dà zhuàng），《晉》（jìn）

與《明夷》(míng yí)《家人》(jiā rén)《睽》(kuí)；《蹇》(jiǎn)《解》(xiè)《損》(sǔn)《益》(yì)《夬》(guài)《姤》(gòu)《萃》(cuì)，《升》(shēng)《困》(kùn)《井》(jǐng)《革》(gé)《鼎》(dǐng)《震》(zhèn)繼；《艮》(gèn)《漸》(jiàn)《歸妹》(guī mèi)《豐》(fēng)《旅》(lǚ)《巽》(xùn)，《兌》(duì)《渙》(huàn)《節》(jié)兮《中孚》(zhōng fú)至；《小過》

## 《周易本義•上下經卦名次序歌》卦形、卦名對照表

### 上經三十卦

乾坤屯蒙需訟師，比小畜兮履泰否；同人大有謙豫隨，
蠱臨觀兮噬嗑賁；剝復无妄大畜頤，大過坎離三十備。

| | | | | | | | |
|---|---|---|---|---|---|---|---|
| 乾為天 | 坤為地 | 水雷屯 | 山水蒙 | 水天需 | 天水訟 | 地水師 | 水地比 |
| 風天小畜 | 天澤履 | 地天泰 | 天地否 | 天火同人 | 火天大有 | 地山謙 | 雷地豫 |
| 澤雷隨 | 山風蠱 | 地澤臨 | 風地觀 | 火雷噬嗑 | 山火賁 | 山地剝 | 地雷復 |
| 天雷无妄 | 山天大畜 | 山雷頤 | 澤風大過 | 坎為水 | 離為火 | | |

(xiǎo guò)《既濟》(jì jì) 兼《未濟》(wèi jì)，是為下經三十四。

《周易本義•上下經卦名次序歌》

《易經•序卦傳》，將六十四卦，分為上經三十卦和下經三十四卦。朱熹《周易本義》依其順序，將其編成《上下經卦名次序歌》，便於讀者理解和記憶。

參考《周易本義•上下經卦名次序歌》卦形、卦名對照表

**下經三十四卦**

咸恒遯兮及大壯，晉與明夷家人睽；蹇解損益夬姤萃，升困井革鼎震繼；
艮漸歸妹豐旅巽，兌渙節兮中孚至；小過既濟兼未濟，是為下經三十四。

| | | | | | | | |
|---|---|---|---|---|---|---|---|
| 澤山咸 | 雷風恒 | 天山遯 | 雷天大壯 | 火地晉 | 地火明夷 | 風火家人 | 火澤睽 |
| 水山蹇 | 雷水解 | 山澤損 | 風雷益 | 澤天夬 | 天風姤 | 澤地萃 | 地風升 |
| 澤水困 | 水風井 | 澤火革 | 火風鼎 | 震為雷 | 艮為山 | 風山漸 | 雷澤歸妹 |
| 雷火豐 | 火山旅 | 巽為風 | 兌為澤 | 風水渙 | 水澤節 | 風澤中孚 | 雷山小過 |
| 水火既濟 | 火水未濟 | | | | | | |

## •安世應法例

卦分八宮。凡八純卦，世爻安在上六爻，第二卦世在初爻，第三卦世在二爻，第四卦世在三爻，第五卦世在四爻，第六卦世在五爻，第七卦為遊魂卦世在四爻，第八卦為歸魂卦世在三爻。

凡安應位，每與世爻隔兩位便是。若世在上三爻，則應在下三爻之內，若世在下三爻，則應在上三爻即是。遊魂卦與四世卦同，歸魂卦與三世卦同。

捷法詩曰：八卦之首世六當，以㈠下初爻輪上颺，遊魂七位四爻立，歸魂八位三爻詳。

虎易按：原本單字卦名只是簡稱，如「剝」、「豐」，現改作全

**八宮六十四卦卦名、世應爻位表**

| 卦宮 / 世應 / 爻位 | | 乾宮為天 | 坎宮為水 | 艮宮為山 | 震宮為雷 | 巽宮為風 | 離宮為火 | 坤宮為地 | 兌宮為澤 |
|---|---|---|---|---|---|---|---|---|---|
| 六爻 | 世六<br>應三 | 乾為天 | 坎為水 | 艮為山 | 震為雷 | 巽為風 | 離為火 | 坤為地 | 兌為澤 |
| 五爻 | 世五<br>應二 | 山地剝 | 雷火豐 | 天澤履 | 水風井 | 噬嗑 | 風水渙 | 澤天夬 | 地山謙 |
| 四爻 | 世四<br>應初<br>遊魂同 | 風地觀<br>火地晉 | 澤火革<br>明夷 | 火澤睽<br>中孚 | 地風升<br>大過 | 无妄<br>山雷頤 | 山水蒙<br>天水訟 | 大壯<br>水天需 | 水山蹇<br>小過 |
| 三爻 | 世三<br>應六<br>歸魂同 | 天地否<br>大有 | 既濟<br>地水師 | 山澤損<br>風山漸 | 雷風恒<br>澤雷隨 | 風雷益<br>山風蠱 | 未濟<br>同人 | 地天泰<br>水地比 | 澤山咸<br>歸妹 |
| 二爻 | 世二<br>應五 | 天山遯 | 水雷屯 | 大畜 | 雷水解 | 家人 | 火風鼎 | 地澤臨 | 澤地萃 |
| 初爻 | 世初<br>應四 | 天風姤 | 水澤節 | 山火賁 | 雷地豫 | 小畜 | 火山旅 | 地雷復 | 澤水困 |

稱「山地剝」、「雷火豐」。原本兩字卦名照舊。為便於讀者對照閱讀，將以上內容製成表格對應的形式。原本此內容無名稱，根據其內容，在表中題名作「八宮六十四卦卦名、世應爻位表」，供讀者參考。

## 校勘記

㈠「以」，原本作「已」，按現代用字方式改。後文遇此字，均依此例改作，不另作校勘說明。

### •納支捷法歌

乾坎艮震為陽位，子寅辰子㈠初爻是，巽離坤兌卦為陰，丑卯未巳初爻尋。
陽順陰逆隔節數，用前納甲並所屬，若能以此手中推，渾天甲子不難知。

假如《乾》卦，納干則用甲壬㈡，納支則用子。屬陽，故從子隔位數，甲子、甲寅、甲辰、壬午、壬申、壬戌，六位是也。詳見定局。

虎易按：八卦納天干，《乾》卦納「甲壬」，《坤》卦納「乙癸」，《艮》卦納「丙」，《兌》卦納「丁」，《坎》卦納「戊」，《離》卦納「己」，《震》卦納「庚」，《巽》卦納「辛」。

「《乾》、《坎》、《艮》、《震》為陽位，子寅辰子初爻是」，指《乾》、《坎》、《艮》、《震》四卦，為陽宮之卦，因此卦中納入陽支。《乾》初爻納「子」，《坎》初爻納「寅」，《艮》初爻納「辰」，《震》初爻納「子」。

「《巽》、《離》、《坤》、《兌》卦為陰，丑卯未巳初爻憑」，指《巽》、《離》、《坤》、《兌》四卦，為陰宮之卦，因此卦中納入陰支。《巽》初爻納「丑」，《離》初爻納「卯」，《坤》初爻納「未」，《兌》初爻納「巳」。

「陽順陰逆隔節數」，指《乾》、《坎》、《艮》、《震》四陽卦，從初爻起順序往上順行。《巽》、《離》、《坤》、《兌》四陰卦，從初爻起，逆行至六爻，然後按順序往下逆行。陽卦納陽支，只用「子寅辰午申戌」六個陽支，隔開陰支不用。陰卦納陰支，只用「丑卯巳未酉亥」六個陰支，隔開陽支不用。

如《坎》卦屬陽，按「寅辰午申戌子」的順序，初爻納「寅」，二爻納「辰」，三爻納「午」，四爻納「申」，五爻納「戌」，六爻納「子」順行。《乾》、《艮》、《震》三個陽卦納支順序倣此。

如《巽》卦屬陰，按「丑卯巳未酉亥」的順序，初爻納「丑」，六爻納「卯」，五爻納「巳」，四爻納「未」，三爻納「酉」，二爻納「亥」逆行。《離》、《坤》、《兌》三個陰卦納支順序倣此。

讀者可參閱「八卦渾天納甲六點陣圖」，理解此節內容。

## 校勘記

㊀「子」，原本作「午」，疑誤，據八卦納支體例改。

㊁「納干則用甲壬」，原本作「納甲則相甲壬」，疑誤，據其文意改。

### •八卦渾天納甲六點陣圖

虎易按：為便於讀者對照閱讀，將以上內容製成表格對應的形式，供讀者參考。

## 校勘記

㊀「八卦渾天納甲六點陣圖」，原本作「八卦渾天納甲圖」，據本書目錄改。

**八卦渾天納甲六點陣圖㊀**

| 納干支 八卦 / 爻位 | 乾 | 坎 | 艮 | 震 | 巽 | 離 | 坤 | 兌 |
|---|---|---|---|---|---|---|---|---|
| 上六 | 壬戌土 | 戊子水 | 丙寅木 | 庚戌土 | 辛卯木 | 己巳火 | 癸酉金 | 丁未土 |
| 五爻 | 壬申金 | 戊戌土 | 丙子水 | 庚申金 | 辛巳火 | 己未土 | 癸亥水 | 丁酉金 |
| 四爻 | 壬午火 | 戊申金 | 丙戌土 | 庚午火 | 辛未土 | 己酉金 | 癸丑土 | 丁亥水 |
| 三爻 | 甲辰土 | 戊午火 | 丙申金 | 庚辰土 | 辛酉金 | 己亥水 | 乙卯木 | 丁丑土 |
| 二爻 | 甲寅木 | 戊辰土 | 丙午火 | 庚寅木 | 辛亥水 | 己丑土 | 乙巳火 | 丁卯木 |
| 初爻 | 甲子水 | 戊寅木 | 丙辰土 | 庚子水 | 辛丑土 | 己卯木 | 乙未土 | 丁巳火 |

○八卦渾天納甲圖

| 坤 | 巽 | 艮 | 乾 |
| --- | --- | --- | --- |
| ● ● 癸酉金 | ● 辛卯木 | ● ● 丙寅木 | ● 壬戌土 |
| ● ● 癸亥水 | ● 辛巳火 | ● ● 丙子水 | ● 壬申金 |
| ● ● 癸丑土 | ● ● 辛未土 | ● ● 丙戌土 | ● 壬午火 |
| ● ● 乙卯木 | ● 辛酉金 | ● 丙申金 | ● 甲辰土 |
| ● ● 乙巳火 | ● 辛亥水 | ● ● 丙午火 | ● 甲寅木 |
| ● ● 乙未土 | ● ● 辛丑土 | ● ● 丙辰土 | ● 甲子水 |

| 兌 | 離 | 震 | 坎 |
| --- | --- | --- | --- |
| ● ● 丁未土 | ● 己巳火 | ● ● 庚戌土 | ● ● 戊子水 |
| ● 丁酉金 | ● ● 己未土 | ● ● 庚申金 | ● 戊戌土 |
| ● 丁亥水 | ● 己酉金 | ● 庚午火 | ● ● 戊申金 |
| ● ● 丁丑土 | ● 己亥水 | ● ● 庚辰土 | ● ● 戊午火 |
| ● 丁卯木 | ● ● 己丑土 | ● ● 庚寅木 | ● 戊辰土 |
| ● 丁巳火 | ● 己卯木 | ● 庚子水 | ● ● 戊寅木 |

## •納甲捷法詩㈠

乾金甲子外壬午，坎水戊寅外戊申，艮土丙辰外丙戌，震木庚子外庚午㈡，巽木辛丑外㈢辛未，離火己卯外己酉㈣，坤土乙未外㈤癸丑，兌金丁巳外丁亥㈥。

### 校勘記

㈠「納甲捷法詩」，原本作「納甲捷法詩斷」，疑誤，據本書目錄改。

㈡「震木庚子外庚午」，原本作「震木庚子庚午臨」，疑誤，據《卜筮全書•納甲歌》原文改。

㈢「外」，原本作「並」，疑誤，據《卜筮全書•納甲歌》原文改。

㈣「離火己卯外己酉」，原本作「離火己卯己酉尋」，疑誤，據《卜筮全書•納甲歌》原文改。

㈤「外」，原本作「並」，疑誤，據《卜筮全書•納甲歌》原文改。

㈥「兌金丁巳外丁亥」，原本作「兌金丁巳丁亥臨」，疑誤，據《卜筮全書•納甲歌》原文改。

## •干支所屬

東方甲乙寅卯木，南方丙丁巳午火，中央戊己辰戌丑未土，西方庚辛申酉金，北方壬癸亥子水。

〇干支所屬

東方甲乙寅卯木

南方丙丁巳午火

中央戊巳辰戌丑未土

西方庚辛申酉金

北方壬癸亥子水

## •定五行法

金生水、水生木、木生火、火生土、土生金。

金剋木、木剋土、土剋水、水剋火、火剋金。

金見金、木見木、水見水、火見火、土見土。

## •五行配六親法(一)

以卦宮所屬五行為我，渾天甲子所屬五行為他(二)。生我者為父母，我生者為子孫，剋我者為官鬼，我剋者為妻財(三)，比和者為兄弟。

八宮五行配六親表

| 六親 | 乾宮 | 兌宮 | 離宮 | 震宮 | 巽宮 | 坎宮 | 艮宮 | 坤宮 |
|---|---|---|---|---|---|---|---|---|
| 父母 | 土 | 土 | 木 | 水 | 水 | 金 | 火 | 火 |
| 兄弟 | 金 | 金 | 火 | 木 | 木 | 水 | 土 | 土 |
| 子孫 | 水 | 水 | 土 | 火 | 火 | 木 | 金 | 金 |
| 妻財 | 木 | 木 | 金 | 土 | 土 | 火 | 水 | 水 |
| 官鬼 | 火 | 火 | 水 | 金 | 金 | 土 | 木 | 木 |

虎易按：《卜筮元龜•五行配六親法》曰：「以卦宮所屬五行為我，渾天甲子所屬五行為他」。即成卦後，以本卦的卦宮五行屬性為「我」，然後按「生我」、「我生」、「剋我」、「我剋」、「比和」的配六親體例，給本卦各爻配置六親。例如成卦為《火天大有》卦：

虎易附例：001

乾宮：火天大有 (歸魂)

**本　　卦**

官鬼己巳火 ▅▅▅▅▅ 應
父母己未土 ▅▅　▅▅
兄弟己酉金 ▅▅▅▅▅
父母甲辰土 ▅▅▅▅▅ 世
妻財甲寅木 ▅▅▅▅▅
子孫甲子水 ▅▅▅▅▅

此為《乾》宮卦，《乾》宮五行屬金，即以第四爻屬金的五行為「我」，以第三和第五爻屬土的五行為「生我」的父母，以初爻屬水的五行為「我生」的子孫，以上爻（六爻）屬火的五行為「剋我」的官鬼，以二爻屬木的五行為「我剋」的妻財，以四爻屬金的五行為與「比和」的兄弟。讀者應該熟悉理解此內容，便於熟練準確的為各卦配置六親。

下面補入〈六親相生〉和〈六親相剋〉的內容，供讀者參考。

〈六親相生〉

六親相生表

| 六親 | 相生 |
|---|---|
| 父母 | 兄弟 |
| 兄弟 | 子孫 |
| 子孫 | 妻財 |
| 妻財 | 官鬼 |
| 官鬼 | 父母 |

父母生兄弟，兄弟生子孫，子孫生妻財，妻財生官鬼，官鬼生父母。

〈六親相剋〉

六親相剋表

| 六親 | 相剋 |
|---|---|
| 父母 | 子孫 |
| 兄弟 | 妻財 |
| 子孫 | 官鬼 |
| 妻財 | 父母 |
| 官鬼 | 兄弟 |

父母剋子孫，子孫剋官鬼，官鬼剋兄弟，兄弟剋妻財，妻財剋父母。

**校勘記**

㈠「五行配六親法」，原本作「五行配卦」，疑誤，據其內容文意改。

㈡「以卦宮所屬五行為我，渾天甲子所屬五行為他」，原本脫漏，據《卜筮元龜·五行配六親法》原文補入。

㈢「剋我者為官鬼，我剋者為妻財」，原本作「我剋者為妻財，剋我者為官鬼」，疑誤，據《卜筮元龜·五行配六親法》原文改。

## ·新增八卦六親捷法㈠

乾兌金兄土父傳，木財火鬼水子源，震巽木兄水父母，金鬼火子財屬土。
坤艮土兄水為財，木鬼金子火父來，離宮木父土子孫，水鬼金財火弟兄。
坎宮木子兄屬水，金父火財土為鬼。

**校勘記**

㈠「新增八卦六親捷法」，原本作「八卦六親捷法」，疑誤，據本書目錄改。

## •六親持世吉凶詩訣

父母持世身憂否，身帶文書及官鬼。夫妻相剋不同牀，到老用求他姓子。
子孫持世事無憂，官鬼從來了便休，求失此時應來得，營生作事有來由。
官鬼持世事難安，占身不病也遭官，財物此時憂失脫，骨肉分離會合難。
財爻持世益財榮，若問求財定稱心，更得子孫臨應上，官鬼從他斷不成。
兄弟持世剋妻財，憂官未了事還來，鬼旺正當憂口舌，身強必定損其財。

## •定身例

子午持世身居初，丑未持世身居二，寅申持世身居三，卯酉持世身居四，辰戌持世身居五，巳亥持世身居六。

虎易按：世身之說，起源於《卜筮元龜•推占來情休旺吉凶要訣章》，原本作：「子午為世身在初，丑未為世身在二，寅申為世身在三，卯酉為世身在四，辰戌為世身在五，巳亥為世身在六」。其後沒有任何說明，以及應用方法。

從其體例看，是以世爻地支為準，然後確定安世身之爻位，確定的爻位，即為「世身」。提請讀者注意，不要把「世身」和「月卦身」搞混淆了。

《卜筮全書•黃金策•總斷千金賦》曰：「世人多以『子午持世身居初』之身爻用

之，多有不驗，且未曉其義。予見《卜易玄機》、《金鎖玄關》，明卦身之身，甚為得旨。故捨彼而取此焉」。

《易隱》曰：「凡卦之身，用之為重，世之身司事還輕。世若不空不破，不須論身。世或空破，禍福方憑身象。蓋取身以代世之勞耳」。

《黃金策》與《易隱》的作者認為，在世爻空破的情況下，也可以採用「月卦身」。

《增刪卜易》曰「古用卦身、世身，余試不驗而不用」。

以上各書作者論述，雖然有差異，但對於「世身」之說，則都是取否定態度的。我贊同《增刪卜易》作者的論述，論卦還是應該以世爻為準。因為「月卦身」，是用於確定卦氣旺衰和事物、運氣進退的，根據預測的需要，也是可以參考應用的，但並非是作為用神而用。至於「世身」，「且未曉其義」，我在實踐中也是棄之不用。

古有此說，予以保留。有興趣的讀者，也可以在實踐中去應用，看是否有應用價值。

## 六十四卦世身定例

| | | | | | | | | | | | | | |
|---|---|---|---|---|---|---|---|---|---|---|---|---|---|
| 巳亥持世身在六爻 | 卦名 | 大過 | 節 | 既濟 | 革 | 離 | 鼎 | 渙 | 同人 | 萃 | 謙 | | 10卦 |
| | 世爻 | 丁亥 | 丁巳 | 己亥 | 丁亥 | 己巳 | 辛亥 | 辛巳 | 己亥 | 乙巳 | 癸亥 | | |
| | 世身 | 丁未 | 戊子 | 戊子 | 丁未 | 己巳 | 己巳 | 辛卯 | 壬戌 | 丁未 | 癸酉 | | |
| 辰戌持世身在五爻 | 卦名 | 乾 | 大有 | 震 | 解 | 井 | 隨 | 泰 | 益 | 頤 | 旅 | 蒙 | 11卦 |
| | 世爻 | 壬戌 | 甲辰 | 庚戌 | 戊辰 | 戊戌 | 庚辰 | 甲辰 | 庚辰 | 丙戌 | 丙辰 | 丙戌 | |
| | 世身 | 壬申 | 己未 | 庚申 | 庚申 | 戊戌 | 丁酉 | 癸亥 | 辛巳 | 丙子 | 己未 | 丙子 | |
| 卯酉持世身在四爻 | 卦名 | 否 | 晉 | 恒 | 賁 | 睽 | 坤 | 臨 | 夬 | 比 | 巽 | 蠱 | 11卦 |
| | 世爻 | 乙卯 | 己酉 | 辛酉 | 己卯 | 己酉 | 癸酉 | 丁卯 | 丁酉 | 乙卯 | 辛卯 | 辛酉 | |
| | 世身 | 壬午 | 己酉 | 庚午 | 丙戌 | 己酉 | 癸丑 | 癸丑 | 丁亥 | 戊申 | 辛未 | 丙戌 | |
| 寅申持世身在三爻 | 卦名 | 屯 | 豐 | 艮 | 大畜 | 履 | 漸 | 需 | 困 | 咸 | 蹇 | | 10卦 |
| | 世爻 | 庚寅 | 庚申 | 丙寅 | 甲寅 | 壬申 | 丙申 | 戊申 | 戊寅 | 丙申 | 戊申 | | |
| | 世身 | 庚辰 | 己亥 | 丙申 | 甲辰 | 丁丑 | 丙申 | 甲辰 | 戊午 | 丙申 | 丙申 | | |
| 丑未持世身在二爻 | 卦名 | 姤 | 觀 | 豫 | 升 | 明夷 | 損 | 中孚 | 家人 | 噬嗑 | 兌 | 歸妹 | 11卦 |
| | 世爻 | 辛丑 | 辛未 | 乙未 | 癸丑 | 癸丑 | 丁丑 | 辛未 | 己丑 | 己丑 | 丁未 | 丁丑 | |
| | 世身 | 辛亥 | 乙巳 | 乙巳 | 辛亥 | 己丑 | 丁卯 | 丁卯 | 己丑 | 庚寅 | 丁卯 | 丁卯 | |
| 子午持世身在初爻 | 卦名 | 遯 | 剝 | 坎 | 師 | 復 | 大壯 | 小畜 | 无妄 | 未濟 | 訟 | 小過 | 11卦 |
| | 世爻 | 丙午 | 丙子 | 無子 | 戊午 | 庚子 | 庚午 | 甲子 | 壬午 | 戊午 | 壬午 | 丙午 | |
| | 世身 | 丙辰 | 乙未 | 戊寅 | 戊寅 | 庚子 | 甲子 | 甲子 | 庚子 | 戊寅 | 戊寅 | 丙辰 | |

### •六神屬五行

青龍屬木，朱雀屬火，勾陳屬土，騰蛇屬土，白虎屬金，玄武屬水。

### •起六神法

甲乙起青龍，丙丁起朱雀，戊日起勾陳，己日起騰蛇，庚辛起白虎，壬癸起玄武。

**起六神法**

| 六神 日干 爻位 | 甲乙日初爻起青龍 | 丙丁日初爻起朱雀 | 戊日初爻起勾陳 | 己日初爻起騰蛇 | 庚辛日初爻起白虎 | 壬癸日初爻起玄武 |
|---|---|---|---|---|---|---|
| 上爻 | 玄武 | 青龍 | 朱雀 | 勾陳 | 騰蛇 | 白虎 |
| 五爻 | 白虎 | 玄武 | 青龍 | 朱雀 | 勾陳 | 騰蛇 |
| 四爻 | 騰蛇 | 白虎 | 玄武 | 青龍 | 朱雀 | 勾陳 |
| 三爻 | 勾陳 | 騰蛇 | 白虎 | 玄武 | 青龍 | 朱雀 |
| 二爻 | 朱雀 | 勾陳 | 騰蛇 | 白虎 | 玄武 | 青龍 |
| 初爻 | 青龍 | 朱雀 | 勾陳 | 騰蛇 | 白虎 | 玄武 |

### •字畫拆卦數

《乾》一，《兌》二，《離》三，《震》四，《巽》五，《坎》六，《艮》七，《坤》八。觀文亦可。

周易卦數，《乾》一，《兌》二，《離》三，《震》四，《巽》五，《坎》六，《艮》七，《坤》八。

起卦以八除之，皆不拘數目多少。如不滿八，即以作卦。如一八除不盡，再除二八、三八，直至㊀除盡八數，以零①作卦。如得八數整，即是《坤》卦也，更不必除。

起爻以六除之，謂用重卦總數以六除之，以零作動㊁爻。如不滿六，只用此數為動

㊂爻，不必再除。如滿六數之外，則以六除之，以零數為動㊃爻。如一六除不盡，再除二六、三六，直至㊄除盡六數，以零為動㊅爻。

如看一爻動者是陽爻，陽動則變為陰。二爻動者是陰爻，陰動則變為陽也。

互卦例：乾坤無互，互其變卦。互卦只㊆用八卦，不必取六十四卦。互卦以重卦去初爻，又去了末爻，只用中間四爻，分為兩卦。以「二、三、四」為下卦，「三、四、五」為上卦論爻。

## 注釋

①零：指餘數。下同。

## 校勘記

㊀㊄「至」，原本脫漏，據其文意補入。

㊁㊂㊃㊅「動」，原本脫漏，據其文意補入。

㊆「只」，原本作「止」，同「只」義，為統一用字體例改。後文遇同此字義「止」者，均依此例改作，不另作校勘說明。

## •八卦納渾天甲子總論

渾上聲天①㈠，俗謂橫天者非也。世之卜士，遇乾卦則便從甲子水寫去，全不究竟。問之，則曰：「我但按圖索卦而已」。殊不思前賢置此，豈無所本祖哉。此論得之，名術果有源流。凡學易者，不可不知之。

乾為天、為君、為父，有覆萬物之功，剛健㈡正直，遂秉金德而生。呼九②者，九是陽之數極。甲者陽干之首，壬者陽干之末，包含，故用首與末。子者，陽㈢氣始昇之神，而沖於午，故得納甲子，以壬午繼之③。

坤為地、為母，有發生、載萬物之功，柔順利貞，遂秉土德而生。呼六④者，六是陰中之數。《繫辭》王韓注云⑤㈣：「陽爻畫奇，以明君道必一；陰爻畫兩，以明臣體㈤必二」。坤卦以其畫㈥，故呼坤六也。乙者陰干之首，癸者陰干之末。包含，故用首與末也。未者，陰氣以昇之神，而㈦沖於丑，故得納乙未，以癸丑㈧繼之。

乾稱君父，既秉㈨金德而生，遂以六庚配與長子震，震近乙庚，故得兩為妻。六辛配與長女巽，巽近丙辛，故通兩為夫。子午屬庚，所以震納㈩得庚子，以庚午繼之。丑未屬辛，所以巽納得辛丑，以辛未繼之。

陽唱陰和，夫唱婦隨，故以事付於坤。

坤稱老母，既秉(十一)土德而生，遂將六戊配與中男坎，坎近於戊，故得火為妻。六己配與中女離，己以甲為夫，甲死於午，己於離中而遇死夫，不得成數，是木於卯獨亡，故休離中。寅申屬戊，所以坎納得戊寅，以戊申繼之。卯酉屬己，離納得己卯，以己酉繼之。

坤為母之道，在家從父，出嫁從夫，夫歿從子，故以事付與子。

坤秉土德，是陰土，以木為夫，夫生者為子，故以火為子。

遂以六丙配與少男艮，丙以獲辛為妻，辛是金，金生在巳，金墓在丑，配於艮而遇墓中之妻。遂以艮為鬼門也。六丁配與少女兌，丁以壬為夫，壬是水，水生於申，沐浴於酉，配當沐浴之處。九宮遂以兌以咸池，又近於乾，乾中也以遇亥，所以兌卦巳亥遇丁。辰戌屬丙，所以艮納得丙辰，以丙戌繼之。巳亥屬丁[十三]，所以兌納得丁巳，以丁亥繼之。

六十甲子以因前所配所屬，以取遠近之數，而納五音也。

## 注釋

①渾天：我國古代關於天體的一種學說。認為天地的形狀渾圓如鳥卵，天包地外，就像殼裹卵黃一樣。天半在地上，半在地下，其南北兩極固定在天的兩端，日月星辰每天繞南北兩極的極軸旋轉。

②呼九：指陽爻稱為「九」。

③故得納甲子，以壬午繼之：指《乾》內卦初爻納甲子，外卦四爻納壬午。以下所述納甲，均倣此。

④呼六：指陰爻稱為「六」。

⑤《繫辭》王韓注云：《繫辭・下》曰「陽一君而二民，君子之道也。陰二君而一民，小人之道也」。魏・王弼注：曰「故陽爻畫奇，以明君道必一；陰爻畫兩，以明臣體必二，斯則陰陽之數，君臣之辨也」。參閱《周易王韓注》。

## 校勘記

㊀「渾天」，原本作「渾」，疑誤，據其文意改。

㊁「健」，原本作「之」，疑誤，據其文意改。

㊂「者、陽」，原本脫漏，據其文意補入。

㊃「繫辭王韓注云」，原本作「繫辭云」，疑誤，據其內容原文改。

㊄「體」，原本作「道」，疑誤，據《周易王韓注》原文改。

㊅「畫」，原本作「盡」，疑誤，據其文意改。

㊆「而」，原本脫漏，據上文行文體例補入。

㊇「故得納乙未，以癸丑」，原本脫漏，據上文行文體例補入。

㊈(十一)「秉」，原本作「乘」，疑誤，據上文行文體例改。

㊉「納」，原本脫漏，據上文行文體例補入。

(十二)「辰戌屬丙，所以艮納得丙辰，以丙戌繼之。巳亥屬丁」，原本脫漏，據上文行文體例補入。

## •新增六十甲子納音例㊀

世俗占士，但記渾天甲，六十甲子，全不推究，不思六十甲子本自渾天甲出，豈可不知之。

甲子、乙丑、甲午、乙未納音皆是金也，為子午屬庚，丑未屬辛。從甲子甲午數至庚，從乙丑乙未數至辛，皆得七者，西方素皇之氣，所以納音是金，故也。

丙寅、丁卯、丙申、丁酉納音是火，為寅申屬戊，卯酉屬己。從丙寅丙申數至戊，丁卯丁酉數至己，皆得三也，三者，南丹天之氣，所以納音是火，故也。

戊辰、己巳、戊戌、己亥納音是木，為辰戌屬丙，巳亥屬丁。從戊辰戊戌數至丙，從己巳己亥數至丁，皆得九也。九者，東方九陽之氣，所以納音是木也。

庚午、辛未、庚子、辛丑納音是土，為言各得其所。屬午為乙，乙者中方總流之氣，所以納音是土也。

丙子、丁丑、丙午、丁未納音是水，從子午數至庚，從丑未數至辛，皆得五也。五者，北方之氣，所以納音屬水也。

### 校勘記

㊀「新增六十甲子納音例」，原本作「六十甲子納音例」，疑誤，據本書目錄改。

## •推五行生旺例

長生、沐浴、冠帶、臨官、帝旺、衰、病、死、墓、絕、胎、養。

假如占求財，看財㊀在何爻。若在金爻，就從巳上起長生，沐浴午、冠帶未、臨官申、帝旺酉、衰戌、病亥、死子、墓丑、絕寅、胎卯、養辰，順數一宮一位。木長生在亥，火長生到寅，水土長生居申，順輪十二位。

長生十二宮對照表

| 狀態＼五行 | 水 | 火 | 木 | 金 | 土 |
|---|---|---|---|---|---|
| 長生 | 申 | 寅 | 亥 | 巳 | 申 |
| 沐浴 | 酉 | 卯 | 子 | 午 | 酉 |
| 冠帶 | 戌 | 辰 | 丑 | 未 | 戌 |
| 臨官 | 亥 | 巳 | 寅 | 申 | 亥 |
| 帝旺 | 子 | 午 | 卯 | 酉 | 子 |
| 衰 | 丑 | 未 | 辰 | 戌 | 丑 |
| 病 | 寅 | 申 | 巳 | 亥 | 寅 |
| 死 | 卯 | 酉 | 午 | 子 | 卯 |
| 墓 | 辰 | 戌 | 未 | 丑 | 辰 |
| 絕 | 巳 | 亥 | 申 | 寅 | 巳 |
| 胎 | 午 | 子 | 酉 | 卯 | 午 |
| 養 | 未 | 丑 | 戌 | 辰 | 未 |

如遇長生、臨官、帝旺之地，凡事則發也。如遇衰、病、死、絕之鄉，凡事廢也。逢墓則見，胎養則生。

### 校勘記

㊀「財」，原本作「才」，疑誤，據現代用字體例改。後文遇此字，均依此例改作，不另作校勘說明。

## •新增掌合造化圖㈠

掌圖將左手四指為之

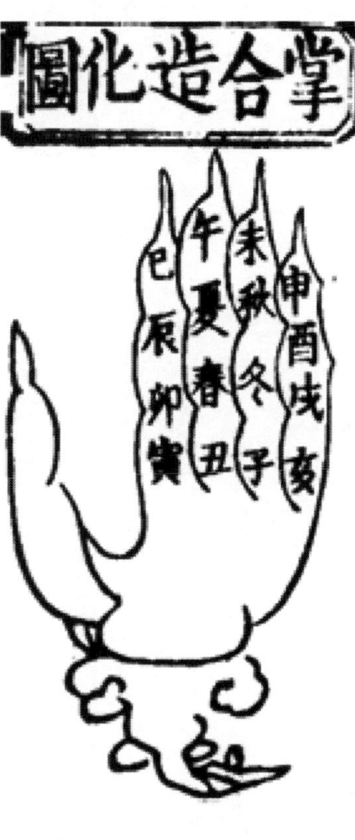


子宮為坎，丑寅為艮，卯宮為震，辰巳為巽，午宮為離，未申為坤，酉宮為兑，戌亥為乾。

詩曰：

聖人作易取諸身，掌合乾坤造化①真，十二宮中推禍福，可知靈驗應如神。

金長生在巳，木長生在亥，火長生在寅，水土長生在申。

金沐浴在午，木沐浴在子，火沐浴在卯，水土沐浴在酉。

金冠帶在未，木冠帶在丑，火冠帶在辰，水土冠帶在戌。

金臨官在申，木臨官在寅，火臨官在巳，水土臨官在亥。

金帝旺在酉，木帝旺在卯，火帝旺在午，水土帝旺在子。

金衰在戌，木衰在辰，火衰在未，水土衰在丑。
金病在亥，木病在巳，火病在申，水土病在寅。
金死在子，木死在午，火死在酉，水土死在卯。
金墓在丑，木墓在未，火墓在戌，水土墓在辰。
金絕在寅，木絕在申，火絕在亥，水土絕在巳。
金胎在卯，木胎在酉，火胎在子，水土胎在午。
金養在辰，木養在戌，火養在丑，水土養在未。

## 注釋

①造化：創造演化，指自然界自身發展繁衍的功能。亦指福分、命運。

## 校勘記

㈠「新增掌合造化圖」，原本作「掌合造化圖」，疑誤，據本書目錄改。

## ·新增十二月建㊀

正月建寅，二月建卯，三月建辰，四月建巳，五月建午，六月建未，七月建申，八月建酉，九月建戌，十月建亥，十一月建子，十二月建丑。

### 校勘記

㊀「新增十二月建」，原本作「十二月建」，疑誤，據本書目錄改。

## ·推四季旺神

春木旺，夏火旺，秋金旺，冬水旺，土旺四季各十八日。當生者旺，所生者相，生我者休，剋我者囚，我剋者死。永為定規。

春：寅卯木旺，巳午火相，辰戌丑未土死，申酉金囚，亥子水休。

夏：巳午火旺，辰戌丑未土相，申酉金死，亥子水囚，寅卯木休。

秋：申酉金旺，亥子水相，寅卯木死，巳午火囚，辰戌丑未土休。

冬：亥子水旺，寅卯木相，巳午火死，辰戌丑未土囚，申酉金休。

四季旺相休囚死表

| 四季 | 旺 | 相 | 休 | 囚 | 死 |
|---|---|---|---|---|---|
| 春 | 木 | 火 | 水 | 金 | 土 |
| 夏 | 火 | 土 | 木 | 水 | 金 |
| 秋 | 金 | 水 | 土 | 火 | 木 |
| 冬 | 水 | 木 | 金 | 土 | 火 |

## •新增推八卦八節旺廢之法圖㊀

旺、相、胎、沒①、死、囚、休、廢㊁，週而復始，順數是也。

| | | |
|---|---|---|
| 巽 立夏 | 離 夏至 | 坤 立秋 |
| 震 春分 | | 兌 秋分 |
| 艮 立春 | 坎 冬至 | 乾 立冬 |

右圖立春從《艮》順數，餘倣此。

**注釋**

①沒（mò）：沉沒。

**校勘記**

㊀「新增推八卦八節旺廢之法圖」，原本作「推八卦八節旺廢之法圖」，疑誤，據本書目錄改。

㊁「旺、相、胎、沒、死、囚、休、廢」，原本作「旺、相、胎、沒、死、休、囚、廢」，疑誤，據《卜筮元龜•推八節旺廢例》原文改。

## •推八卦八節旺廢圖

**推八卦八節旺廢圖**

| 節氣 ＼ 對應卦 ＼ 狀態 | 旺 | 相 | 胎 | 沒 | 死 | 囚 | 休 | 廢 |
|---|---|---|---|---|---|---|---|---|
| 立春正月節 | 艮 | 震 | 巽 | 離 | 坤 | 兌 | 乾 | 坎 |
| 春分二月中 | 震 | 巽 | 離 | 坤 | 兌 | 乾 | 坎 | 艮 |
| 立夏四月節 | 巽 | 離 | 坤 | 兌 | 乾 | 坎 | 艮 | 震 |
| 夏至五月中 | 離 | 坤 | 兌 | 乾 | 坎 | 艮 | 震 | 巽 |
| 立秋七月節 | 坤 | 兌 | 乾 | 坎 | 艮 | 震 | 巽 | 離 |
| 秋分八月中 | 兌 | 乾 | 坎 | 艮 | 震 | 巽 | 離 | 坤 |
| 立冬十月節 | 乾 | 坎 | 艮 | 震 | 巽 | 離 | 坤 | 兌 |
| 冬至十一中 | 坎 | 艮 | 震 | 巽 | 離 | 坤 | 兌 | 乾 |

虎易按：「推八卦八節旺廢圖」，本書作「旺、相、胎、沒、死、休、囚、廢」，似有誤。據《卜筮元龜》和《周易尚占》，修改為「旺、相、胎、沒、死、囚、休、廢」。原本節氣一欄，只有「立春、春分」等節氣。據《卜筮元龜•推八節旺廢例》體例，在節氣後補入「正月節、二月中」等內容。

## •吉神歌訣例㈠

校勘記

㈠「吉凶歌訣例」，原本作「吉凶歌訣」，疑誤，據本書目錄改。

### •論十天干

甲、乙、丙、丁、戊、己、庚、辛、壬、癸。

### •論十二地支

子、丑、寅、卯、辰、巳、午、未、申、酉、戌、亥。

### •論十干合

甲與己合、乙與庚合、丙與辛合、丁與壬合、戊與癸合。

### •論十二支合

子與丑合、寅與亥合、卯與戌合、辰與酉合、巳與申合、午與未合。

### •論三合例㊀

寅午戌合成火局，巳酉丑合成金局，申子辰合成水局，亥卯未合成木局。

**校勘記**

㊀「論三合例」，原本作「論三合」，疑誤，據本書目錄改。

### •論天元祿例㊁

甲祿在寅，乙祿在卯，丙戊祿在巳，丁己祿在午，庚祿在申，辛祿在酉，壬祿在亥，癸祿在子。

**校勘記**

㊁「論天元祿例」，原本作「天元祿例」，疑誤，據本書目錄改。

### •論驛馬

若卜行人，遇日辰剋行人爻，驛馬動立至。

寅午戌馬在申，申子辰馬在寅，巳酉丑馬在亥，亥卯未馬在巳。

假如：寅午戌日，申爻是驛馬。酉，六害。戌，華蓋。亥，劫殺。子，災殺。丑，天殺。寅，地殺。卯，年殺。辰，月殺。巳，亡神。午，將星。未，攀鞍。

## •論天乙貴人例㈠

甲戌兼牛羊，乙己鼠猴鄉，丙丁豬雞位，壬癸兔蛇藏，庚辛逢馬虎，此是貴人方。

天乙貴人表

| 天干 | 甲 | 乙 | 丙 | 丁 | 戊 | 己 | 庚 | 辛 | 壬 | 癸 |
|---|---|---|---|---|---|---|---|---|---|---|
| 貴人 | 丑未 | 申子 | 酉亥 | 酉亥 | 丑未 | 申子 | 寅午 | 寅午 | 卯巳 | 卯巳 |

虎易按：本書天乙貴人曰：「甲戌兼牛羊，乙己鼠猴鄉，丙丁豬雞位，壬癸兔蛇藏，庚辛逢馬虎，此是貴人方」。《卜筮元龜•易卦發蒙歌》曰：「甲戌庚日牛羊，乙己日鼠猴，丙丁日豬雞，壬癸日兔蛇，六辛逢虎馬，此是貴人方」。《增刪卜易•星煞章•天乙貴人》曰：「甲戌庚牛羊，乙己鼠猴鄉，丙丁豬雞位，壬癸兔蛇藏，六辛逢馬虎，此是貴人方」。以上兩書除文字有些差異，其內容是一致的。本書與以上兩者的差異，是庚的定位問題，學術界目前對此並無統一的定論。供讀者參考，讀者可以在實踐中去應用，檢驗其正誤。

## 校勘記

㊀「論天乙貴人例」，原本作「論天乙貴人」，疑誤，據本書目錄改。

### •新增論福星貴人例㊀

甲丙相邀入虎鄉，更逢鼠穴最高強，戊申己未丁宜亥，乙癸逢牛福祿昌，庚趁馬頭辛帶巳，壬騎龍背喜非常。

福星貴人表

| 天干 | 甲 | 乙 | 丙 | 丁 | 戊 | 己 | 庚 | 辛 | 壬 | 癸 |
|---|---|---|---|---|---|---|---|---|---|---|
| 貴人 | 寅子 | 丑 | 寅子 | 亥 | 申 | 未 | 午 | 巳 | 辰 | 丑 |

虎易按：此歌訣與《卜筮全書•天玄賦•求仕章》相同，但《卜筮全書•神殺歌例•福星貴人》又曰：「甲虎乙豬牛，丙同犬鼠遊，丁雞戊猴走，己羊庚馬頭，辛蛇癸愛兔，壬日占龍樓」。

福星貴人表

| 天干 | 甲 | 乙 | 丙 | 丁 | 戊 | 己 | 庚 | 辛 | 壬 | 癸 |
|---|---|---|---|---|---|---|---|---|---|---|
| 貴人 | 寅 | 亥丑 | 戌子 | 酉 | 申 | 未 | 午 | 巳 | 辰 | 卯 |

以上兩處歌訣，所列起例不一，讀者可以參考，在實踐中應用，看是否能對應。

**校勘記**

㈠「新增論福星貴人例」，原本作「福星貴人」，疑誤，據本書目錄改。

### •論天喜

春戌夏丑為天喜，秋辰冬未三三止。

正月戌、二月亥、三月子，順輪十二位是也。

### •新增論天德㈠

春亥夏寅天德隨，秋巳冬申君需知。

正月從亥上起，順輪十二位是也。

**校勘記**

㈠「新增論天德」，原本作「論天德」，疑誤，據本書目錄改。

### •新增論月德㈡

春未夏戌月德臨，七丑十龍可追尋。
正月從未上起，順輪十二位是也。

**校勘記**

㈡「新增論月德」，原本作「論月德」，疑誤，據本書目錄改。

### •天月二德例㈠

正丁二坤宮，三壬四辛同，五乾六甲上，七癸八艮同，九丙十居乙，子巽丑庚中。

**校勘記**

㈠「天月二德例」，原本作「天月二德」，疑誤，據本書目錄改。

### •月解神㈡

月解正二起於申，三四還從酉上輪㈢，五六之月居戌上，七八能行亥上存。
九十之月臨午位，子丑兩月未宮停，若值此辰官事散，縱然重病也離身㈣。
病人有此解神，天醫上卦，即痊也。

**校勘記**

㈡「月解神」，原本作「月解」，疑誤，據《卜筮全書·神殺歌例·月解神》原文改。

㈢「輪」，原本作「臨」，疑誤，據《卜筮全書·神殺歌例·月解神》原文改。

㈣「若值此辰官事散，縱然重病也離身」，原本脫漏，據《卜筮全書·神殺歌例·月解神》原文補入。

### ·日解神㈠

甲己逢蛇乙庚猴，丙辛逢虎丁壬牛，戊癸雞啼官事散，病人無藥不須憂。官事若得旺發，即散也。

**校勘記**

㈠「日解神」，原本作「日解」，疑誤，據本書目錄改。

### ·天醫

天醫正卯二豬臨，三月隨丑四未尋，五蛇六兔七居亥，八丑九羊十巳存，十一再來尋卯上，十二亥上作醫人。

病人有此爻上卦，必主明醫下藥有效也。

### •天赦

春戊寅，夏甲午，秋戊申，冬甲子。

### •喝散神㊀

春巳夏居申，秋豬冬到寅，官事若遇此，喝散不由人。

### •活曜神㊁

活曜神起例：正月起卯，順行十二位。

動則病痊、產生。

虎易按：原本只有標題，沒有內容，據《易隱•年月日時起神殺例》體例，補入以上內容。

## 校勘記

㊀「喝散神」，原本作「喝散」，疑誤，據本書目錄改。

## 校勘記

㈡「活曜神」，原本作「活曜」，疑誤，據本書目錄改。

**•天嗣**

始動即產。

春水、夏木、秋土、冬金。

**•皇恩貴**

春亥、夏申、秋未、冬午。

**•皇恩大赦**

正戌、二丑、三寅、四巳、五酉、六卯、七子、八午、九亥、十辰、十一申、十二未。

**•天解神**㈠

春寅、夏巳、秋申、冬亥。

**校勘記**

㈠「天解神」，原本作「天解」，疑誤，據本書目錄改。

## •官事看日解

甲乙蛇頭戊己寅，庚辛酉位丙丁申，壬癸但從卯位是，官事消除百事寧。

## •外解神

正五九月居子上，二六十月在巳宮，三七十一辰上是，四八十二居申中。

此爻動，災患隨散吉。

## •解脫神㈠

甲己日亥，乙庚日申，丙辛日丑，丁壬日未，戊癸日辰。

此與日脫同

**校勘記**

㈠「解脫神」，原本作「日解」，疑誤，據本書目錄改。

### •十干天赦㊀

甲己東方兔，乙庚亥上求，丙辛居酉上，丁壬未上流，戊癸蛇為穴，萬事不須憂。

**校勘記**

㊀「十干天赦」，原本作「天赦」，疑誤，據本書目錄改。

### •赦文星

正戌二丑三辰昌，四未五酉六卯強，七子八午九寅位，十月巳上大吉昌，十一申上十二亥，此神持世永無妨。

### •天赦神

正五九月在戌方，二六十月到於羊，三七十一居龍位，四八十二在牛㊁場。卦中若得臨應位，縱有大罪也無妨。有重罪，遇此臨用爻發動，大吉。

**校勘記**

㊁「牛」，原本作「丑」，疑誤，據《卜筮全書•神殺歌例•天赦》原文改。

### •雷火神㊀

正月寅宮二月亥，三申四巳可相親，五六輪環又到寅，週而復始定其神。若與日辰合發旺，官事立散吉。

**校勘記**

㊀「雷火神」，原本作「雷火」，疑誤，據本書目錄改。

### •生氣神㊁

春：子丑寅。夏：卯辰巳。秋：午未申。冬：酉戌亥。俱相逢是生氣也。

**校勘記**

㊁「生氣神」，原本作「生氣」，疑誤，據本書目錄改。

## •凶神歌訣例㊀

空亡之說，不可一類而推，忌神①空亡則吉，用神空亡則凶。若遇四時生旺，不可以作空斷。假如春月甲子旬中占卦，空戌亥，戌字屬土，土空則陷，乃為真空；蓋春木旺而無土，所以為真空也。

**注釋**

①忌神：克用神者，即為忌神。

**校勘記**

㊀「凶神歌訣例」，原本作「凶神歌訣」，疑誤，據本書目錄改。

## •六甲旬空亡㊀

甲子旬中戌亥空，甲戌旬中申酉空，甲申旬中午未空，甲午旬中辰巳空，甲辰旬中寅卯空，甲寅旬中子丑空。

古云：「火空則發，土空則陷，金空則響，水空則流，木空則折」。

### 校勘記

㊀「六甲旬空亡」，原本作「六甲空亡」，疑誤，據本書目錄改。

## ·截路空亡㊁

甲己申酉最為愁，乙庚午未不須求，丙辛辰巳君休去㊂，丁壬寅卯一場憂，戊癸子丑高堂坐，時犯空亡萬事休。

### 校勘記

㊁「截路空亡」，原本作「截路空」，疑誤，據本書目錄改。

㊂「丙辛辰巳君休去」，原本作「丙辛辰巳何勞問」，疑誤，據《卜筮全書·神殺歌例·截路空亡》原文改。

## ·地支六沖

子午相沖，丑未相沖，寅申相沖，卯酉相沖，辰戌相沖，巳亥相沖。

忌神沖則吉，用神沖則凶。

·三刑殺㈠

寅刑巳上巳刑申，丑戌相刑未與丑，子刑卯上卯刑子，辰午酉亥自相刑。

刑害六親剋陷，不和也。

虎易按：《五行大義·第十一·論刑》曰：「子刑在卯，卯刑在子。丑刑在戌，戌刑在未，未刑在丑。寅刑在巳，巳刑在申，申刑在寅。辰午酉亥各自刑」。《御定星曆考原·月刑》曰：「選擇家書曰：寅刑巳、巳刑申、申刑寅。為無恩之刑。未刑丑、丑刑戌、戌刑未，為恃勢之刑。子刑卯、卯刑子，為無禮之刑。辰午酉亥為自刑」。以上論刑體例，供讀者參考。

**校勘記**

㈠「三刑殺」，原本作「三刑」，疑誤，據本書目錄改。

·六害殺㈠

六害子未不堪親，丑害午兮寅巳嗔，卯害辰兮申害亥，酉戌相逢轉見深。

犯之，所作百事難遂。

**校勘記**

㈠「六害殺」，原本作「六害」，疑誤，據本書目錄改。

### •劫殺

申子辰兮蛇開口，亥卯未兮猴速走，寅午戌嫌豬面黑，巳酉丑兮虎哮吼。

### •鰥寡①殺

春牛不下田，夏龍飛上天，秋羊草枯死，冬犬厭殘年。

婚姻遇發動，主不久也。

虎易按：《占婚姻•王輔嗣訂婚歌》曰：「鬼谷論鰥寡殺例云：春三月丑，夏三月辰，秋三月未，冬三月戌，是例也」。雖然歌訣文字有差異，但起例相同。

## 注釋

①鰥寡（guān guǎ）：老而無妻或無夫的人。

### •新增咸池殺㊀

寅午戌兔從卯裡出，巳酉丑躍馬南方走，申子辰雞叫亂人倫，亥卯未鼠子當頭忌。

## 校勘記

㊀「新增咸池殺」，原本作「咸池殺」，疑誤，據本書目錄改。

## ‧三丘五墓殺

春丑夏辰秋即未，三冬逢戌是三丘，卻與五墓對宮取，病人作福也難留。

此占病大忌，或有吉神解救，方免身遭否塞。

## ‧喪車殺

喪車春雞夏鼠來，秋兔冬馬好安排，人來占病無他斷，教君作急買棺材㈢。

## 校勘記

㈢「喪車春雞夏鼠來，秋兔冬馬好安排，人來占病無他斷，教君作急買棺材」，原本作「喪車春雞夏鼠來，秋馬冬羊好安排，人來占病斷與去，討錢火急買棺材」，疑誤，據《卜筮全書‧神殺歌例‧喪車殺》原文改。

## ‧搥門官符

正七虎行村，二八鼠當門，三九居戌上，四十弄猴孫，五十一騎馬走，六十二透龍門。

占家宅，有此爻即凶。

### ·天獄殺

正月逢亥二月申，三月隨蛇四月寅，五月循環又到亥，週而復始定其神。

官事不利，有此殺宜解和，得吉。

### ·新增關鎖殺㊀

春關牛與蛇，夏月龍猴嗟，秋忌豬羊位，冬犬虎交牙。

若世在艮宮，加天獄及關鎖殺者凶。

虎易按：《占詞訟·天玄賦》曰：「關鎖殺者，『春關牛與蛇，夏關龍猴嗟，秋怕豬羊位，冬犬虎交牙』春以丑為關，巳為鎖。夏以辰為關，申為鎖。秋未關，亥鎖，冬戌關，寅鎖。爭訟遇關必被關，遇鎖必被鎖。各有分明」。讀者可互相參考。

## 校勘記

㊀「新增關鎖殺」，原本作「同天獄殺」，疑誤，據本書目錄改。

### ·勾陳殺

正月從辰上起，逆行向卯，輪十二位是也。占病發動凶。

•白虎殺㈠

正月從申上起，順行十二月，到未位是也。

臨鬼爻動與世並，主哭也。

**校勘記**

㈠「白虎殺」，原本作「白虎」，疑誤，據本書目錄原文改。

•天賊

正龍二雞三虎鄉，四羊五鼠六蛇藏，七犬八兔九猴的，十牛子馬丑豬忙。

求財忌發動，孟月滿，仲月破，季月逢開是也。

•天狗神㈡

正卯二申三牛鄉，四午五亥六辰藏，七酉八寅九未的，十子十一巳丑犬防。

此殺下食，即解天賊凶神。

**校勘記**

㈡「天狗神」，原本作「天狗」，疑誤，據本書目錄改。

•受死

正戌二辰三亥死，四巳五子六午同，七丑八未九寅是，十申子卯丑酉宮。諸事發動皆凶。

•陰殺

正七寅兮二八辰，三九馬頭四十申，五十一逢犬伴立，六十二月鼠為鄰。生產①忌動，每值子孫，安能出胎。

虎易按：《占生產•陳希夷占產歌》曰：「鬼谷例云：正七月寅，二八月辰，三九月午，四十月申，五十一月戌，六十二月子。此殺若臨父母動，忌產母有憂恐」，讀者可互相參考。

注釋

①生產：生孩子。

•日下天大殺

日下大殺更推詳①，甲乙豬兮丙丁羊，戊己犬見庚辛虎，壬癸蛇為大殺方，父母兄弟並妻子，殺臨殺動主悲傷。

## 注釋

①推詳：推究詳察。

### •天哭殺

哭聲正五九羊神，二六十月猴上真，三七十一雞鳴處，四八十二犬吠聲。若臨身世憂哭泣，定知下淚淚沾襟。

占病症發動，主大凶也。

### •四沖

辰戌丑未為四沖，縱然占吉也成凶，或是相生或兄弟，也須被破事無終。

一并中有凶有吉，用之當詳也。

### •四刑

寅申巳亥為四刑，凡作百事一無成，婚姻官事俱不吉，縱得相生也不寧。

如世寅應申是也。

## •四極

子午卯酉為四極，凡百所占皆無益，雖然世應得相生，決定主凶斷無吉。

如世子應午是也。

虎易按：《卜筮元龜》始有「四沖」、「四刑」、「四極」之說。以上三種概念，是將「子午、卯酉、寅申、巳亥、辰戌、丑未」六對相沖的地支，分成「子午卯酉」、「寅申巳亥」、「辰戌丑未」三組，每組四個地支，分別論述。考其內容，都屬於「六沖」。因此，這個三個名稱應取消為宜，其內容應歸類於「六沖」之內。

## •大小耗殺

大耗：正月從申起，順行。遇此發動，主虛損禾苗之兆。

小耗：正月從未起，順行。亦主虛損禾苗之兆。

## •隔神

正七月忌亥，二八酉為殺，三九忌羊頭，四十蛇須怪。

五十一兔疑，六十二馬害，失物如逢此，難覓出於外。

凡失物，遇此發動難尋。

### •四季小殺

春忌羊頭夏月龍，秋牛冬犬哭重重，卦中有此臨身命，任是和禳①亦主凶。

占病忌發動。

**注釋**

①禳（ráng）：祭名。祈禱消除災殃、去邪除惡之祭。

### •旌旗殺

春兔，夏鼠，秋雞，冬馬。

占病，忌發動。

### •墓門開殺

甲乙見金墓門開，丙丁見水哭哀哀，戊己見木須防厄，庚辛見火孝服來，壬癸會土難回避，縱不死時也損財。

### •新增天耳目㊀

春天耳巳目從亥，夏天耳申目居寅，秋天耳亥目從巳，冬天耳寅目申神。

**校勘記**

㊀「新增天耳目」，原本作「天耳目」，疑誤，據本書目錄改。

### •新增四利三元㊁

一太歲，二太陽，三喪門，四太陰，五官符，六死符，七歲破，八龍㊂德，九白虎，十福德，十一弔客，十二病符。

見《天玄賦•家宅》類下。

**校勘記**

㊁「新增四利三元」，原本作「四利三元」，疑誤，據本書目錄改。

㊂「龍」，原本作「隆」，疑誤，據《卜筮全書•神殺歌例•四利三元》原文改。

## 吉神橫曆㊀

| 月令／神殺 | 一月 | 二月 | 三月 | 四月 | 五月 | 六月 | 七月 | 八月 | 九月 | 十月 | 十一月 | 十二月 | 備註 |
|---|---|---|---|---|---|---|---|---|---|---|---|---|---|
| 天德 | 亥 | 子 | 丑 | 寅 | 卯 | 辰 | 巳 | 午 | 未 | 申 | 酉 | 戌 | 救禍，夫婦合，百事吉。 |
| 月德 | 未 | 申 | 酉 | 戌 | 亥 | 子 | 丑 | 寅 | 卯 | 辰 | 巳 | 午 | 福德救護，諸事皆吉。 |
| 日德 | 亥 | 戌 | 酉 | 申 | 未 | 午 | 巳 | 辰 | 卯 | 寅 | 丑 | 子 | 公事囚繫，得釋免吉。 |
| 時德 | 辰 | 亥 | 子 | 丑 | 申 | 酉 | 戌 | 巳 | 午 | 未 | 寅 | 卯 | 買賣交易，和合並吉。 |
| 天月德 | 丁 | 坤 | 壬 | 辛 | 乾 | 甲 | 癸 | 艮 | 丙 | 乙 | 巽 | 庚 | 喜慶婚姻，求財和合。 |
| 青龍 | 寅 | 卯 | 辰 | 巳 | 午 | 未 | 申 | 酉 | 戌 | 亥 | 子 | 丑 | 公私吉慶，婚姻財吉。 |
| 天醫 | 卯 | 亥 | 丑 | 未 | 巳 | 卯 | 亥 | 丑 | 未 | 巳 | 卯 | 亥 | 有此爻者，疾病易痊。 |
| 天解 | 申 | 戌 | 子 | 寅 | 辰 | 午 | 申 | 戌 | 子 | 寅 | 辰 | 午 | 卦遇此爻，惡事解散。 |
| 生氣 | 子 | 丑 | 寅 | 卯 | 辰 | 巳 | 午 | 未 | 申 | 酉 | 戌 | 亥 | 卦有此爻，百事大吉。 |
| 天馬 | 午 | 申 | 戌 | 子 | 寅 | 辰 | 午 | 申 | 戌 | 子 | 寅 | 辰 | 求官赴任，出往吉利。 |
| 天合 | 子 | 丑 | 寅 | 卯 | 辰 | 巳 | 午 | 未 | 申 | 酉 | 戌 | 亥 | 言語投合，交關成就。 |
| 將軍 | 子 | 子 | 子 | 卯 | 卯 | 卯 | 午 | 午 | 午 | 酉 | 酉 | 酉 | 行軍武勇，遊獵獲益。 |
| 大時 | 卯 | 子 | 酉 | 午 | 卯 | 子 | 酉 | 午 | 卯 | 子 | 酉 | 午 | 時加四仲，不出三月。 |
| 天網 | 寅 | 亥 | 申 | 巳 | 寅 | 亥 | 申 | 巳 | 寅 | 亥 | 申 | 巳 | 逃亡走獸，主自歸吉。 |
| 日關 | 丑 | 丑 | 丑 | 辰 | 辰 | 辰 | 未 | 未 | 未 | 戌 | 戌 | 戌 | 有關無論，官事無妨。 |
| 天巫 | 巳 | 申 | 亥 | 寅 | 巳 | 申 | 亥 | 寅 | 巳 | 申 | 亥 | 寅 | 求官得位，升遷大吉。 |
| 少陰 | 辰 | 卯 | 寅 | 丑 | 子 | 亥 | 戌 | 酉 | 申 | 未 | 午 | 巳 | 求官得官，百事並吉。 |
| 驛馬 | 申 | 巳 | 寅 | 亥 | 申 | 巳 | 寅 | 亥 | 申 | 巳 | 寅 | 亥 | 求官赴詔，出行並吉。 |
| 天喜 | 戌 | 亥 | 子 | 丑 | 寅 | 卯 | 辰 | 巳 | 午 | 未 | 申 | 酉 | 卦值此象，官事消散。 |
| 地解 | 申 | 申 | 酉 | 酉 | 戌 | 戌 | 亥 | 亥 | 午 | 午 | 未 | 未 | 病者，有此發動即安。 |
| 外解 | 子 | 巳 | 辰 | 申 | 子 | 巳 | 辰 | 申 | 子 | 巳 | 辰 | 申 | 遇有此爻，災患消除。 |

## 凶神橫曆

| 月令<br>神殺 | 一月 | 二月 | 三月 | 四月 | 五月 | 六月 | 七月 | 八月 | 九月 | 十月 | 十一月 | 十二月 | 備註 |
|---|---|---|---|---|---|---|---|---|---|---|---|---|---|
| 歲　殺 | 丑 | 戌 | 未 | 辰 | 丑 | 戌 | 未 | 辰 | 丑 | 戌 | 未 | 辰 | 病有官災凶，月殺同斷用。 |
| 三　丘 | 丑 | 丑 | 丑 | 辰 | 辰 | 辰 | 未 | 未 | 未 | 戌 | 戌 | 戌 | 墳墓為祟凶。 |
| 五　墓 | 未 | 未 | 未 | 戌 | 戌 | 戌 | 丑 | 丑 | 丑 | 辰 | 辰 | 辰 | 墳墓崩陷凶。 |
| 飛　殺 | 酉 | 子 | 卯 | 午 | 酉 | 子 | 卯 | 午 | 酉 | 子 | 卯 | 午 | 卒病，飛鳥凶。 |
| 血　忌 | 丑 | 未 | 寅 | 申 | 卯 | 酉 | 辰 | 戌 | 巳 | 亥 | 午 | 子 | 不宜針灸凶。 |
| 陰　殺 | 寅 | 子 | 戌 | 申 | 午 | 辰 | 寅 | 子 | 戌 | 申 | 午 | 辰 | 陰謀病患凶。 |
| 小　殺 | 辰 | 巳 | 子 | 丑 | 申 | 酉 | 戌 | 亥 | 午 | 未 | 寅 | 卯 | 小兒疾患凶。 |
| 厭　殺 | 戌 | 酉 | 申 | 未 | 午 | 巳 | 辰 | 卯 | 寅 | 丑 | 子 | 亥 | 主厭，死人凶。 |
| 天　刑 | 辰 | 卯 | 寅 | 丑 | 子 | 亥 | 戌 | 酉 | 申 | 未 | 午 | 巳 | 刑傷，癰疽凶，公事忌。 |
| 大　殺 | 戌 | 巳 | 午 | 未 | 寅 | 卯 | 辰 | 亥 | 子 | 丑 | 申 | 酉 | 十死一生凶。 |
| 天　鬼 | 巳 | 子 | 酉 | 酉 | 午 | 午 | 申 | 酉 | 戌 | 亥 | 卯 | 子 | 呪咀，誓願宜，忌凶。 |
| 負　結 | 亥 | 亥 | 丑 | 丑 | 卯 | 卯 | 巳 | 巳 | 未 | 未 | 酉 | 酉 | 負鬼神食凶。 |
| 天　殺 | 未 | 辰 | 丑 | 戌 | 未 | 辰 | 丑 | 戌 | 未 | 辰 | 丑 | 戌 | 疾病困厄凶。同下喪殺斷。 |
| 地　殺 | 辰 | 戌 | 丑 | 未 | 辰 | 戌 | 丑 | 未 | 辰 | 戌 | 丑 | 未 | 疾病兇惡凶。 |
| 死　氣 | 午 | 未 | 申 | 酉 | 戌 | 亥 | 子 | 丑 | 寅 | 卯 | 辰 | 巳 | 病必死喪凶。 |
| 上　喪 | 辰 | 戌 | 丑 | 未 | 辰 | 戌 | 丑 | 未 | 辰 | 戌 | 丑 | 未 | 親喪墓開凶，忌行訟。 |
| 弔　客 | 辰 | 丑 | 戌 | 未 | 辰 | 丑 | 戌 | 未 | 辰 | 丑 | 戌 | 未 | 病死憂疾凶。 |
| 飛　廉 | 申 | 未 | 午 | 巳 | 辰 | 卯 | 寅 | 丑 | 子 | 亥 | 戌 | 酉 | 主人卒亡凶。 |
| 天　喪 | 卯 | 子 | 酉 | 午 | 卯 | 子 | 酉 | 午 | 卯 | 子 | 酉 | 午 | 主有孝服凶。 |
| 大　忌 | 亥 | 子 | 丑 | 寅 | 卯 | 辰 | 巳 | 午 | 未 | 申 | 酉 | 戌 | 主死哭泣凶，人沾殺。 |
| 浴　盆 | 辰 | 辰 | 辰 | 未 | 未 | 未 | 戌 | 戌 | 戌 | 丑 | 丑 | 丑 | 主落水亡凶。 |
| 月　鬼 | 未 | 午 | 巳 | 辰 | 卯 | 寅 | 丑 | 子 | 亥 | 戌 | 酉 | 申 | 鳥怪入宅凶。 |
| 太　陰 | 子 | 丑 | 寅 | 卯 | 辰 | 巳 | 午 | 未 | 申 | 酉 | 戌 | 亥 | 女人疾病凶。 |
| 哭　聲 | 寅 | 巳 | 申 | 亥 | 寅 | 巳 | 申 | 亥 | 寅 | 巳 | 申 | 亥 | 哭泣之事凶。 |
| 哭　殺 | 巳 | 午 | 未 | 申 | 酉 | 戌 | 亥 | 子 | 丑 | 寅 | 卯 | 辰 | 時行瘟病凶。 |
| 往　亡 | 寅 | 巳 | 申 | 亥 | 卯 | 午 | 酉 | 子 | 辰 | 未 | 戌 | 丑 | 出行主死凶。 |
| 歸　忌 | 丑 | 寅 | 子 | 丑 | 寅 | 子 | 丑 | 寅 | 子 | 丑 | 寅 | 子 | 不宜出往凶。 |
| 時　鑰 | 巳 | 巳 | 巳 | 申 | 申 | 申 | 亥 | 亥 | 亥 | 寅 | 寅 | 寅 | 公事得獄凶。 |
| 陽　殺 | 亥 | 寅 | 巳 | 申 | 亥 | 寅 | 巳 | 申 | 亥 | 寅 | 巳 | 申 | 牢獄之事凶。 |
| 反　激 | 未 | 未 | 未 | 辰 | 辰 | 辰 | 丑 | 丑 | 丑 | 戌 | 戌 | 戌 | 公事不和凶。 |

| | | | | | | | | | | | | | |
|---|---|---|---|---|---|---|---|---|---|---|---|---|---|
| 天　　獄 | 亥 | 申 | 巳 | 寅 | 亥 | 申 | 巳 | 寅 | 亥 | 申 | 巳 | 寅 | 官訟有此殺，作速宜和解。 |
| 地　　獄 | 戌 | 酉 | 申 | 未 | 午 | 巳 | 辰 | 卯 | 寅 | 丑 | 子 | 亥 | 訟事入獄亡。 |
| 月　　刑 | 巳 | 子 | 辰 | 寅 | 午 | 丑 | 寅 | 酉 | 未 | 亥 | 卯 | 戌 | 官事被刑凶。 |
| 網　　羅 | 寅 | 亥 | 申 | 巳 | 寅 | 亥 | 申 | 巳 | 寅 | 亥 | 申 | 巳 | 勾留公事凶。 |
| 天　　禍 | 巳 | 辰 | 卯 | 寅 | 丑 | 子 | 亥 | 戌 | 酉 | 申 | 未 | 午 | 天火橫事凶。 |
| 霹　　靂 | 寅 | 申 | 未 | 亥 | 卯 | 巳 | 午 | 戌 | 寅 | 申 | 未 | 亥 | 雷驚之厄凶。 |
| 天　　牛 | 丑 | 子 | 亥 | 戌 | 酉 | 申 | 未 | 午 | 巳 | 辰 | 卯 | 寅 | 牛畜病損凶。 |
| 天　　豬 | 亥 | 戌 | 酉 | 申 | 未 | 午 | 巳 | 辰 | 卯 | 寅 | 丑 | 子 | 豬食子為怪。 |
| 天　　犬 | 戌 | 亥 | 子 | 丑 | 寅 | 卯 | 辰 | 巳 | 午 | 未 | 申 | 酉 | 犬吠鬼怪凶。 |
| 天　　鼠 | 子 | 亥 | 戌 | 酉 | 申 | 未 | 午 | 巳 | 辰 | 卯 | 寅 | 丑 | 鼠咬衣服凶。 |
| 光　　影 | 戌 | 未 | 辰 | 丑 | 戌 | 未 | 辰 | 丑 | 戌 | 未 | 辰 | 丑 | 精怪出現凶。 |
| 天　　咒 | 子 | 子 | 酉 | 酉 | 午 | 午 | 申 | 酉 | 戌 | 亥 | 卯 | 子 | 呪咀誓願凶。 |
| 地　　咒 | 卯 | 辰 | 巳 | 午 | 未 | 申 | 酉 | 戌 | 亥 | 子 | 丑 | 寅 | 舊願呪咀凶。 |
| 陰　　奸 | 未 | 午 | 巳 | 辰 | 卯 | 寅 | 丑 | 子 | 亥 | 戌 | 酉 | 申 | 陰人通姦凶。 |
| 月　　奸 | 丑 | 辰 | 未 | 戌 | 丑 | 辰 | 未 | 戌 | 丑 | 辰 | 未 | 戌 | 陰賊侵算凶。 |
| 奸　　私 | 寅 | 巳 | 申 | 亥 | 寅 | 巳 | 申 | 亥 | 寅 | 巳 | 申 | 亥 | 奸私陰謀凶。 |
| 女　　孌 | 亥 | 申 | 巳 | 寅 | 亥 | 申 | 巳 | 寅 | 亥 | 申 | 巳 | 寅 | 婦人嫉妒凶。 |
| 劫　　殺 | 亥 | 申 | 巳 | 寅 | 亥 | 申 | 巳 | 寅 | 亥 | 申 | 巳 | 寅 | 被賊打劫凶。 |
| 四　　激 | 戌 | 戌 | 戌 | 丑 | 丑 | 丑 | 辰 | 辰 | 辰 | 未 | 未 | 未 | 冤家相謀凶。 |
| 災　　殺 | 子 | 酉 | 午 | 卯 | 子 | 酉 | 午 | 卯 | 子 | 酉 | 午 | 卯 | 惡傷暴死凶。 |
| 大　　月 | 戌 | 巳 | 辰 | 寅 | 未 | 卯 | 亥 | 未 | 寅 | 午 | 戌 | 寅 | 時行疾病凶。 |
| 天　　火 | 子 | 午 | 卯 | 酉 | 子 | 午 | 卯 | 酉 | 子 | 午 | 卯 | 酉 | 失火燒屋凶。 |
| 天　　賊 | 亥 | 寅 | 巳 | 申 | 亥 | 寅 | 巳 | 申 | 亥 | 寅 | 巳 | 申 | 盜賊偷物凶。 |
| 歲　　刑 | 巳 | 子 | 辰 | 申 | 午 | 丑 | 寅 | 酉 | 未 | 亥 | 卯 | 戌 | 公訟刑獄凶。 |

虎易按：以上吉凶神殺，有些與其他書籍不同，本書後文所論神殺，有些不在表內或與表中內容有差異，列舉如下：

卷五：《占家宅第四•天玄賦》「天燭殺」云：天燭正月起蛇宮，蕩蕩順行數至龍，卦內交重並發動，作福祈禱也大凶。

卷五：《占生產第九•陳希夷占產歌》：「暗金

殺」。鬼谷例云：「正月巳，二月酉，三月丑，只此三位輪十二月」。若動，主產亡。

卷五：《占生產第九•陳希夷占產歌》：「天寡殺」。鬼谷詩云：「天寡殺臨仔細看，酉午卯子四時安，若占婚姻合不利，他時男女主孤寒」。若日辰得上卦，而此殺不臨，主夫妻百歲相依也。

卷五：《占仕宦第十一•丘寺丞易鑒歌》鬼谷雷火殺例云：「雷火寅豬申巳求，四孟先知驚恐憂，即時衝破回天後，便見求官驛馬頭」。其法：正月起寅二月丑，逆數十二位是也。

卷六：《占詞訟第十五•卜筮元龜云•占宜遣何官職人解之云》曰：「大刑，正月起辰，順行十二宮」。《卜筮元龜•公訟門•占宜遣何官職人解之章第九》曰：「大刑，正月起辰，逆行十二宮」。應該據此改作「逆行十二宮」。

卷六：《占求財第十九•孫臏論出入求財歌》曰：二殺者，劫殺、天賊殺也。劫殺注見前。鬼谷論天賊歌云：「天賊來臨防失脫，從丑逆數分明說，財動不可出門庭，財物途中憂被賊」。如正月起丑，逆數十二位是。若值動，主在路被賊人謀劫也。

卷六：《占買賣第二十•郭璞論買賣歌》曰：退悔殺。鬼谷例云：「春月未，夏月丑，秋月巳，冬月戌」。

卷六：《占疾病第二十四•孫臏斷疾病歌》鬼谷訣例詩云：「浴盆正辰未戌丑，塚墓哭聲應須有，爻休身病病難蘇，豹尾不同還有咎」。其法正月起辰，二月未，三月戌，四月丑。只在四位，行十二月。《占疾病第二十四•天玄賦》曰：浴盆未辰丑戌數，化爻動發難救護，忽然化鬼必須憂，正恐靈魂歸五墓。《占疾病第二十四•天玄賦》曰「沐浴殺動大難當，春辰夏未秋戌量，冬去丑位為本殺，爻交須忌病人亡」。以上三種起例，均不相同。

卷六：《占六畜第二十五•洞林秘訣》注釋：刀砧：春亥子，夏寅卯，秋巳午，冬申酉。又以金為刀，木為砧。查《易隱》神殺表，刀砧同玄武起法。

卷六：《占牛馬第二十七•周公論牛馬歌》注釋：刀砧殺：鬼谷例云：「正月起亥，順行十二位是也」。

卷六：《占漁獵第三十•太公論漁獵歌》注釋：鬼谷子論天罡殺云：「正月寅，二月卯，三月辰，四月巳，只此四位行十二月」。

卷六：《占怪異第三十五•邵康節占怪歌》鬼谷論光影殺例云：「戌未辰丑四位，行輪一周，其法正月起戌順行」。遇動，主有怪事。

卷六：《占醫藥第三十九•孫真人論醫歌》：鬼谷例云：「正月起丑，順行十二位是」。占病遇此殺動，醫者必得萬全。

讀者可參閱其他書籍，互相參考。

## 校勘記

㊀「吉神橫曆」，原本作「吉」疑誤，據本書目錄改。

# ・啟蒙歌訣例㈠

## 校勘記

㈠「啟蒙歌訣例」，原本作「啟蒙歌訣」，疑誤，據本書目錄改。

### ・易卦發蒙歌

乾為天為父，

三畫皆奇，稟純陽之氣，故為天、為父。

坤為地為母。

三爻皆偶，俱純陰之體，故為地、為母。

震坎艮為男，巽離兌為女。

《震》初爻奇，故謂之長男。《坎》中爻奇，故謂之中男。《艮》上爻奇，故謂之少男。《巽》初爻偶，故謂之長女。《離》中爻偶，故謂之中女。《兌》上爻偶，故謂之少女。

八卦配五行，水火木金土。

《乾》、《兌》屬金，《震》、《巽》屬木，《離》屬火，《坎》屬水，《坤》、《艮》屬土。

內外卦既成，

凡占，初擲者名為初爻㊀，自下而上。假令①初、二、三擲皆奇，是謂內卦得《乾》。再㊁三擲皆偶，是謂外卦得《坤》。合而言之，為《地天泰》卦：

| 《新鍥斷易天機》引例：001 | | |
|---|---|---|
| 來源：《卜筮元龜》教例：004 | | |
| 坤宮：地天泰（六合） | | |
| 本　卦 | | |
| 子孫癸酉金 | ▅▅　▅▅ | 應 |
| 妻財癸亥水 | ▅▅　▅▅ | |
| 兄弟癸丑土 | ▅▅　▅▅ | |
| 兄弟甲辰土 | ▅▅▅▅▅ | 世 |
| 官鬼甲寅木 | ▅▅▅▅▅ | |
| 妻財甲子水 | ▅▅▅▅▅ | |

他並倣此。

考渾天甲子。

見前訣㊂例，此段最要熟記。

我生為子孫，

如金宮卦㊃，見水爻便是。凡卦有子孫，謂之福德爻。

生我為父母。

如金宮卦，見土爻者是。凡卦中父母爻動者，憂子孫也。

我剋者為財，

如金宮卦，見木爻者是。凡占財爻動合殺，憂父母病。

妻妾財同此。

凡婚姻及求財，皆要此卦㊄爻旺相有氣，不落空亡。

剋我者為鬼，

如金宮，見巳午火㊅爻。凡㊆疾病皆視此，知鬼神情狀。

求官亦堪許。

選舉、求官皆視此爻，以得時為貴。得貴者，春寅卯，夏巳午，秋申酉，冬亥子。更忌有子孫爻㊇動剋官鬼。

比和為兄弟，蓋因同類取。

如金宮，見申酉爻。此爻動，忌妻妾疾病。

喜慶看青龍，

屬木，春旺。其神若同子孫發動，及持世有氣，不落空亡，主有婚姻、官祿、財帛、添進人口之喜。

凶喪視白虎。

屬金，秋旺。其神臨身、世、應，及㊈與鬼爻、財爻同宮有氣，定主有孝服，不動不剋好。

口舌應朱雀，

屬火，夏旺。其神臨身、世、應，或動剋身、世、應吉㊉。與財同宮，定主文書、口舌、公事立⑪至，無氣則吉也。

陰私②驗玄武。

屬水，冬旺。其神動剋身、世、應，主女人疾病、盜賊⑫事。

螣蛇多怪夢，

屬土，四季旺。其神吉，若剋身、世、應，主憂疑、虛驚、怪夢。

勾陳事田土。

屬土，四季旺⑬。其神動剋身、世、應，主有疾病、官司，相爭田土、屋宅、山林之事。若刑世、應，主墳墓不安。

動爻驗支變，

支變者，謂如《乾》支《巽》則⑭吉，是子爻支成丑，所謂子與丑合。或支得《離》，是子刑卯則凶。或支得《艮》，是子遇辰，更得申日⑮、或申旬、或申月，為三合申子辰，求⑯事則吉。或支得《坤》⑰，是子遇未，為六害凶⑱。他並倣此，消息推之。

大殺日下數。

甲乙豬，丙丁羊，戊己犬，庚辛虎，壬癸蛇。

天喜喜事至，

正戌，二亥，三子，四丑，五寅，六卯，七辰，八巳，九午，十未，十一申，十二酉。

一說云：春戌，夏丑，秋辰，冬未。

遇貴謀薦舉。

甲戌兼牛羊，乙己鼠猴鄉，丙丁豬雞位，壬癸兔蛇藏，庚辛逢馬虎，此是貴人方㊈。此天乙貴人，卦中有此爻者，得貴人提攜也。

六合百事吉，

地支相合表

| 地支 | 子 | 丑 | 寅 | 卯 | 辰 | 巳 | 午 | 未 | 申 | 酉 | 戌 | 亥 |
|---|---|---|---|---|---|---|---|---|---|---|---|---|
| 相合 | 丑 | 子 | 亥 | 戌 | 酉 | 申 | 未 | 午 | 巳 | 辰 | 卯 | 寅 |

子與丑合，寅與亥合，卯與戌合，辰與酉合，巳與申合，午與未合。子日，丑爻動、持世，皆吉。

六害百事阻。

地支相害表

| 地支 | 子 | 丑 | 寅 | 卯 | 辰 | 巳 | 午 | 未 | 申 | 酉 | 戌 | 亥 |
|---|---|---|---|---|---|---|---|---|---|---|---|---|
| 相合 | 未 | 午 | 巳 | 辰 | 卯 | 寅 | 丑 | 子 | 亥 | 戌 | 酉 | 申 |

子害未，丑害午，寅害巳，卯害辰，亥害申，戌害酉。逢之則百事阻隔⑳。

刑沖與墓絕，舉動多憂阻。

刑謂：子刑卯，丑刑戌，寅刑巳，巳刑申，申刑寅。

四㉑沖謂：子午、卯酉、寅申、巳亥、辰戌、丑未。

四墓謂：金墓丑，木墓未，火墓戌，水土墓在辰。

四絕謂：金絕寅，木絕申，火絕亥，水土絕在巳。

虎易按：「刑」，後世歸納稱為「三刑」，即：子刑卯。丑刑戌、戌刑未、未刑丑。寅刑巳、巳刑申、申刑寅。辰午酉亥為自刑。

「四沖」，後世稱為「六沖」，指十二地支，有六對相沖。

六十四卦名，吉凶為定主。

如遇《泰》則通，遇《否》則塞，遇《屯》則厄，遇《蹇》則難，遇《遯》則逃，遇《明夷》則暗，遇《剝》不利㉒，遇《晉》康寧。

大象六爻辭，細詳詩斷語。

大象：如遇《益》卦，「見善則遷，有過則改③」。遇《損》卦，則「懲忿窒欲④」。

爻辭謂：如遇《乾》初九爻動，「潛龍勿用⑤」，則未宜謀用也。今之卜者，正經爻辭置㉓之不用，殊不思㉔古聖人之書，豈虛設㉕哉。將遂爻辭意，祖述先賢易解，撰成一詩㉖，以驗吉凶，卜者詳之。

支干配六神，禍福如目睹。

十干、十二支，配合六㉗神，以斷過去未來，吉凶禍福。

萬事欲先知，各以其例㉘取。

後卷自「天時門」至「胎息門」，凡二十七例，卜易君子，各隨事以例而推，禍福自然通矣㉙。

## 注釋

①假令：假設。

②陰私：暗中幹的或隱秘不可告人的事。

③見善則遷，有過則改：《益》：「象曰：風雷，益；君子以見善則遷，有過則改」。

④懲忿窒欲：《損》：「象曰：山下有澤，損；君子以懲忿窒欲」。

⑤潛龍勿用：《乾·初九》曰：「潛龍勿用」。

## 校勘記

㊀「初擲者名為初爻」，原本作「先擲者為爻」，疑誤，據《卜筮元龜·易卦發蒙歌》原

文改。

（二）「再」，原本作「有」，疑誤，據《卜筮元龜·易卦發蒙歌》原文改。

（三）「訣」，原本作「記」，疑誤，據《卜筮元龜·易卦發蒙歌》原文改。

（四）（五）「卦」，原本脫漏，據《卜筮元龜·易卦發蒙歌》原文補入。

（六）「火」，原本脫漏，據《卜筮元龜·易卦發蒙歌》原文補入。

（七）「凡」，原本作「此」，疑誤，據《卜筮元龜·易卦發蒙歌》原文改。

（八）「爻」，原本作「遠」，疑誤，據《卜筮元龜·易卦發蒙歌》原文改。

（九）「及」，原本脫漏，據《卜筮元龜·易卦發蒙歌》原文補入。

（十）「吉」，原本作「宜」，疑誤，據《卜筮元龜·易卦發蒙歌》原文改。

（十一）「立」，原本作「二」，疑誤，據《卜筮元龜·易卦發蒙歌》原文改。

（十二）「盜賊」，原本作「賊盜」，疑誤，據《卜筮元龜·易卦發蒙歌》原文改。

（十三）「四季旺」，原本作「主四季」，疑誤，據《卜筮元龜·易卦發蒙歌》原文改。

（十四）「則」，原本作「才」，疑誤，據《卜筮元龜·易卦發蒙歌》原文改。

（十五）「或支得《離》，是子刑卯則凶。或支得《艮》，是子遇辰，更得申日」，原本脫漏，據《卜筮元龜·易卦發蒙歌》原文補入。

（十六）「求」，原本作「速」，疑誤，據《卜筮元龜·易卦發蒙歌》原文改。

⑰「坤」，原本脫漏，據《卜筮元龜·易卦發蒙歌》原文補入。

⑱「凶」，原本作「四」，疑誤，據《卜筮元龜·易卦發蒙歌》原文改。

⑲原本作「甲戌兼牛羊，乙己鼠猴鄉，丙丁豬雞位，壬癸兔蛇藏，庚辛逢馬虎，此是貴人方」，《卜筮元龜·易卦發蒙歌》作「甲戌庚日牛羊，乙己日鼠猴，丙丁日豬雞，壬癸日兔蛇，六辛逢虎馬，此是貴人方」，兩者比較，只有「庚」的定位有差異，學術界目前對此沒有定論，讀者可以參考應用，在實踐中檢驗。我認為，原本歌訣比較合理，也比較流暢，予以保留。

⑳「逢之則百事阻隔」，原本脫漏，據《卜筮元龜·易卦發蒙歌》原文補入。

㉑「四」，原本脫漏，據《卜筮元龜·易卦發蒙歌》原文補入。

㉒「利」，原本作「剝」，疑誤，據《卜筮元龜·易卦發蒙歌》原文改。

㉓「置」，原本作「謂」，疑誤，據《卜筮元龜·易卦發蒙歌》原文改。

㉔「思」，原本作「知」，疑誤，據《卜筮元龜·易卦發蒙歌》原文改。

㉕「設」，原本作「語」，疑誤，據《卜筮元龜·易卦發蒙歌》原文改。

㉖「將遂爻辭意，祖述先賢易解，撰成一詩」，原本作「捋道爻辭意，祝述先賢易辭中，提成一詩」，疑誤，據《卜筮元龜·易卦發蒙歌》原文改。

㉗「六」，原本作「吉」，疑誤，據《卜筮元龜·易卦發蒙歌》原文改。

㊳「例」，原本作「類」，疑誤，據《卜筮元龜·易卦發蒙歌》原文改。

㊴「後卷自『天時門』至『胎息門』，凡二十七例，卜易君子，各隨事以例而推，禍福自然通矣」，原本作「後卷自『吉神歌訣』類至『總斷門』，凡諸定例，君子請各隨事以例而推，禍福自然朗矣」，疑誤，據《卜筮元龜·易卦發蒙歌》原文改。

## ·八卦詩歌

乾為君兮首與馬，卦屬老陽體至剛。坎雖為耳又為豕，艮為手狗男之祥。震卦但為龍與足，三卦皆名曰少陽。陽剛終極資陰濟，造化因之不易量。坤為臣兮腹與牛，卦屬老陰體至柔。離雖為目又為雉，兌為口羊㊀女之流。巽宮但為雞與股，少陰三卦皆相侔①。陰柔終極資陽濟，萬象搜羅靡不周。

### 注釋

①侔（móu）：等同，齊等，相等。

### 校勘記

㊀「兌為口羊」，原本作「兌則是羊」，疑誤，據《卜筮全書·繫辭八卦象類歌》原文改。

## •六十四卦吉凶歌

伏羲始畫八卦時，龍馬負圖河出龜，文王重為六十四，卜筮惟憑龜與蓍。
試論泰復夬需旅，鼎解大畜豫賁推㊀，十㊁卦本來無父母，若卜父母非所宜。
更有觀剝恒升井，大過六卦弟兄虧，若占兄弟切須忌，縱無大患主災危。
遯履中孚漸蹇渙，屯睽既濟革明夷，小過咸蒙謙姤卦㊂，占財難得妻難為㊃。
無子惟有十六卦，二過否蠱並頤隨，大畜賁觀中孚井，遯升歸妹晉損兒。
小畜未濟家人卦，更逢旅訟渙益頤㊄，八㊅者之中皆無鬼，問病可喜亦可悲。
五位六親兼備者㊆，二十之卦報君知，乾坤節豐巽大有㊇，艮震比臨无妄師。
大壯兑困噬嗑萃，同人坎與八純離，父母妻財兄與弟，子孫官鬼為五位。
大㊈凡①有吉無則凶，更須筮者心多智。
此篇不過為總斷，後有彖爻宜熟玩，諸君細繹②此篇詩，他時視此皆筌蹄③。

虎易按：原歌訣對六親不全的卦，有所遺漏，沒有全部列出。以下將六親不全的卦，及六親俱全的卦，全部找出分列於下，供讀者參考。

## 六親不全的卦

按八宮順序排列

| | | | | | | | | | | | |
|---|---|---|---|---|---|---|---|---|---|---|---|
| 無父母爻 | 賁 | 大畜 | 豫 | 解 | 旅 | 鼎 | 復 | 泰 | 夬 | 需 | 十卦 |
| 無兄弟爻 | 觀 | 剝 | 恒 | 升 | 井 | 大過 | | | | | 六卦 |
| 無妻財爻 | 姤 | 遯 | 屯 | 既濟 | 革 | 明夷 | 睽 | 履 | | | 十六卦 |
| | 中孚 | 漸 | 蒙 | 渙 | 咸 | 蹇 | 謙 | 小過 | | | |
| 無子孫爻 | 遯 | 否 | 觀 | 晉 | 賁 | 大畜 | 損 | 中孚 | | | 十六卦 |
| | 升 | 井 | 大過 | 隨 | 頤 | 蠱 | 小過 | 歸妹 | | | |
| 無官鬼爻 | 小畜 | 家人 | 益 | 頤 | 旅 | 未濟 | 渙 | 訟 | | | 八卦 |
| **以下十二卦無兩種六親** | | | | | | | | | | | |
| 無官父爻 | 旅 | | | | | | | | | | |
| 無官財爻 | 渙 | | | | | | | | | | |
| 無官子爻 | 頤 | | | | | | | | | | |
| 無父子爻 | 賁 | 大畜 | | | | | | | | | |
| 無兄子爻 | 觀 | 升 | 井 | 大過 | | | | | | | |
| 無財子爻 | 遯 | 中孚 | 小過 | | | | | | | | |

## 六親俱全二十卦

| | | | | | | | | | |
|---|---|---|---|---|---|---|---|---|---|
| 乾 | 坤 | 震 | 巽 | 坎 | 離 | 艮 | 兌 | 大有 | 節 |
| 豐 | 師 | 无妄 | 噬嗑 | 同人 | 臨 | 大壯 | 比 | 困 | 萃 |

### 注釋

①大凡：大抵，大概。

②綢繹(yì)：通「紬繹」、「抽繹」。從雜亂之中理出頭緒。

③筌蹄(quán tí)：《莊子•雜篇•外物第二十六》曰：「荃者所以在魚，得魚而忘荃；蹄者所以在兔，得兔而忘蹄」。筌，捕魚竹器。蹄，捕兔網。後以「筌蹄」比喻達到目的的手段或工具。

## 校勘記

㈠「鼎解大畜豫賁推」，原本作「鼎解大畜諸卦推」，疑誤，據《卜筮全書·不全爻象各卦歌》原文改。

㈡「十」，原本作「八」，疑誤，據《卜筮全書·不全爻象各卦歌》原文改。

㈢「小過咸蒙謙姤卦」，原本作「小過咸蒙十五卦」，疑誤，據《卜筮元龜·總論六十四卦吉凶歌》原文改。

㈣「占財難得妻難為」，原本作「若占妻財有損虧」，疑誤，據《新鍥斷易天機·六十四卦吉凶歌》原文改。

㈤「更逢旅訟渙益頤」，原本作「更同旅訟並益頤」，疑誤，據《卜筮全書·不全爻象各卦歌》原文改。

㈥「八」，原本作「七」，疑誤，據《卜筮全書·不全爻象各卦歌》原文改。

㈦「五位六親兼備者」，原本作「五位各須兼備者」，疑誤，據其文意改。

㈧「乾坤節豐巽大有」，原本作「乾坤節豐謙大有」，疑誤，據六親俱全體例改。

㈨「大」，原本作「之」，疑誤，據《卜筮元龜·總論六十四卦吉凶歌》原文改。

## •何謙齊金鎖玄關問答十條

問曰：卜筮者，吉凶不出有無所斷。不知有中藏無，無中隱有？

答曰：易之妙處，豈止一隅，凡有動，便有用。今人不曉其傳，往往亂取不一。但知德、合、刑、沖、剋、旺、墓、空之源，禍福了然。不知取用，是以吉凶無準，禍福有差。今子之法，或動或靜，自然分其吉凶成敗，盛衰之旨，了然明白。

問曰：如何得知安靜動亂之中休咎何如？

答曰：但明得「德、合、刑、沖、剋、旺、墓、空」，此八字，大無不包，細無不入，此乃易道之要也。且如卦中有三爻動，乃是三事在其中。又㊀有合爻，相生、相剋、相刑，有三爻動中止一事，有三爻動中止五事。有衆動中事已往，而再發有事，有萌而方張。看八字中有甚爻得時，何爻傷世、傷身，便知吉凶。但生我、合我者，便是益我之人。刑我、沖我、剋我者，便是害我之事。所謂爻不亂發，動必有因，卦不隱情，應若影響。

問曰：德字如何取用？

答曰：德者，與天地合其德。卦中有德神爻入，是德事爻，定主吉慶喜悅。德神分五鄉，各有所主，財德，文書德，歲德，月德，分輕重言之。私用公成，但天干與地支合起為德神。

問曰：合字如何取用？

答曰：有三合，有六合。先用六合，如無，則用三合。須是事有統攝可用，如事無相干，合在他人，成合之事，即不干我也。若世坐空亡，他人可成，非干我也。若合在我身、世、主象①爻中，當有吉事，但有吉處，成事遲耳。蓋合者，合處也，看爻輕重，須得月令衝開，吉凶方有決斷。

如正月卜，得卦寅午戌三合，用寅字為文書，雖旺，合在他人之爻內，或四月七月，卻得刑衝開，方始可成。如戌字合住我用神，望丑辰日可用。如午字作文書局，動來生我身世，卻取子午日可望。如不在我，事在他人，當取子月衝開方成。文書有氣，象若有合處，必遲延。

又如六合，有用神合起他爻，有他爻合起我爻，事速。用神合起他爻，事隔。當詳旺相、輕重言之。

且如得《震》之《豐》卦：

六三辰土動，化己亥文書，合㊁起庚寅木爻，是相識中有隔也。倣此推詳，吉凶便見。

問曰：刑字如何取用？

答曰：刑者，有三刑，有無禮刑，有自刑。才有刑爻，便有乖張②，最是可畏，宜以輕重言之。其中亦有可救處，且如動出刑爻，亦詳旺相，又看刑我、刑他，及觀旁爻所

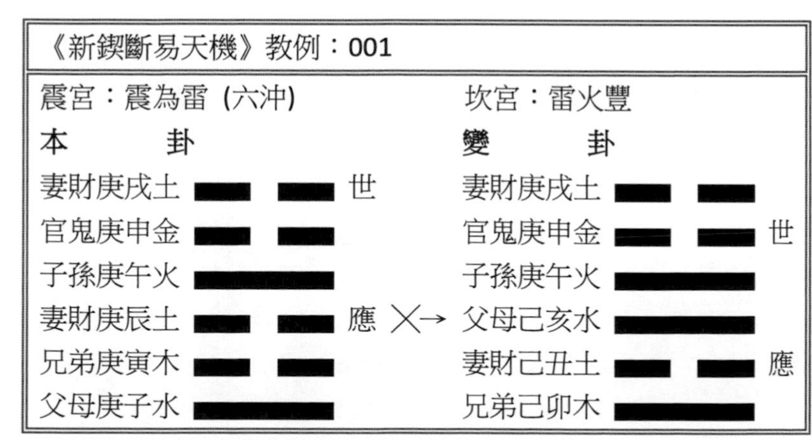

《新鍥斷易天機》教例：001

| 震宮：震為雷（六沖） | | | | 坎宮：雷火豐 | | |
|---|---|---|---|---|---|---|
| 本卦 | | | | 變卦 | | |
| 妻財庚戌土 | ▅▅ ▅▅ | 世 | | 妻財庚戌土 | ▅▅ ▅▅ | |
| 官鬼庚申金 | ▅▅ ▅▅ | | | 官鬼庚申金 | ▅▅ ▅▅ | 世 |
| 子孫庚午火 | ▅▅▅▅▅ | | | 子孫庚午火 | ▅▅▅▅▅ | |
| 妻財庚辰土 | ▅▅ ▅▅ | 應 | ╳→ | 父母己亥水 | ▅▅▅▅▅ | |
| 兄弟庚寅木 | ▅▅ ▅▅ | | | 妻財己丑土 | ▅▅ ▅▅ | 應 |
| 父母庚子水 | ▅▅▅▅▅ | | | 兄弟己卯木 | ▅▅▅▅▅ | |

制。又詳用處何人，不可刑中傷身㊂與世，若無解救，禍不可當。

何為解救？譬如刑爻是鬼，傷身剋世。私用卜得《坎》卦：

| 《新鍥斷易天機》教例：002 | | |
|---|---|---|
| 坎宮：坎為水 (六沖) | | |
| **本　卦** | | |
| 兄弟戊子水 | ▅▅　▅▅ | 世 |
| 官鬼戊戌土 | ▅▅▅▅▅ | |
| 父母戊申金 | ▅▅　▅▅ | |
| 妻財戊午火 | ▅▅　▅▅ | 應 |
| 官鬼戊辰土 | ▅▅▅▅▅ | |
| 子孫戊寅木 | ▅▅　▅▅ | |

如戊寅木並起，可解可救，謂破辰土也。若戊寅木失時，又不如此論，當詳輕重，不可守一隅也。

如子卯之刑，不傷身世，事不在我，乃為淫亂，失君臣之道。

三刑亦有可用，如貴極一品得之，可用為權，豈同庶人一例論之。所謂「常人逢此事乖泯，君子天庭有吉祥」。

問曰：沖字如何取用？

答曰：卦中才有一爻動處，便觀六爻吉凶。如無德、無合、無刑，動出便沖。然喜旺相，休囚難沖有氣，如並起最是有力，一爻便發，便是兩爻動。成敗盛衰，當詳吉凶言之。

問曰：剋字如何取用？

答曰：此剋字，能除凶，亦能壞事。且如卦中爻神受刑，此字能剋被救助。如剋他人，則解我凶咎③，若傷害世身，即是惱我之事。文書剋，憂文書。兄弟剋，憂兄弟。子孫剋，憂子孫撓。官㊃鬼剋，憂官事撓。財剋，憂財撓。當類六爻剋我、剋他言之。

問曰：旺字如何取用？

答曰：八字中禍福不同，皆有成有敗。如卜文書，文書旺，財爻衰來剋，亦不傷文書，他一作化爻來刑，亦刑不動。若凶爻旺，剋害於我，禍不可解。但用爻欲旺欲吉，害爻欲墓欲絕。亦看旺爻中發動，所卜事端，便知吉凶存亡。

問曰：墓字如何取用？

答曰：辰戌丑未，五行之庫。凶爻要入，吉爻不可墓，墓則為休囚。有人墓、事墓、鬼墓。何為人墓？且如占兄弟病，辰為墓，當日是戌，雖合入墓，不死。又人旺墓衰，不死。兄弟旺，墓爻衰，不死。

何為事墓？但所卜之事，為難成費力。

何為鬼墓？占病得鬼墓，為廟神。占賊，乃賊之避身之處。占訟，乃鬼為官，入墓難決公事。墓不可旺，鬼反要旺。如占見貴㊄，墓旺難見。占病墓旺，鬼難脫，病難安，多死。占賊，墓旺難捉賊，雖福爻有氣，亦難尋，為藏處機密。占病，鬼是廟神，如墓旺，乃太廟之神，非小小神祠。占失物，墓旺物難尋。占行人，墓旺難歸。占財，墓旺有財氣。

詳墓之一字，要衝剋破，此以墓爻活法論之，即解神也。

問曰：空字如何取用？

答曰：空之一字，占易之中第八個路頭，通於先天之道，神仙之法。到此多執空以為盡空，蓋不知萬物自無而生，有從空來，還歸於空爻，乃易中之聖道，言之不可及也。但空中事不受傷，物不受剋也，便有可成可望之妙理。如事有盡空，爻不發動，又無干預，乃先天茫然蕩蕩之空也，此不屬成敗休咎之說。卜易高士得遇此文，詳空中之用甚多，要識空中有空之妙用。如盡空之空，乃未萌不實，如人未生以前，則不能用一事，此為無干礙之空。若空字活，如人已生，如人舉念，如人動作，類萬物發生，皆可成之理。神乎其心，傳之妙乎，讀者詳而玩之。

右要訣數篇，乃占易之徑路，卦中之綱領，取余占之細微事也。

## 注釋

①主象：即主事之爻，或者稱為用神，用爻。如自占以世爻為主象，測財以財爻為主象等。

②乖張：違異，不同。

③凶咎：災殃。

## 校勘記

㊀「又」，原本作「文」，疑誤，據其文意改。

㊁「合」，原本作「會」，疑誤，據其文意改。

㊂「身」，原本作「官」，疑誤，據其文意改。

㊃「官」，原本作「我」，疑誤，據其文意改。

㊄「貴」，原本作「宜」，疑誤，據其文意改。

## ・新增論看卦法㊀

夫看卦，必先看本卦中之六親動靜、出現、伏藏，次看旁爻中之六親飛伏、生剋，以斷其吉凶也。

本卦者：即《乾》、《坎》、《艮》、《震》、《巽》、《離》、《坤》、《兌》，八純之卦是也。

出現者：卦名中有本宮之卦也。

伏藏者：卦名中無本宮之卦也。

旁卦者：伏藏中之六親也。

六親者：父母、子孫、兄弟、妻財、官鬼是也。

動者：重與交也。

靜者：拆與單也。

生剋者：五行金、木、水、火、土，相生相剋也。

旁卦列在左邊，名曰飛神。本㊁卦列在右邊，名曰伏神。今以乾宮《天地否》、《火地晉》二卦為例，於後篇。餘卦倣此推之，萬無一失。

### 校勘記

㊀「新增論看卦法」，原本作「論看卦法」，疑誤，據本書目錄改。

㊁「本」，原本作「木」，疑誤，據其文意改。

## •天玄賦總論提綱

若人問卜，必因動靜吉凶。學者推占，要識淺深高下。

秘旨雖傳於人口，奧妙實出乎天然。事有萬殊，理無二致。須識靜中有動，當明吉處藏凶。靜者動之機，吉者凶之本。

如逢卦靜，專尋暗動及空亡。若見爻興㈠，便察吉凶分造化。

諸爻並吉，更防吉處藏凶。大象皆凶，須識凶中有吉。

若逢亂動，先觀㈡用爻，用爻有彼我之分，得失從衰旺而決。

六爻上下，吉凶全係乎日辰。一卦中間，主宰莫逃㈢乎世應。

細察生旺墓絕，精詳剋害刑沖，吉凶由此而分㈣，禍福從茲而定。

貴人乘祿馬，縱非吉慶也無凶。天喜會青龍，雖遇悲哀終有喜。

白虎動本非佳況㈤，惟孕育反作吉㈥神，子孫興總曰禎祥①，問功㈦名偏為惡客。

官鬼不宜持世，求名婚娶兩相宜。妻財俱喜扶身，父母文書偏畏忌。

玄武陰私兼失脫，螣蛇怪異及虛驚。朱雀本主官非，仕宦當生喜美。勾陳職專田土，行人終見遲留。

## 注釋

①禎（zhēn）祥：吉祥的徵兆。

## 校勘記

㈠「興」，原本作「交」，疑誤，據《卜筮全書•天玄賦•總論提綱》原文改。
㈡「觀」，原本作「見」，疑誤，據《卜筮全書•天玄賦•總論提綱》原文改。
㈢「逃」，原本作「非」，疑誤，據《卜筮全書•天玄賦•總論提綱》原文改。
㈣「分」，原本作「生」，疑誤，據《卜筮全書•天玄賦•總論提綱》原文改。
㈤「況」，原本作「兆」，疑誤，據《卜筮全書•天玄賦•總論提綱》原文改。
㈥「吉」，原本作「喜」，疑誤，據《卜筮全書•天玄賦•總論提綱》原文改。
㈦「功」，原本作「利」，疑誤，據《卜筮全書•天玄賦•總論提綱》原文改。

### •無鬼無氣

鬼者，無形而有用，卦中不可無，宜靜不宜動。帶吉神動亦能為福，加凶殺動無不為殃。

占身無鬼，資財聚散不常㈠，多招兄弟嫉妒。

占婚無鬼，婚難成。縱成，夫當夭折。

占官無鬼，命無官星，功名難就㊁。卦中縱有貴人，終為貴而無位㊂，其事難成。

占訟無鬼，無官主張，訟以官為主，其事亦難成。

占㊃失脫無鬼，必自遺失。不然，賊亦難獲。

占㊄求財，卦無鬼，兄弟必專權。主在他人手下趁財，財亦薄。

占宅無鬼，謂之無氣。

鬼者，財之主也，財雖旺，必有主張後能聚。無鬼，無主也，必主破耗多端，資財不聚。

占病無鬼，必無叩告之門，乃天年命盡也，其病難療㊅。

惟有占產、出行、行人、田蠶，無鬼方為大吉之兆也㊆。

虎易按：「占婚無鬼，婚難成。縱成，夫當夭折」，此句指女方占婚。男方占婚用財，女方占婚用官。供讀者參考。

## 校勘記

㊀「常」，原本作「當」，疑誤，據《卜筮全書•通玄妙論•無鬼無氣》改。

㊁「功名難就」，原本作「不須謀望」，疑誤，據《卜筮全書•通玄妙論•無鬼無氣》原

文改。

㊂「終為貴而無位」，原本作「乃貴而無位也」，疑誤，據《卜筮全書·通玄妙論·無鬼無氣》原文改。

㊃「占」，原本脫漏，據《皇極策數祖數·附錄·無鬼無氣》原文補入。

㊄「占」，原本脫漏，據其行文體例補入。

㊅「其病難療」，原本作「其病不瘳」，疑誤，據《卜筮全書·通玄妙論·無鬼無氣》原文改。

㊆「無鬼方為大吉之兆也」，原本作「無鬼方是大吉」，疑誤，《卜筮全書·通玄妙論·無鬼無氣》原文改。

## ·絕處逢生

且如申日占卦，遇用爻屬木，木見申則絕，木爻無用矣，此同無也。若得水爻發動，水長生動來相生，木爻仍復有用，譬諸①人當困窮之際，得遇貴人㊀扶持，必有寒谷回春之象，此乃絕處逢生也。

占婚，遇世應絕處逢生，事將解而後成，意久淡而後濃。或可言男女家貧乏無力，得人扶策②，其事亦可成。

占產，遇子孫絕處逢生，子孫將死而復生。

占㊁妻，財絕處逢生，妻將危而有救，乃凶中回吉之象。

占官，遇父母絕處逢生，文書雖有阻節，終有貴人主張，其事必成。

占訟，遇官鬼絕處逢生，訟必有理㊂。若見㊃財動相生，可用資財囑託官吏，姑待官鬼旺相年月日，其事可振。

求財，若遇妻財絕處逢生，財幾失而仍得，先難後獲，其利反厚㊄，非比旺相之財有限，資生㊅之財無窮也。

出行，遇世爻絕處逢生，本意已懶，被人糾合③㊆。

行人，若應爻絕處逢生，必遇故人同回。若世剋則不然，必是他鄉遇故知，不免稽延④。

家宅，吉神絕處逢生，家宅復有興隆之象。凶神絕處逢生，災欲退而禍復㊇來，病治瘥⑤㊈而官事至。

占國，同此義推。

占病，用爻與吉神㊉絕處逢生，病將死而復活(十一)。鬼爻與忌神(十二)絕處逢生，病欲安而復作。

## 注釋

①譬（pì）諸：譬如。

②扶策：幫助。

③糾（jiū）合：糾集、聚集、召集、集合。

④稽延：拖延，耽誤。

⑤瘥（chài）：病癒。

## 校勘記

㊀「貴人」，原本作「高人」，疑誤，據《卜筮全書・通玄妙論・絕處逢生》原文改。

㊁「占」，原本脫漏，據《皇極策數祖數・附錄・絕處逢生》原文補入。

㊂「訟必有理」，原本作「必無官吏主張」，疑誤，據《卜筮全書・通玄妙論・絕處逢生》原文改。

㊃「若見」，原本作「若得」，疑誤，據《卜筮全書・通玄妙論・絕處逢生》原文改。

㊄「財幾失而仍得，先難後獲，其利反厚」，原本作「其財易求，利殊厚」，疑誤，據《卜筮全書・通玄妙論・絕處逢生》原文改。

㊅「資生」，原本作「生出」，疑誤，據《卜筮全書・通玄妙論・絕處逢生》原文改。

㈦「糾合」，原本作「糾集」，疑誤，據《卜筮全書·通玄妙論·絕處逢生》原文改。

㈧「復」，原本脫漏，據《卜筮全書·通玄妙論·絕處逢生》原文補入。

㈨「病治瘥」，原本作「病未痊」，疑誤，據《卜筮全書·通玄妙論·絕處逢生》原文改。

㈩「用爻與吉神」，原本作「用爻」，疑誤，據《卜筮全書·通玄妙論·絕處逢生》原文改。

(十一)「病將死而復活」，原本作「病將死而不死」，疑誤，據《卜筮全書·通玄妙論·絕處逢生》原文改。

(十二)「鬼爻與忌神」，原本作「鬼爻」，疑誤，據《卜筮全書·通玄妙論·絕處逢生》原文改。

## ·合處逢沖

且如占得《雷地豫》卦：

世應相生，六爻相合，吉無不利，乃事事可成之象。卻在子日占得，子沖應上午，害世上未，此乃合處逢沖也。

占婚相遇，必然被人破說①，兩邊相毀，當見將成而解。

占官，若遇官鬼、文書逢沖，其中尚有反覆變動㈠。

| 《新鍥斷易天機》教例：003 |
|---|
| 時間：子日 |
| 震宮：雷地豫（六合） |
| **本　　卦** |
| 妻財庚戌土▅▅　▅▅ |
| 官鬼庚申金▅▅　▅▅ |
| 子孫庚午火▅▅▅▅▅應 |
| 兄弟乙卯木▅▅　▅▅ |
| 子孫乙巳火▅▅　▅▅ |
| 妻財乙未土▅▅　▅▅世 |

貴人見許，復不作成，文書將完而不就。

占財遇之，財將入手而不得。

謀事遇之，必因人阻滯，事將成而有變。

惟有占訟與占病，喜遇合處逢沖，合則事必成，逢沖災必散。決然事將危而有救，病欲死而復生。其餘倣此。

又云：吉神合處不可沖，凶神合處喜逢沖也㈡，庶幾②可遵此斷。

## 注釋

①破說：說人家的壞話，破壞人家的關係。

②庶（shù）幾：相近，差不多。

## 校勘記

㈠「其中尚有反覆變動」，原本脫漏，據《卜筮全書•通玄妙論•合處逢沖》原文補入。

㈡「凶神合處喜逢沖也」，原本作「凶神合處逢沖」，疑誤，據《卜筮全書•通玄妙論•合處逢沖》改。

## •隨官入墓

隨官入墓，其目有三：有身隨鬼入墓，有世隨鬼入墓，有命隨鬼入墓。

且如丑日，占得《雷水解》卦：

身在五爻，鬼亦在五，此乃身隨鬼入墓也。

| 《新鍥斷易天機》教例：004 | |
|---|---|
| 時間：丑日 | |
| 震宮：雷水解 | |
| **本　　卦** | |
| 妻財庚戌土 | ▅▅　▅▅ |
| 官鬼庚申金 | ▅▅　▅▅ 應 |
| 子孫庚午火 | ▅▅▅▅▅ |
| 子孫戊午火 | ▅▅　▅▅ |
| 妻財戊辰土 | ▅▅▅▅▅ 世 |
| 兄弟戊寅木 | ▅▅　▅▅ |

虎易按：「隨官入墓，其目有三：有身隨鬼入墓，有世隨鬼入墓，有命隨鬼入墓」，後文稱其為「三墓」，此論並非完全合理。《增刪卜易•隨鬼入墓章》曰：「古有日墓、動墓、化墓，謂之三墓」，《增刪卜易•各門類題頭總注章》曰：「三墓者：用爻入日墓、入動墓，動而化墓」，我認為此「三墓」的論述是合理的，可以作為「三墓」之定論。從實踐應用的角度看，我認為，隨官入墓應該以「世爻、用爻隨鬼發動，動入日墓，動入動墓，動而化墓」為宜。至於「有身隨鬼入墓，有命隨鬼入墓」之說，應用上比較牽強，沒有多大價值，應刪除為宜。讀者可參考《增刪卜易•隨鬼入墓章》內容，充分理解「隨官入墓」，便於在實踐中應用。

「身在五爻」，此「身」不是指「月卦身」，而是指「世身」。按「子午持世身居初，丑未持世身居二，寅申持世身居三，卯酉持世身居四，辰戌持世身居五，巳亥持世身居六」體例，本卦辰爻持世，則「世身」在五爻。官鬼庚申金與世身同在五爻，入日令丑土之墓。

若㊀未日，占得《山天大畜》：

世在二爻，屬木，乃世隨鬼入墓也。

又如㊁未日，寅生人占得《地雷復》：卯生人占得《火澤睽》：

本命皆在鬼爻，此乃命隨鬼入墓也。

以上三墓，不問占何事，意皆非吉兆㊂。

占身遇之，須防目下①有災，終身不能顯達。

占婚，遇世隨鬼入墓，男家貧乏，女㊃財不備。

占產，遇命隨鬼入墓，須防妻命入黃泉。

求官遇之，事體難成。若已成來占，

| 《新鍥斷易天機》教例：005 | | |
|---|---|---|
| 時間：未日 | | |
| 艮宮：山天大畜 | | |
| 本 | 卦 | |
| 官鬼丙寅木 | ▅▅▅▅▅ | |
| 妻財丙子水 | ▅▅　▅▅ | 應 |
| 兄弟丙戌土 | ▅▅　▅▅ | |
| 兄弟甲辰土 | ▅▅▅▅▅ | |
| 官鬼甲寅木 | ▅▅▅▅▅ | 世 |
| 妻財甲子水 | ▅▅▅▅▅ | |

| 《新鍥斷易天機》教例：006 | | |
|---|---|---|
| 時間：未日 | | |
| 坤宮：地雷復（六合） | | |
| 本 | 卦 | |
| 子孫癸酉金 | ▅▅　▅▅ | |
| 妻財癸亥水 | ▅▅　▅▅ | |
| 兄弟癸丑土 | ▅▅　▅▅ | 應 |
| 兄弟庚辰土 | ▅▅　▅▅ | |
| 官鬼庚寅木 | ▅▅　▅▅ | |
| 妻財庚子水 | ▅▅▅▅▅ | 世 |

| 《新鍥斷易天機》教例：007 | | |
|---|---|---|
| 時間：未日 | | |
| 艮宮：火澤睽 | | |
| 本 | 卦 | |
| 父母己巳火 | ▅▅▅▅▅ | |
| 兄弟己未土 | ▅▅　▅▅ | |
| 子孫己酉金 | ▅▅▅▅▅ | 世 |
| 兄弟丁丑土 | ▅▅　▅▅ | |
| 官鬼丁卯木 | ▅▅▅▅▅ | |
| 父母丁巳火 | ▅▅▅▅▅ | 應 |

終不能振。若入殺墓，能入任所，不能出也。殺墓者，丁未、戊戌是也。

虎易按：「殺墓者，丁未、戊戌是也」，此殺墓之說，不知依據什麼原理及體例而來，請讀者注意研究。

占訟遇之，恐有牢獄禁繫之憂，或訟散身危，或訟中有病。

求財遇之，勤勞備歷，利歸他人。

出行遇之，多是去不成，若去愈為不美㊄，必主去後有病。

行人遇之：作本名占最不吉，必有災險。

家宅遇㊅之，須防宅長有災，更加凶殺，必見頃危。

移居相遇，定移不成。

占病逢之，十占九死。

風水逢之，坐下必有伏屍、舊穴。

以前略舉一二卦為則例，其餘諸卦倣此推詳之。

## 注釋

①目下：立刻，馬上。

## 校勘記

㊀「若」，原本脫漏，據《卜筮全書・通玄妙論・隨官入墓》原文補入。

㊁「又如」，原本作「此如」，疑誤，據《卜筮全書・通玄妙論・隨官入墓》原文改。

㊂「兆」，原本作「也」，疑誤，據《卜筮全書・通玄妙論・隨官入墓》原文改。

㊃「女」，原本作「男」，疑誤，據《卜筮全書・通玄妙論・隨官入墓》原文改。

㊄「若去愈為不美」，原本作「強去愈不美」，疑誤，據《卜筮全書・通玄妙論・隨官入墓》原文改。

㊅「遇」，原本作「逢」，疑誤，據《卜筮全書・通玄妙論・隨官入墓》原文改。

### •逢沖暗動

且如六爻安靜，不遇沖則不動。若日辰相沖，名曰暗動。暗動者有吉有凶，各有所用焉，不可一概而論。若遇凶殺暗動，傷身剋世，件件皆非所宜㊀，百事皆不為佳。吉神暗動，合世生身，事事無不為吉也。予㊁推其義，暗者必非明也，乃陰私潛伏㊂也，福來而不知，禍來而未覺。爻吉則暗中有補，爻凶則暗中有傷。

虎易按：「若日辰相沖，名曰暗動」，旺相之爻遇日辰相沖，名曰暗動。休囚之爻遇日辰相沖，名曰日破，或曰沖散。

占婚遇之㊃，吉則暗中有人網維，凶則暗中有人破說。

占產，遇胎爻或子孫暗動，必曾轉胎。

占求官遇之，吉則有無心之機會，暗中得人作成。凶則暗中有人損己，小人嫉妒，默地害事。

占訟遇之，吉則得人解救，凶則被人暗算㊄。

失脫遇之，吉則言暗中捕捉可獲。凶則言此事暗昧①，不可追尋。

求財遇之，吉則隱然求之㊅，利益殊厚。凶則言須防幽暗費財，或陰中被人劫騙，罔可知覺。

出行逢之，須防不測，吉凶皆然。

行人遇之，吉則言心欲動而未發。凶則言暗昧中有阻節，未能起身㊆。

家宅遇之，吉則暗中有補，福已至而不知。凶則暗中有害，禍欲萌而未覺㊇。

占病遇之，吉神動則言病人有默佑，陰騭②所致也。凶則言脈病人，不病須防暗有傷。

此章宜細玩之，萬無一失。

## 注釋

①暗昧：隱蔽、曖昧的事。

②陰騭（zhì）：猶陰德。指在人世間所做的而在陰間可以記功的好事、陰功。

## 校勘記

㈠「件件皆非所宜」，原本脱漏，據《卜筮全書·通玄妙論·逢沖暗動》原文補入。

㈡「予」，原本作「吾」，疑誤，據《卜筮全書·通玄妙論·逢沖暗動》原文改。

㈢「伏」，原本作「然」，疑誤，據《卜筮全書·通玄妙論·逢沖暗動》原文改。

㈣「占婚遇之」，原本作「婚姻遇之」，疑誤，據《卜筮全書·通玄妙論·逢沖暗動》原文改。

㈤「吉則得人解救，凶則被人暗算」，原本作「吉則得閒人説方便，陰中有人護我。凶則暗中有人謀害」，疑誤，據《卜筮全書·通玄妙論·逢沖暗動》原文改。

㈥「吉則隱然求之」，原本作「吉則言求之」，疑誤，據《卜筮全書·通玄妙論·逢沖暗動》原文改。

㈦「未能起身」，原本作「未能到」，疑誤，據《卜筮全書·通玄妙論·逢沖暗動》原文改。

㈧「家宅遇之，吉則暗中有補，福已至而不知。凶則暗中有害，禍欲萌而未覺」，原本作「家宅相遇，吉則言暗中有補助，福已至而不知。凶則言暗中有事至，禍欲萌而未覺」，疑誤，據《卜筮全書·通玄妙論·逢沖暗動》原文改。

## •助鬼傷身

生助官㊀鬼者，不過是妻財也。不宜發動，動則衰鬼變成旺鬼。旺鬼遇之，其勢愈凶。

且如申日㊁，占得《離》之《賁》㊂卦：

鬼臨應爻剋世，本非佳兆，更兼妻財發動，生助鬼爻，其凶愈甚。此乃助鬼傷身也。

虎易按：「鬼臨應爻剋世」，此例應爻官鬼安靜，不宜論為剋世爻。作者此處，是借這個卦例，說明「助鬼傷身」的意思，請讀者注意分辨，不必執泥。

凡卦鬼剋身世者，無財凶有限，若有兩財皆動，其禍不可勝言㊃。倘得子孫發動，福神來解，庶可反凶成吉，轉禍為祥㊄。

虎易按：「倘得子孫發動，福神來解，庶可反凶成吉，轉禍為祥」，是指卦中只有子孫爻發動，就可以剋制官鬼。讀者千萬不要和前句連在一起去理解運用，否則就會失之千里了。如果子孫與妻財同動，則子孫動生財，財動生官，形成接續相生，只能使官鬼更旺。請讀者注意分辨清楚，不至於混淆了。

| 《新鍥斷易天機》教例：008 | | | | | | |
|---|---|---|---|---|---|---|
| 時間：申日 | | | | | | |
| 離宮：離為火（六沖） | | | | 艮宮：山火賁（六合） | | |
| **本　　卦** | | | | **變　　卦** | | |
| 兄弟己巳火 | ▅▅▅▅▅ | 世 | | 父母丙寅木 | ▅▅▅▅▅ | |
| 子孫己未土 | ▅▅　▅▅ | | | 官鬼丙子水 | ▅▅　▅▅ | |
| 妻財己酉金 | ▅▅▅▅▅ | | ○→ | 子孫丙戌土 | ▅▅　▅▅ | 應 |
| 官鬼己亥水 | ▅▅▅▅▅ | 應 | | 官鬼己亥水 | ▅▅▅▅▅ | |
| 子孫己丑土 | ▅▅　▅▅ | | | 子孫己丑土 | ▅▅　▅▅ | |
| 父母己卯木 | ▅▅▅▅▅ | | | 父母己卯木 | ▅▅▅▅▅ | 世 |

占身遇之，須防日下①有災。若財帶桃花又加玄武，恐斯人色欲過度，必致傷身；或偏房②㊅寵妾眾多也。

占婚遇之，亦不為吉。世者男家也，鬼者夫也，自剋自家，本不為美。更遇財爻發動，生助鬼爻，縱使成就，必主其婦不賢不孝公姑③，搬唆④夫主，割戶分門，不和兄弟。

占產遇鬼剋二爻⑤，妻財發動，乃母之命必剋子，主懷胎之後常不安，亦主難成生養。

求官遇鬼帶貴剋世，乃日轉遷階㊆之象。若鬼帶大殺劫殺剋世，又兼財動生殺，必主身有災殃，官防玷剝⑥。

占訟遇之，他人廣費資財，囑託官吏。主官司不順我，我必有輸名，乃以直作曲之象，大凶。

失脫遇之，因財露見動人眼目，故失，須防再求。又云：恐是自失之後，被人獲去，事出偶然，見財起謀，非故意來偷也。

求財遇鬼帶大小耗，必主此財求得之後，非官即病，耗散費用。

出行遇之，因財忽有阻節。

家宅遇之，乃財多害己也。若鬼帶白虎、喪門、弔客之類，必因財有病。若鬼加朱雀、官符，必因財致訟。又云：或家有不賢之妻，多招禍殃。

占國遇之，必有奸臣聚斂，蒙蔽其主，恐乖國政。

占病遇之，若占父母必致頃危，其餘問病，亦主沉重纏綿，卒難脫體。若作本名占，或因財致病，或房事過為，乃大凶之兆。

以上諸事，若有子孫發動，解神來救，庶可反凶成吉，變禍為祥。

以上數節，俱出《天玄賦》。

虎易按：助鬼傷身之論，讀者要注意其運用條件。官鬼爻發動或者暗動，沖剋刑害世爻或者用爻，即為「傷身」。妻財不值日月，安靜不動，則不能生官鬼。若鬼爻發動，妻財值日月，或卦中發動、暗動，生助鬼爻，就是「助鬼傷身」了。

「以上諸事，若有子孫發動，解神來救，庶可反凶成吉，變禍為祥」，此句是在「助鬼傷身」的情況下所言，若子孫發動，只會更助其力。我認為，此論述不太完善。當卦中只有官鬼動剋世爻或者用爻的情況下，若有子孫爻發動，才可以剋制官鬼，稱為解神來救。

提請讀者注意，一定要明確清楚「助鬼傷身」的含義，深入理解此段內容，千萬不可混淆，否則，在應用的過程中，可能就會失之千里。

## 注釋

①日下：目前、現在。

②偏房：舊時稱妾為偏房。相對於正室，故稱為偏房。

③公姑：公婆。

④搬唆（suō）：搬弄是非、調唆慫恿。

⑤鬼克二爻：按鬼谷辨爻法，二爻為胎爻位。

⑥玷（diàn）剝：因污點或者小的過失而被剝官撤職。

## 校勘記

㈠「官」，原本脱漏，據《卜筮全書·天玄賦·助鬼傷身》原文補入。

㈡「且如申日」，原本作「且如甲日」，疑誤，據《卜筮全書·天玄賦·助鬼傷身》原文改。

㈢「占得《離》之《賁》卦」，原本作「占得《離》卦」，疑誤，據「更兼妻財發動，生助鬼爻」之意改。

㈣「其禍不可勝言」，原本作「其禍大凶」，疑誤，據《卜筮全書·天玄賦·助鬼傷身》原文改。

㈤「倘得子孫發動，福神來解，庶可反凶成吉，轉禍為祥」，原本脱漏，據《卜筮全書·天玄賦·助鬼傷身》原文補入。

㈥「或偏房」，原本作「或偏居」，疑誤，據其文意改。

㈦「遷階」，原本作「千階」，疑誤，據其文意改。

## •《天玄賦》六親用㊀

### 校勘記

㊀「天玄賦六親用」，原本脫漏，據本書目錄補入。

### •父母用

父母者，生我者謂之。父母也，能為凶，能為吉，各有所用。遇財則有傷本體，逢鬼則增長光輝。發動則剋傷子孫，生扶兄弟。審其動靜衰旺，各有所宜。

占身：為父母。動則難為子息。

占婚：為主婚人。空則必無主者及無聘禮。

占產：為傷。鬼殺動則子難生養。

占官：為印綬①文書。旺相帶貴人，功名必可就；空亡兼墓絕，雖吏亦難成。

占訟：為狀詞案驗。動則事意難息。若我興詞宜旺，他訴我要衰。旺則事大，衰則事輕，空亡及無氣皆難成。

占失脫：為窩藏。發動則賊已隱匿，不可追尋。

求財：發動為絕源殺。只許一度，再難求，亦主艱辛。

出行：為行李。旺相多，休囚少，空亡無。

行人：為書信。帶吉神為安書，加凶神為凶信。發動剋世，必有信至；空亡墓絕，杳無音書。

占家宅：為屋宇。旺相，深沉廣闊；帶青龍貴人，乃新創整齊；無氣，乃窄狹低小；逢沖必崩摧破敗。加青龍亦是新屋，帶白虎必是舊宅居。

占國：為城池。有氣則城池堅固。

征戰：為旌旗。宜靜不宜動，動則有興師，疾病。

占雙親，為用爻。宜旺不宜空，空則必危。

占子孫：為惡殺。宜靜不宜動，動則必死。

以上係玄妙之機，精微之旨，學者並宜深玩。

## 注釋

①印綬（shòu）：印信和繫印信的絲帶。古人印信上繫有絲帶，佩帶在身。此處代指父母爻。

## ·兄弟用

兄弟者，比和者為兄弟也。大抵不能為福，亦不能為大凶，無非破敗、剋剝、阻滯之神也。怕逢官鬼發動，則受制。喜遇父母興隆，則有依。發動則傷剋妻財、扶持福德。

占身命：在內象為兄弟，在外象為朋友。與世相生相合，則內和兄弟，外信朋友；與世相剋相沖，必破耗多端，難為妻妾。

占婚姻：為費財，為詭譎，為虛妄。若大象可成，發動不過破財耳，如不可成，臨世發動，必主他日傷妻；若當間爻動，必是媒人詭詐虛妄。

占產孕：為傷。鬼殺更加大殺發動，妻命必危，無氣稍得。

求官：為阻神，為費財，為嫉妒。旺相發動，事必有阻，廣費錢財，若加劫殺、玄武，須防小人嫉妒。

占訟：為耗神，為干眾，為虛譽。發動剋世，我必費財。剋應，他必破耗。臨旺朱雀，事必干眾。若加玄武、劫殺，事體不實，恐係詭詐虛偽。

占失脫：為散財。若逢發動，財物已經變化四散，難以追尋。

求財：為惡客。在世發動，財必難求。旁爻發動，與人同求則可，不然，非全美之利。

出行與行人：皆為伴侶。旺則侶多，衰則侶少。不宜發動，動則增費盤纏。

家宅：為破敗。旺相當權發動，必田蠶為虛勞，勤苦備歷，財利輕微。

占國：若在世上動，須防聚斂之臣覆國事。

征戰：為伏兵。安靜逢沖，名為暗動，其計必中，疾病。

占兄弟朋友：為用爻。

占妻妾：為剋殺。旺相發動，妻必有傷。

此理弘深，自宜推測。

## •子孫用

子孫者，我生者為之子孫。卦中至吉之神也，逢之者無不為佳，背之者莫能為福。卦無父母則無剋，爻有兄弟則有依。動則生財，剋傷官鬼。

占身命：為福德。若持世上，一生衣祿盈餘，見險無危，逢凶弗①咎。

占婚姻：為子息。卦中無子，必無兒。但不宜動，動則異日傷夫。

占產：為用爻。屬陽旺相必生男，屬陰休囚定生女。若落空亡，子難養。

占官：為傷官，為剝玷，為代官始謀，逢發動，其事決難成。在任發動，剝官退位。若帶貴人、青龍、天喜動者，小有玷剝，不過有代官至。

占訟：為解神，為勸和人。旺相發動，事情必散。若世應比和，更得此神發動，必然得人允和。

占失脫：為捉獲。當權發動，必然捉獲。若占小可失脫，若逢發動，其神旺日可知蹤跡，亦恐偷時曾被人見。

求財：為主顧，又為財源。旺相發動，經營可久，綿綿不絕。或落空亡及不上卦，乃無主顧也。妻財縱旺，只許一度，再難成就，譬如水之無源。

出行：為好侶，為錢神。得地發動，路逢好侶，財本無虞②。

行人：為吉回。發動剋世，歸期已近，當得稱意而回。

家宅：為少丁。旺相，則人丁旺盛。帶貴人、青龍，必有跨灶之子③。加白虎、羊刃、玄武者，必有凶頑不律之兒。又為宅神，若持世，其家清安獲福，官災不染，盜賊潛消。

占田蠶：為有成。旺相發動，田蠶倍收。

占國：為國嗣。安靜，臨吉神，建立已定；若加凶殺，須防扶蘇中趙氏之謀。又為彈劾之臣，旺相動，則朝廷無奸佞④，國有忠良。

占病：為醫藥。當權發動，其病即安。卦無其神，服藥無效。

占小口及奴僕：為用爻。不落空亡，終無大害。

占墳墓：為祭祀。卦無子孫，春秋二時無人祀也。

## 注釋

①弗：不。

②無虞：沒有憂患、顧慮。

③跨灶之子：比喻兒子勝過父親。跨灶：馬前蹄空處曰灶。良馬賓士，後蹄痕超過前蹄痕，名跨灶。

④奸佞（jiān nìng）：奸邪諂媚的人。多指奸臣。

### •妻財用

妻財者，我剋者謂之妻財也。諸事逢之，無不為吉。惟占父母、文書，不宜見之。值兄弟則有損，遇福德則愈佳，逢官鬼則泄我之氣也。動靜皆吉。

占身命：為一生之衣祿。若在本卦內三爻，如逢生旺，中年決然發福發財，必有成家之象。

占婚姻：為婦。旺相臨青龍吉星，必主女貌端正。不宜動，動則傷剋公姑。

占孕育：為產婦。旺相不受制，臨產必平安。

占求官：為俸祿。空亡及無，未得俸祿。不宜發動，動則文書難成。無氣，只是費力，終可成就。

占訟：為解神。在世發動，我必有理，事易調停，文書不致見尾。

失脫：為所失之物。若安靜不空，其物可尋。

求財：為用爻。一卦之主宰，宜生世剋世，大吉。空亡無氣，必難求。

出行：為錢本盤纏。旺相多，墓絕少，空亡無。若值青龍，其財穩實。如逢劫殺，須防被人劫騙。

行人：為財利。旺相帶吉神，必滿載而回。縱非經商，亦主一路安逸，不缺盤纏。

家宅：為財寶。卦若無財，財不多。若是金財旺相，其家必多金帛。土財，是五穀田地。火財，其家宜蠶。木財，家多離產。水財，必得魚鹽酒醋之利。

農田：為財穀。

育蠶：為蠶絲。旺相帶吉神，蠶必多而稻必熟。

占國：為國儲。旺相安靜，必倉廩實，府庫充。無氣則倉廩虛空。

占戰鬥：為糧食。在內旺，則我之食足。在外旺，則彼之糧乎。

占妻妾：為用爻。

占父母：為忌曜。

其餘推占，亦不宜動，動則生鬼也。

## •官鬼用

官鬼者，剋我者為鬼也。大抵為凶處多，為福處少。所畏者福德，所恃者妻財。動則傷剋兄弟，生扶父母。然卦中雖凶，而不可無，但宜靜不宜動。

占身命：帶貴人當為貴用，加凶殺仍作鬼推。遇吉必進祿加官，逢凶必喪亡疾病。

占婚姻：為夫。旺相帶青龍吉神者，必聰明俊雅之人物。加貴人必有勾當，不然，亦是宦家子弟。若在胎養、沐浴爻上，今雖未任，他人日必貴。最宜持世或臨陽象，皆名得地。

占產：為鬼。六爻遇之，皆不吉也。若臨初爻，產婦常災。在二爻，包胎不安穩。二爻帶鬼空亡，因病墮胎。

占官：為用爻。旺相發動，生扶父母，文書易成，其職必顯。

占訟：為官吏。發動剋世，官司不順我，我必有輸名。交重剋應，他必遭責罰。

占失脫：為賊。在初爻為家賊，一二三爻皆鄰里，在外是外賊，在六爻是遠處賊。帶羊刃、劫殺、懸針，強劫賊。

占求財：為牙人。若落空亡及不上卦，必無說合之人。

占出行：為阻滯。若持世在上，衰則卒難起腳，旺相多是去不成。

占行人：為鬼。若刑害用爻，在路非官即病，兼防失脫。

占家宅：帶貴人、青龍者，為錢神。旺相得地，必主錢財堆積。如白虎、喪門、弔客、病符者，須防疾病喪亡。帶朱雀、官符者，必有官災口舌，非橫之事。若臨玄武，必有盜賊相侵，亡失財畜。若並騰蛇發動，必有怪異虛驚。

占移居：為惡客。若逢發動，移後必見災殃，終無吉利。

占田蠶：為禍害。六爻逢之，皆主不吉。

占國：為亂臣賊子。帶殺加刃，須防兵革之興。

妻占夫：為用爻。

占兄弟：為剋殺。旺相發動，其病必危。

占風水：為伏屍。看臨何神，便知落在何處。已葬來占為亡者，帶青龍吉神不動，亡者安而獲福。加凶殺、白虎、逢空者，亡者不安，生人有禍。

以上數節，詳見《天玄賦》。

新鍥纂集諸家全書大成斷易天機一卷終

# 新鍥纂集諸家全書大成斷易天機卷之二

作者　劉世傑　編著
清虛子　魏禎　序
豫錦誠　徐紹錦　校正
閩書林　鄭雲齋　梓行

## ·新增碎金賦㊀

子動生財，不宜父擺；兄動剋財，子動能解。

擺，動也。蓋子動則生財，若是父動，則剋了子，子不能生財矣。兄動則能剋財，若得子動，兄必貪生於子，忘剋於財，謂之貪生忘剋㊁，而財反得生矣。

財動生鬼，切忌兄搖；子動剋鬼，財動能消。

搖，動也。蓋財動能生鬼，若是兄動剋財，鬼不得生矣。若㊂子孫發動，則能剋鬼，若得財爻發動，則泄子孫之氣，而生官㊃鬼之精神矣。

父動生兄，忌財相剋；鬼動剋兄，父動能泄。

父乃兄之元辰①，忌財剋之。鬼乃兄之忌神，喜父泄之。

父動生兄，若見財爻動，則父無用而不能生兄矣。

官鬼發，剋兄弟；若見父母動，則漏泄官鬼之氣，而不能為大害矣㊄。蓋鬼生父，父生兄，是皆貪生忌剋之義也。

鬼動生父，忌子交重；財動剋父，鬼動能中。

交重，動也。鬼動能生父，若是子動，則剋制官鬼，不能生父矣。

財動則能剋父，若得鬼動，財必貪生於鬼，忘剋於父，是鬼為財之中人也。

兄動生子，忌鬼搖揚；父動剋子，兄動無妨。

搖揚，動也。蓋兄動能生子，若是鬼動剋兄，子失㊅元辰矣。

父動能剋子孫，若得兄動，則泄減父之凶勢㊆，而子得無妨也。

子興剋鬼，父動無妨；若然兄動，鬼必遭傷。

興，動也。子動必傷官鬼，若得父動剋子，則鬼無事。

若是兄動生子，子愈有力，其鬼必遭傷害㊇也。

財興剋父，兄動無憂；若然子動，父命難留。

財爻發動，必剋父母。若得兄動剋財，財不能剋父也。

若是子動生財，財必乘勢，其父必難救援㊈也。

父興剋子，財動無事；若是鬼興，其子必死。

父動能剋子孫，若得財動剋父，子孫有救。

若是鬼動，愈生父怒，其子必死無疑矣[十]。
鬼興剋兄，子動可救；財若交重，兄弟不久。
官鬼動能剋兄弟，若得子動剋鬼，則兄弟[十一]有救。
若是財動生鬼，則鬼惡愈盛，其兄必難救也。
兄興剋財，鬼興無礙；若是父興，財遭剋害。
兄弟動則剋財，若得鬼動剋兄，財得無事。
若父[十二]動生兄，其兄愈加狂暴[2]，財[十三]必遭於剋害也[十四]。
知占者詳之。

虎易按：本節以四言歌賦的形式，論述動爻之間發生的生、剋、合關係，先於與靜爻發生的生、剋、合關係。卦中六親生、剋、合等作用關係的變化，是隨動爻的變化而發生變化的。

歸納起來，有以下五種類型：

一、卦中忌神與原神同動，忌神則不能直接剋用神，就形成忌神生原神，原神生用神的「接續相生」現象。這種現象，是因為忌神「貪生」原神，所以「忘剋」用神，稱為「貪生忘剋」，原神生用神的力量更大。

二、卦中仇神與原神同動，則原神被仇神所剋，不能生用神。

三、卦中仇神與忌神同動，就形成仇神生忌神，忌神剋用神的「接續相剋」現象，則忌神剋用神的力量更大。

四、忌神動剋用神，如有泄神同動，則稱為「忌神受制」，忌神不能剋用神。

五、忌神動，與卦中其他動爻相合，忌神就被合住，不能剋用神。這種現象，是因為忌神「貪合」其他動爻，「忘剋」用神，稱為「貪合忘剋」。這種情況此賦沒有論及。

名詞定義：

用神：對應所測事物的類事六親，即為用神。

原神：生用神者，即為原神。

忌神：剋用神者，即為忌神。

仇神：剋原神者，生忌神，即為仇神。

泄神：剋忌神者，即為泄神。

以上論述，請讀者參看此賦注解，互相參考，充分理解這些動爻運用的條件和原則。

## 注釋

①元辰：也稱為「元神」、「原神」。「元辰歌」曰：「即父為兄之元辰，兄為子之元辰之類」。

②狂暴：凶暴，殘暴。

## 校勘記

㈠「新增碎金賦」，原本作「碎金賦」，疑誤，據本書目錄改。

㈡「謂之貪生忘剋」，原本脫漏，據《卜筮全書·闡奧歌章·碎金賦》原文補入。

㈢「若」，原本脫漏，據《卜筮全書·闡奧歌章·碎金賦》原文補入。

㈣「官」，原本脫漏，據《卜筮全書·闡奧歌章·碎金賦》原文補入。

㈤「父動生兄，若見財爻動，則父無用而不能生兄矣。官鬼發，剋兄弟；若見父母動，則漏泄官鬼之氣，而不能為大害矣」，原本脫漏，據《卜筮全書·闡奧歌章·碎金賦》原文補入。

㈥「子失」，原本作「子無」，疑誤，據《卜筮全書·闡奧歌章·碎金賦》原文改。

㈦「勢」，原本脫漏，據《卜筮全書·闡奧歌章上·碎金賦》原文補入。

㈧「害」，原本脫漏，據《卜筮全書·闡奧歌章上·碎金賦》原文補入。

㈨「援」，原本脫漏，據《卜筮全書·闡奧歌章上·碎金賦》原文補入。

㈩「其子必死無疑矣」，原本作「其子必是死也」，疑誤，據《卜筮全書·闡奧歌章·碎金賦》原文改。

⑪「弟」，原本脫漏，據《卜筮全書·闡奧歌章上·碎金賦》原文補入。

⑫「若父」，原本作「若然」，疑誤，據《卜筮全書·闡奧歌章·碎金賦》原文改。

⑬「財」，原本脫漏，據《卜筮全書·闡奧歌章上·碎金賦》原文補入。

⑭「也」，原本脫漏，據《卜筮全書·闡奧歌章上·碎金賦》原文補入。

## ●論伏神類

飛神是世定其真，伏神還從本位輪，但於本宮起納甲㊀，互㊁相交代是其㊂神。
純卦歸魂來去候，從初至世是伏神，乾家伏神坤家取，坤卦㊃伏神乾家尋。
震巽彼此相抽換，遞相往來㊄自通流，兌卦伏神艮邊取，艮卦伏神兌家㊅遊。
坎卦㊆伏神離家索，離卦㊇伏神坎家抽㊈，兩卦但從㊉相對取，從初數至世爻㊉㊀休。

## 校勘記

㊀「但於本宮起納甲」，原本作「本宮便起渾天甲」，疑誤，據《卜筮元龜•同推飛伏例要訣》原文改。
㊁「互」，原本作「甲」，疑誤，據《卜筮元龜•同推飛伏例要訣》原文改。
㊂「其」，原本作「飛」，疑誤，據《卜筮元龜•同推飛伏例要訣》原文改。
㊃㊆㊇「卦」，原本作「家」，疑誤，據《卜筮元龜•同推飛伏例要訣》原文改。
㊄「往來」，原本作「來往」，疑誤，據《卜筮元龜•推飛伏例要訣》原文改。
㊅「家」，原本作「邊」，疑誤，據《卜筮元龜•同推飛伏例要訣》原文改。
㊈「抽」，原本作「留」，疑誤，據《卜筮元龜•同推飛伏例要訣》原文改。
㊉「兩卦但從」，原本作「卦象但能」，疑誤，據《卜筮元龜•同推飛伏例要訣》原文改。
㊉㊀「爻」，原本作「方」，疑誤，據《卜筮元龜•同推飛伏例要訣》原文改。

## •鬼谷斷云㈠

飛神，即世位是也。伏神㈡，一世卦至遊魂六卦，但認本宮渾天甲子六位。如《乾》宮，一世則起甲子㈢，至遊魂卦則起丙戌是也㈣。八純《乾》卦，則用《坤》卦第六位癸酉㈤。歸魂卦，則用《坤》宮第三位乙卯㈥。餘卦倣此。

虎易按：讀者可參閱「伏神定局」所附《京氏易傳》世爻飛伏表，理解此節內容。

## 校勘記

㈠「鬼谷斷云」標題，原本脫漏，據《卜筮元龜•鬼谷斷云》原文補入。

㈡「伏神」，原本脫漏，據《卜筮元龜•鬼谷斷云》原文補入。

㈢「但認本宮渾天甲子六位。如《乾》宮，一世則起甲子」，原本作「但認本宮渾天甲子」，疑誤，據《卜筮元龜•鬼谷斷云》原文改。

㈣「至遊魂卦則起壬戌是也」，原本作「至遊魂卦即壬午是也」，疑誤，據《卜筮元龜•鬼谷斷云》原文改。

㈤「則用《坤》卦第六位癸酉」，原本作「則取《坤》卦世位癸酉」，疑誤，據《卜筮元龜•鬼谷斷云》原文改。

㈥「則用《坤》宮第三位乙卯」，原本作「則取坤宮印乙卯是伏神也」，疑誤，據《卜筮元龜•鬼谷斷云》原文改。

# • 新增論伏神類㈠

## •伏神定局

乾坤相取，震巽有情，兌艮交合，坎離相尋，交相互用，準論伏神。

癸酉壬戌乾坤伏，辛卯庚戌震巽遊，丁未丙寅歸艮兌，己巳戊子坎離求。

甲子辛丑姤小畜，甲寅丙午遯大畜收，甲辰乙卯否與泰㈡，壬午辛未觀㈢无妄留。

壬申丙子同剝履，壬午辛未中孚訟㈣，丙戌己酉歸晉頤㈤，戊寅丁巳節困施。

戊辰庚寅屯與解，戊午己亥既未濟㈥，戊申丁亥兼革蹇，戊戌庚申豐井途。

丙辰己㈦卯賁旅上，庚午癸丑明夷小過㈧，丙申丁丑損咸㈨內，己酉丙戌蒙睽㈩為。

庚子乙未連豫復，庚辰辛酉是恒益⑪，庚午癸丑升大壯，戊申丁亥大過需⑫。

辛亥己丑家人鼎，辛酉庚辰隨⑬蠱並，辛巳己未噬嗑渙，己亥戊午師⑭同人。

乙巳丁卯臨萃內，乙卯甲辰大有比⑮，丁酉癸亥謙夬卦，丙申丁丑歸妹漸⑯。

虎易按：「伏神定局」內容，是按《京氏易傳》注釋世爻下所伏干支五行排列的，只是指世爻下所伏干支五行。每句列出兩組干支，及與此干支相對應的世爻飛伏的兩個卦。前一干支，是前一卦世爻伏神與後一卦世爻飛神，後一干支，是後一卦世爻伏神與前一卦世爻飛神。如：「癸酉壬戌乾坤伏」，指《乾》卦世爻伏神為癸酉，飛神為壬戌；《坤》卦世爻伏神為壬戌，飛神為

# 《京氏易傳》世爻飛伏表

| 八宮 | 八純<br>上世 | 一變<br>初世 | 二變<br>二世 | 三變<br>三世 | 四變<br>四世 | 五變<br>五世 | 遊魂<br>四世 | 歸魂<br>三世 |
|---|---|---|---|---|---|---|---|---|
| 乾宮 | 乾<br>壬戌土<br>癸酉金 | 姤<br>辛丑土<br>甲子水 | 遯<br>丙午火<br>甲寅木 | 否<br>乙卯木<br>甲辰土 | 觀<br>辛未土<br>壬午火 | 剝<br>丙子水<br>壬申金 | 晉<br>己酉金<br>丙戌土 | 大有<br>甲辰土<br>乙卯木 |
| 震宮 | 震<br>庚戌土<br>辛卯木 | 豫<br>乙未土<br>庚子水 | 解<br>戊辰土<br>庚寅木 | 恒<br>辛酉金<br>庚辰土 | 升<br>癸丑土<br>庚午火 | 井<br>戊戌土<br>庚申金 | 大過<br>丁亥水<br>戊申金 | 隨<br>庚辰土<br>辛酉金 |
| 坎宮 | 坎<br>戊子水<br>己巳火 | 節<br>丁巳火<br>戊寅木 | 屯<br>庚寅木<br>戊辰土 | 既濟<br>己亥水<br>戊午火 | 革<br>丁亥水<br>戊申金 | 豐<br>庚申金<br>戊戌土 | 明夷<br>癸丑土<br>庚午火 | 師<br>戊午火<br>己亥水 |
| 艮宮 | 艮<br>丙寅木<br>丁未土 | 賁<br>己卯木<br>丙辰土 | 大畜<br>甲寅木<br>丙午火 | 損<br>丁丑土<br>丙申金 | 睽<br>己酉金<br>丙戌土 | 履<br>壬申金<br>丙子水 | 中孚<br>辛未土<br>壬午火 | 漸<br>丙申金<br>丁丑土 |
| 坤宮 | 坤<br>癸酉金<br>壬戌土 | 復<br>庚子水<br>乙未土 | 臨<br>丁卯木<br>乙巳火 | 泰<br>甲辰土<br>乙卯木 | 大壯<br>庚午火<br>癸丑土 | 夬<br>丁酉金<br>癸亥水 | 需<br>戊申金<br>丁亥水 | 比<br>乙卯木<br>甲辰土 |
| 巽宮 | 巽<br>辛卯木<br>庚戌土 | 小畜<br>甲子水<br>辛丑土 | 家人<br>己丑土<br>辛亥水 | 益<br>庚辰土<br>辛酉金 | 无妄<br>壬午火<br>辛未土 | 噬嗑<br>己未土<br>辛巳火 | 頤<br>丙戌土<br>己酉金 | 蠱<br>辛酉金<br>庚辰土 |
| 離宮 | 離<br>己巳火<br>戊子水 | 旅<br>丙辰土<br>己卯木 | 鼎<br>辛亥水<br>己丑土 | 未濟<br>戊午火<br>己亥水 | 蒙<br>丙戌土<br>己酉金 | 渙<br>辛巳火<br>己未土 | 訟<br>壬午火<br>辛未土 | 同人<br>己亥水<br>戊午火 |
| 兌宮 | 兌<br>丁未土<br>丙寅木 | 困<br>戊寅木<br>丁巳火 | 萃<br>乙巳火<br>丁卯木 | 咸<br>丙申金<br>丁丑土 | 蹇<br>戊申金<br>丁亥水 | 謙<br>癸亥水<br>丁酉金 | 小過<br>庚午火<br>癸丑土 | 歸妹<br>丁丑土<br>丙申金 |

癸酉。其他倣此。原來歌訣比較混亂，排列不規則，現以京氏變卦的順序，把世爻在相同位置的卦調整在一起。讀者可參閱《京氏易傳》世爻飛伏表，理解此節內容。

左邊旁象號飛神，右畔親爻以伏名，伏去生飛為洩氣，飛來生伏得長生。

爻逢伏剋飛無事，用見飛傷伏不寧，飛伏比和為有助，伏藏出現審來因。

今以《天地否》卦為例，各隨所用之神，以飛伏生剋，斷其吉凶。

又以《火地晉》為例，各隨所用之神，以飛伏生剋，斷其吉凶。

其餘卦象，皆倣此二卦為例，百發百中。

虎易按：以上兩個卦例，原本無天干，據納甲體例補入天干。

伏剋飛神為出暴，飛生伏下得長生，卦見㊆伏生飛是脫，用遭飛剋事難行。

乾宮：天地否　外卦出現

| 左旁宮飛神 | | 右本宮伏神 | |
|---|---|---|---|
| 父母壬戌土 | 應 ━━━ | 兄弟癸酉金 | 飛生伏吉 |
| 兄弟壬申金 | ━━━ | 子孫癸亥水 | 飛生伏吉 |
| 官鬼壬午火 | ━━━ | 父母癸丑土 | 飛生伏吉 |
| 妻財乙卯木 | 世 ━ ━ | 父母甲辰土 | 飛剋伏凶 |
| 官鬼乙巳火 | ━ ━ | 妻財甲寅木 | 伏生飛洩氣 |
| 父母乙未土 | ━ ━ | 子孫甲子水 | 飛剋伏凶 |

乾宮：火地晉　伏藏之卦

| 左旁宮飛神 | | 右本宮伏神 | |
|---|---|---|---|
| 官鬼己巳火 | ━━━ | 父母壬戌土 | 飛生伏吉 |
| 父母己未土 | ━ ━ | 兄弟壬申金 | 飛生伏吉 |
| 兄弟己酉金 | 世 ━━━ | 官鬼壬午火 | 伏剋飛無事 |
| 妻財乙卯木 | ━ ━ | 父母甲辰土 | 飛剋伏凶 |
| 官鬼乙巳火 | ━ ━ | 妻財甲寅木 | 伏生飛洩氣 |
| 父母乙未土 | 應 ━ ━ | 子孫甲子水 | 飛剋伏凶 |

飛生伏，用爻旺相為得生，日辰生合出。伏用剋飛爻為出暴，要日扶生，三六合出。飛剋伏為剋殺，日辰旺生有救，或引出取。伏生飛爻為脫散，要旺相，日辰生扶出。飛伏比和，旺則有救也，休囚為刑無氣。

用爻出現，行人歸，逃亡回，生產㊇當養，求事見頭緒，占求財有。忌日辰刑沖剋，事爻元無更無氣㊈，行人逃者不歸，生產不收，求事無頭緒，占財不實。

虎易按：「伏剋飛神為出暴」，我的理解，是指伏神剋飛神，伏神如同對飛神使用暴力，有強行出現之意。「飛生伏下得長生」，是指飛神生伏神，伏神得到飛神的扶助。「卦見伏生飛是脫」，是指伏神生飛神，則伏神耗泄自身的力量，即脫氣。「用遭飛剋事難行」，是指飛神剋伏神，伏神則受傷，無能力用事。

從這個歌訣看，其論述方式，是採用宋元時期以本宮伏神為用神而論的，提請讀者注意，不要混淆了。

《海底眼•飛伏》、《卜筮全書•飛伏生剋吉凶歌》的內容，與本書歌訣文字有些差異，讀者可互相參閱。

## 校勘記

㊀「新增論伏神類」標題，原本脫漏，據本書目錄補入。

㊁「甲辰乙卯否與泰」，原本作「甲辰乙卯否大有」，疑誤，據《京氏易傳》飛伏體例改。

㊂「觀」，原本作「官」，疑誤，據其卦名名稱改。

㊃「壬午辛未中孚訟」，原本作「丙戌辛未中孚頤」，疑誤，據《京氏易傳》飛伏體例改。

㊄「丙戌己酉歸晉頤」，原本作「壬午己酉歸晉訟」，疑誤，據《京氏易傳》飛伏體例改。

㊅「戊午己亥既未濟」，原本作「戊午己亥既濟師」，疑誤，據《京氏易傳》飛伏體例改。

㊆「己」，原本作「乙」，疑誤，據其卦納甲體例改。

㊇「庚午癸丑夷小過」，原本作「戊申癸丑明夷需」，疑誤，據《京氏易傳》飛伏體例改。

㊈「咸」，原本作「漸」，疑誤，據其變序飛伏體例改。

㊉「己酉丙戌蒙睽為」，原本作「己酉丙戌睽蒙為」，疑誤，據本文飛伏順序改。

⑪「益」，原本作「隨」，疑誤，據其變序飛伏體例改。

⑫「戊申丁亥大過需」，原本作「庚午丁亥二過親」，疑誤，據本文飛伏順序改。

⑬「隨」，原本作「益」，疑誤，據其變序飛伏體例改。

⑭「師」，原本作「未濟」，疑誤，據其變序飛伏體例改。

⑮「乙卯甲辰大有比」，原本作「乙卯甲辰泰否參」，疑誤，據《京氏易傳》飛伏體例改。

⑯「漸」，原本作「咸」，疑誤，據其變序飛伏體例改。

⑰「見」，原本作「現」，疑誤，據《海底眼·飛伏》原文改。

⑱「産」，原本作「養」，疑誤，據《海底眼·飛伏》原文改。

⑲「事爻元無更無氣」，原本作「事爻無氣卜更無氣」，疑誤，據《海底眼·飛伏》原文改。

### •出現旺相伏藏

出現旺相，為久為遠，伏藏有氣，只利暫時。

出現為重疊，為再用，為兩事。財官兩事，出現旺相，可宜久遠。若持世，忌動㈠。伏藏旺相，更看日辰透出。或伏世下可取，雖成只利暫時，不能久遠也㈡。

**校勘記**

㈠「財官兩事，出現旺相，可宜久遠。若持世，忌動」，原本作「財官出現旺相，為久遠。若靜世，忌動」，疑誤，據《火珠林•出現伏藏》原文改。

㈡「雖成只利暫時，不能久遠也」，原本作「雖成只利目前也」，疑誤，據《火珠林•出現伏藏》原文改。

### •占財伏兄

用財伏兄，口舌相侵，若在世下，旺相可成。

財伏兄弟之下，本無氣無財，卻喜財爻旺相，貼世下透出，直日辰方有㈠。

孫能剋官鬼也。

### •占財伏鬼

財伏鬼鄉，買賣遭傷，日辰福德，方始榮昌。

財爻伏官鬼之下，乃財爻泄鬼無氣。須是子孫旺相，透出日辰，或持世上方有㈢，蓋子孫能剋官鬼也。

## 校勘記

㈠「財伏兄弟之下，本無氣無財，卻喜財爻旺相，貼世下透出，直日辰方有」，原本作「財伏兄下本無財，卻幸財爻旺貼世，或財爻旺相透出，直日辰方有」，疑誤，據《火珠林•占財伏兄》原文改。

㈡「財爻伏官鬼之下，乃財爻泄鬼無氣。須是子孫旺相，透出日辰，或持世上方有」，原本作「財伏鬼下，乃財爻作鬼，無財。須財旺透出直日，子孫旺相直日辰，或持世方有」，疑誤，據《火珠林•占財伏鬼》原文改。

### •財伏父子㈠

財伏父母，旺相得半，財伏子孫，有氣必滿。

財爻旺相，伏父母爻下，求財有一半。財伏子孫之下，世應不剋，終是有財。若子孫旺，父母爻持世應㈢，亦不能剋子孫，求財亦有。

## 校勘記

㊀「財伏父子」，原本作「占財伏父」附「財伏子附」，疑誤，據《火珠林·財伏父子》標題改。

㊁「財爻旺相，伏父母爻下，求財有一半。財伏子孫之下，世應不剋，終是有財。若子孫旺，父母爻持世應」，原本作「財旺伏父下，止得半。伏子下，世應不剋，終有。若子旺，父持世應」，疑誤，據《火珠林·財伏父子》原文改。

## ·占官鬼伏兄

用鬼伏兄，同類欺淩，若不虛詐，人不一心。

官鬼伏兄之下㊀，為同類欺淩㊁，不忠㊂。若官鬼旺相㊃，喜㊄持世，透出日辰吉。

## 校勘記

㊀「官鬼伏兄之下」，原本作「鬼伏兄下」，疑誤，據《火珠林·占鬼伏兄》原文改。

㊁「欺淩」，原本作「相欺」，疑誤，據《火珠林·占鬼伏兄》原文改。

㊂「不忠」，原本脫漏，據《火珠林·占鬼伏兄》原文補入。

㊃「若官鬼旺相」，原本作「若鬼旺」，疑誤，據《火珠林·占鬼伏兄》原文改。

㊄「喜」，原本脫漏，據《火珠林·占鬼伏兄》原文補入。

●占鬼伏財鄉

鬼伏財鄉，因財有傷，官吏阻節，獨發㈠乖張。

鬼伏財下，因財不吉，官吏阻節㈡。須是官㈢鬼旺相㈣伏世下，或與父爻㈤俱透出，直日辰可許。又㈥忌獨發。

**校勘記**

㈠「獨發」，原本作「休廢」，疑誤，據《火珠林・占鬼伏財》原文改。
㈡「官吏阻節」，原本脫漏，據《火珠林・占鬼伏財》原文補入。
㈢「須是官」，原本作「須」，疑誤，據《火珠林・占鬼伏財》原文改。
㈣「相」，原本脫漏，據《火珠林・占鬼伏財》原文補入。
㈤「爻」，原本作「母」字，疑誤，據《火珠林・占鬼伏財》原文改。
㈥「又」，原本脫漏，據《火珠林・占鬼伏財》原文補入。

●占鬼伏父下

鬼伏父母，舉狀經官，若貼世上，求之不難。

鬼伏父下，為官化文書。要貼世，或官鬼旺相，或文書直日㈠，利經官下狀㈡，及補名目之事。

## 校勘記

㊀「直日」，原本脫漏，據《火珠林·官伏父母》原文補入。

㊁「利經官下狀」，原本作「官鬼旺相直日，利下伏」，疑誤，據《火珠林·官伏父母》原文改。

### ·占鬼伏子爻

鬼伏子孫，去路無門，官乘旺相，透出可分。

鬼伏子孫㊀，只宜散憂㊁。若官用，須是官鬼旺相㊂，透出直日辰方可㊃。若㊄子孫旺相，占看夫病即死㊅。

## 校勘記

㊀「孫」，原本作「下」，疑誤，據《火珠林·官伏子孫》原文改。

㊁「憂」，原本作「事」，疑誤，據《火珠林·官伏子孫》原文改。

㊂「須是官鬼旺相」，原本作「須鬼旺」，疑誤，據《火珠林·官伏子孫》原文改。

㊃「方可」，原本脫漏，據《火珠林·官伏子孫》原文補入。

㊄「若」，原本脫漏，據《火珠林·官伏子孫》原文補入。

㊅「占看夫病即死」，原本作「占夫病死」，疑誤，據《火珠林·官伏子孫》原文改。

### •占鬼伏官

官鬼伏官，小人作難，若親見貴㈠，方許開顏。
若官伏鬼下㈡，乃㈢關隔之象。又主小人作難。若得旺相相扶，親見貴人可就㈣。

**校勘記**

㈠「貴」，原本作「發」，疑誤，據《火珠林•官鬼伏官》原文改。
㈡「若官伏鬼下」，原本作「鬼伏官下」，疑誤，據《火珠林•官鬼伏官》原文改。
㈢「乃」，原本脫漏，據《火珠林•官鬼伏官》原文補入。
㈣「若得旺相相扶，親見貴人可就」，原本作「若旺相人扶，見貴可成」，疑誤，據《火珠林•官鬼伏官》原文改。

### •洞林秘訣論飛伏

六爻皆有飛伏神，世下一爻為最要，伏神如影飛如體，飛喻神兮陰伏比。
古賢深訪此來由，探賾幽微為最妙，
六爻皆有飛伏神，並於六十四卦名下。伏神邪鬼，魂見其物。且如《觀》卦：

| 《新鍥斷易天機》引例：002 | | | |
|---|---|---|---|
| 來源：《洞林秘訣》教例：001 | | | |
| | 乾宮：風地觀 | | |
| **伏神** | **本　卦** | | |
| | 妻財辛卯木 | ▅▅▅▅▅ | |
| | 官鬼辛巳火 | ▅▅▅▅▅ | |
| 官鬼壬午火 | 父母辛未土 | ▅▅　▅▅ | 世 |
| | 妻財乙卯木 | ▅▅　▅▅ | |
| | 官鬼乙巳火 | ▅▅　▅▅ | |
| | 父母乙未土 | ▅▅　▅▅ | 應 |

伏神壬午火鬼，必夢見火發，或乘馬走。古人占知來由，深意隱事，而必皆放伏神也。

伏神隱伏飛神現，凡占皆放方盡善。

世間之物，有形必有影者，皆伏神也。假如鬼神是無形之事，在卦合屬於伏神。凡卜筮皆伏神，方為盡善之道。

道明占晉之剝卦，婦當夢嫁祥要也。

柳道明㊀占《晉》之《剝》卦：

《晉》係遊魂，遊魂主夢。四世己酉屬金，原係本宮壬午火，係乾家丈夫。第四變《剝》丙戌土，是火鬼墓。己酉身安在丈夫墓上，而不見丈夫。壬戌土鬼墓，金，己巳火鬼，而在墓上出。所以夢嫁也者，去尋丈夫也。問之，果然應所言。

此郭景純㊁謀察伏神，使鬼神無所可逃形影。

虎易按：《北堂書鈔・卷第一百五十九・地部三》曰：「臨淮太守柳道明，令郭璞①作卦，說之曰：『法君婦當夢嫁』。問之果然。便教令取井底泥泥灶，欲常應道。即如法，日中塗之，至黃昏火凡十起，燒灶室兩間而止，其婦果亡」。

考《晉書・列傳》記載：「潁川荀闓字道明，陳留蔡謨

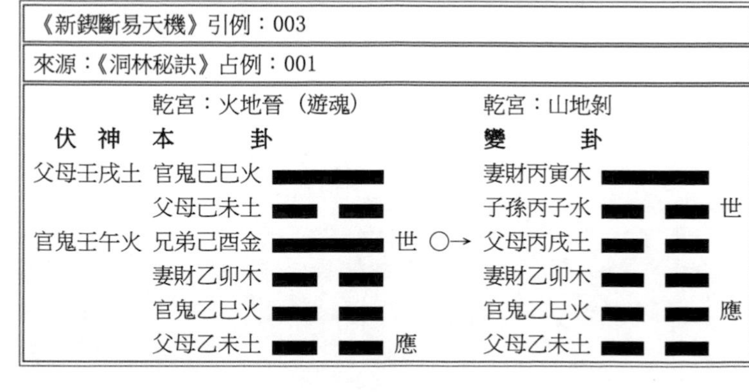

《新鍥斷易天機》引例：003

來源：《洞林秘訣》占例：001

| 伏神 | 本卦 乾宮：火地晉（遊魂） | | | 變卦 乾宮：山地剝 | | |
|---|---|---|---|---|---|---|
| 父母壬戌土 | 官鬼己巳火 | ▅▅▅ | | 妻財丙寅木 | ▅▅▅ | |
| | 父母己未土 | ▅ ▅ | | 子孫丙子水 | ▅ ▅ | 世 |
| 官鬼壬午火 | 兄弟己酉金 | ▅▅▅ | 世 ○→ | 父母丙戌土 | ▅ ▅ | |
| | 妻財乙卯木 | ▅ ▅ | | 妻財乙卯木 | ▅ ▅ | |
| | 官鬼乙巳火 | ▅ ▅ | | 官鬼乙巳火 | ▅ ▅ | 應 |
| | 父母乙未土 | ▅ ▅ | 應 | 父母乙未土 | ▅ ▅ | |

字道明，琅邪陽都諸葛恢字道明」等三人。《晉書・載記》記載：慕容垂，字道明。慕容鐘，字道明。一共有五人字「道明」，唯獨沒有臨淮太守柳道明。疑《晉書》漏記，或者是《北堂書鈔》記錄有誤，提請讀者注意分辨。

**伏神為鬼最難除，後遇旺生依舊發，**

伏神為鬼，應新舊二事再發。結絕了，更防再發。占病舊疾再發，又伏病不斷根。

**伏神為財先有財，十二所屬可推排，看取八卦生肖出，定知準擬②在他懷。**

如《小畜》卦：

《新鍥斷易天機》引例：004

來源：《洞林秘訣》教例：002

巽宮：風天小畜

| 伏神 | 本卦 | | |
|---|---|---|---|
| | 兄弟辛卯木 | ▅▅▅▅▅ | |
| | 子孫辛巳火 | ▅▅▅▅▅ | |
| | 妻財辛未土 | ▅▅　▅▅ | 應 |
| | 妻財甲辰土 | ▅▅▅▅▅ | |
| | 兄弟甲寅木 | ▅▅▅▅▅ | |
| 妻財辛丑土 | 父母甲子水 | ▅▅▅▅▅ | 世 |

虎易按：「十二所屬」，指十二生肖所屬。「八卦生肖」，《易經・說卦傳》曰：「乾為馬，坤為牛，震為龍，巽為雞，坎為豕，離為雉，艮為狗，兌為羊」。下面附「八卦與生肖對照表」和「十二地支與十二生肖對照表」，供讀者對照參考。

八卦與生肖對照表

| 八卦 | 乾 | 坤 | 震 | 巽 | 坎 | 離 | 艮 | 兌 |
|---|---|---|---|---|---|---|---|---|
| 生肖 | 馬 | 牛 | 龍 | 雞 | 豕 | 雉 | 狗 | 羊 |

又如《蒙》卦：

伏神己酉金，金為財，離為絲，酉為雞，心中擬他賣絲賣雞錢。

餘倣此。更將伏神細詳見盡事。

飛剋伏神剋逃亡，伏剋飛神返有傷，相生亦是難尋捉，更加內外休旺詳。

占捉逃亡，最用飛伏生剋斷。飛為捉事人，伏為逃亡者。飛剋伏捉得，伏剋飛捉不得，相生相合亦捉不得。更如世應、內外、伏旺詳之，是可知矣。內旺剋外，外更無氣，易獲，反此難獲。

十二地支與十二生肖對照表

| 地支 | 子 | 丑 | 寅 | 卯 | 辰 | 巳 | 午 | 未 | 申 | 酉 | 戌 | 亥 |
|---|---|---|---|---|---|---|---|---|---|---|---|---|
| 生肖 | 鼠 | 牛 | 虎 | 兔 | 龍 | 蛇 | 馬 | 羊 | 猴 | 雞 | 狗 | 豬 |

《新鍥斷易天機》引例：005

來源：《洞林秘訣》教例：003

離宮：山水蒙

| 伏神 | 本卦 | | |
|---|---|---|---|
| | 父母丙寅木 | ▅▅▅▅▅ | |
| | 官鬼丙子水 | ▅▅　▅▅ | |
| 妻財己酉金 | 子孫丙戌土 | ▅▅　▅▅ | 世 |
| | 兄弟戊午火 | ▅▅　▅▅ | |
| | 子孫戊辰土 | ▅▅▅▅▅ | |
| | 父母戊寅木 | ▅▅　▅▅ | 應 |

**注釋**

① 郭璞（pú）：郭璞，字景純（276～324），河東聞喜（今山西省聞喜縣）人。晉元帝時為著作佐郎。晉代學者、易學家、文學家、訓詁學家。他還是中國風水學鼻祖，所著有《葬經》傳世。參閱《晉書・列傳第四十二・郭璞》。

② 准擬：打算、準備。

**校勘記**

㊀「柳道明」，原本作「柳明道」，疑誤，據《北堂書鈔·卷第一百五十九·地部三》原文改。

㊁「純」，原本作「地」，疑誤，據郭璞字型大小改。

## ·論用爻類

用象如無或落空，就將本卦六親攻，動爻生用終須吉，若遇交重剋用凶。

夫用爻者，假如問子孫，則子孫為用爻。問官鬼，則官鬼為用爻。問妻財，則妻財為用爻。問父母，則父母為用爻。問兄弟，則兄弟為用爻。

喜卦中動爻與日辰相生相合則吉，忌卦中動爻與日辰相剋相沖則凶也。

又如用爻不上卦，或落空亡，就將本宮㊀六親用爻審明，飛伏生剋，以定吉凶。

《玄微賦》云：「明用爻之得失，定事體之吉凶」。豈虛語哉。

**校勘記**

㊀「就將本宮」，原本作「就將本卦」，疑誤，據《卜筮全書·用爻不上卦或落空亡訣》原文改。

### •用爻伏藏

用在㊀旁宮號伏藏，若遭刑剋定非祥，縱然生旺無刑剋，作事平平不久長。

解：卦名中無本宮之卦，故曰伏藏，不出現也，若各宮之第五、第六、第七之卦是也。

《玄微賦》云：「無氣伏藏，只利暫時之用」。合而觀之，詎①不信夫。

## 注釋

①詎（jù）：豈、不、難道。

## 校勘記

㊀「用在」，原本作「用爻」，疑誤，據《卜筮全書•用爻伏藏訣》原文改。

### •用爻出現

用爻出現在親宮，縱值休囚亦不凶，更得生扶兼旺相，管教作事永亨通。

夫出現，指卦名中有本宮之卦也。且如八純之卦，名曰內外出現。各宮之第二、第三、第四之卦，本宮皆在外象，名曰外卦出現。又如各宮末後歸魂之卦，本宮皆內象，名曰內卦出現。

《玄微賦》云：「出現旺相，堪為遠日之謀」。此之謂也。

## ·新增論日辰㊀

問卦先須問日辰，日辰剋用不堪①親，日辰與用相生合，作事何愁不稱心。

假如庚申日占卦，得寅木子孫為用爻，卻被日辰庚申金㊁剋了，是日辰剋用，凶也。若得卦中亥子元辰發動，則又無事。

又如庚申日占卦㊂，得子水妻財為用爻，卻喜庚申金能生子水。又申子辰三合，是日辰與用㊃相生合也。

《玄微賦》云：「如用爻，急要日辰生扶是也」。

虎易按：《海底眼·日辰》曰：「占卦先須究日辰，日辰沖戰不堪親，若見合生當喜悅，更須輕重卦中因」，讀者可參閱原著。

### 注釋

①不堪（kān）：不能夠；不可以。

### 校勘記

㊀「新增論日辰」，原本作「論日辰」，疑誤，據本書目錄改。

㊁「金」，原本作「合」，疑誤，據《卜筮全書·日辰訣》原文改。

㊂「卦」，原本脫漏，據《卜筮全書·日辰訣》原文補入。
㊃「用」，原本作「三」，疑誤，據《卜筮全書·日辰訣》原文改。

## ·新增論忌神㊀

看卦還須看忌神，忌神宜靜不宜興，忌神急要逢沖剋，若遇生扶用受刑。

夫忌神者，卦中剋用之神是也。興者，發動也。假如卦中得巳火子孫為㊁用，忌子水父母發動來剋。若得戊己辰戌丑未日辰，則㊂子水被剋；或得午日，則子水被沖，而巳火子孫無虞矣。又如本卦中得辰戌丑未午動，能沖剋子水而救巳火之害也。

玄微賦云：「忌神急須日辰衝破」，蓋以此也。夫如卦中得寅卯木動，則分泄水氣，反為巳火子孫之元辰，所謂凶中得吉，逢生救者也。

子為鬼之忌神，鬼為兄之忌神，兄為財之忌神，財為父之忌神，父為子之忌神。

## 校勘記

㊀「新增論忌神」，原本作「論忌神」，疑誤，據本書目錄改。
㊁「用」，原本作「又」，疑誤，據其文意改。
㊂「則」，原本作「元」，疑誤，據其文意改。

## •新增論元辰㊀

元神①出現志揚揚，用伏藏兮也不妨，須要生扶兼旺相，最嫌沖剋及刑傷。

夫元辰者，卦中生用之爻是也。揚揚者，發動也。若元神出現發動，用爻伏藏，亦不為凶。若得動爻相生扶助，則元辰有力，若值動爻沖剋，則元神雖動，亦不能生用也。

假如父病，占得《雷水解》之《澤水困》卦㊁：以父為用而伏藏，喜得第五爻金鬼出現獨發，能生水，為解卦中之父也，所以無事。

父乃兄之元辰，兄乃子之元辰，子乃財之元辰，財乃鬼之元辰，鬼乃父之元辰。

### 注釋

①元神：生用神之爻，即為元神。也稱為「元辰」、「原神」、「恩神」。

《新鍥斷易天機》教例：009

占事：假如父病？

| 伏神 | 本卦（震宮：雷水解） | | | | 變卦（兌宮：澤水困（六合）） | | |
|---|---|---|---|---|---|---|---|
| | 妻財庚戌土 | ▅▅　▅▅ | | | 妻財丁未土 | ▅▅　▅▅ | |
| | 官鬼庚申金 | ▅▅　▅▅ | 應 | ╳→ | 官鬼丁酉金 | ▅▅▅▅▅ | |
| | 子孫庚午火 | ▅▅▅▅▅ | | | 父母丁亥水 | ▅▅▅▅▅ | 應 |
| | 子孫戊午火 | ▅▅　▅▅ | | | 子孫戊午火 | ▅▅　▅▅ | |
| | 妻財戊辰土 | ▅▅▅▅▅ | 世 | | 妻財戊辰土 | ▅▅▅▅▅ | |
| 父母庚子水 | 兄弟戊寅木 | ▅▅　▅▅ | | | 兄弟戊寅木 | ▅▅　▅▅ | 世 |

## 校勘記

㈠「新增論元辰」，原本作「論元辰」，疑誤，據本書目錄改。

㈡「占得《雷水解》之《澤水困》卦」，原本作「占得《震》之《雷水解》卦」，疑誤，據其文意改。

### •新增論洩氣㈠

用逢洩氣動搖搖，作事消疏①不遂頭，最喜元神相救助，忌神發動切須愁。

夫洩氣者，用爻生卦中動爻是也。假如財動則泄子孫之氣，子動則泄兄弟之氣，兄動則泄父母之氣，父動則泄官鬼之氣，鬼動則泄妻財之氣。

凡用爻見洩氣爻動，喜元辰發動相生能救，是由饑者之得食，渴者之得飲也，可以無事。若更遇忌神發動來剋，正如身體虛弱之人，而又遭人捶擊，欲其無事，其可得乎。

## 注釋

①消疎（shū）：衰微，不景氣。

## 校勘記

㈠「新增論洩氣」，原本作「論洩氣」，疑誤，據本書目錄改。

## •論世應類

世應相生則吉，世應相剋則凶，世應比和事卻中，作事謀為可用。

應動他人反變，應空他意㊀難同，世空世動我心慵①，只恐自家懶動。

世為我身，應為他人。《玄微賦》云：「世應相生人快順，世應相剋事遲宜」。又曰：「應動事變，託人相反不相宜」。世動理虧，可自改求，井改作信夫。

世為我，應為彼。本宮為卦，直符四時分向背。日直取剋生沖合，出現取刑墓空亡。

又云：用爻伏是我，爻上飛是彼，有動看動爻，安靜看有氣爻。若占官同疾病，如六爻安靜，先看世下伏爻，因何而得。

應動託人心易變，身動生憂事不寧，若是用爻居此下，旺相扶持可速成。

身動有憂事，旺相磨折，費力而成，故身為我之門戶也。雖宜動出行，若世下鬼發財發，亦不吉也。

應動事變，不可託人。用爻有氣，須是改求，或自去理會。

### 注釋

①慵（yōng）：困倦，懶惰，懶散。

## 校勘記

㊀「意」，原本作「亦」，疑誤，據《卜筮全書·世應生剋動靜空亡訣》原文改。

### ·世應相剋

宅墓高低產子難，病多進退往行艱，婚姻有疑逃者近，訟詞留連①主系關。

用與世爻相剋㊀者是。

凡世應相剋，縱然好事，也須費力。

傍爻持世，旺相得地，應與動爻，不剋方是。

占財：子孫妻財旺相持世。

占官：父母官鬼旺相持世。

以上皆可許。忌動爻應爻，莫剋之。

## 注釋

①詞訟留連：指詞訟綿延，連續不斷。

## 校勘記

㊀「剋」，原本脫漏，據《海底眼·世應相剋》原文補入。

•世應當中隔爻

世應當中兩間爻，發動所求多阻隔，假若有氣事分明，必定慢慢方始得。

凡世應兩爻中不可動，動則有阻隔。

兄弟動主脫詐①口舌，官鬼動主人事鬼隔。

占婚姻為媒，占生產為老娘，占事為隔阻，占種田為農夫，占宅為鄰里。

## 注釋

①脫詐：欺詐。

•新增間爻發動㊀

世應當中兩間爻，忌神發動莫相交。元辰與用當中動，事到酕醄始得利。

凡世應當中兩爻，名曰間爻。蓋間者，間隔之義也。切不可動，動則有阻。若元辰與用動則吉，忌神動則凶。玄微賦云：應空吉凶不成，間動謀為多阻。

## 校勘記

㊀「新增間爻發動」，原本作「間爻發」，疑誤，據本書目錄改。

## ·世應空動類

世落空亡人有難，應落空亡後有殃，世應空亡憂疑訣。世動家有阻，應動女有殃。

## ·新增六爻俱靜類㈠

卦值六爻俱靜，且看用與日辰，日辰剋用及沖刑，其事宜當謹慎。更把世應推究，忌神切莫加臨，世應臨用及元辰，生旺斷然昌盛。

假如六爻俱靜之卦，難以斷其吉凶。若日辰與用爻或元辰相生相合則吉，相沖相剋則凶。若忌神，宜與日辰刑沖剋害則吉。若用爻或元辰臨世應，又與日辰相生相合，更為吉卦。若忌神臨世應，又與日辰生合，便作凶卦斷。更不可相混。

旁爻敲象察飛神，剋應隨宮配六親，將本謁人須用靜，脫貨占來動是貞。

六爻飛上取旁通剋應，用爻須是本卦六親。如謁人，宜㈡用爻不㈢動有氣，日辰透出，或動，不在。若用在墓動，或應動，而速見。

宜用爻不動。

將本營運，放債抽拈，買物停場，賭鬥撼錢，圖謀赴試，見任官員，上書投謁，守舊常占，娶妻買婢，屋宅墳田，住庵謁人，失物理冤，用爻宜靜，有氣為先。

## 校勘記

㈠「新增六爻俱靜類」，原本作「六爻俱靜類」，疑誤，據本書目錄改。
㈡「宜」，原本作「憂」，疑誤，據其文意改。
㈢「不」，原本作「下」，疑誤，據其文意改。

### ●六爻俱動類

六爻亂動事難明，須向親宮看用神，用若休囚遭剋害，須知此事費精神㈣。

假如六爻亂動之卦，須審本宮用爻休囚旺相。若用神有氣，又與日辰生合則吉。若用神休囚，又與日辰沖剋則凶。宜用爻发動吉。

取索①、借債、詩書、請客、生産、求歸、脱貨、贖解②、官員待次③、散事散災、改易敘職④、告劄⑤、干求⑥、行人、遠信、出外、遷居、脱詐、失約、動者無虚。

## 注釋

①取索：索取；奪取。
②贖解：猶贖當。解，指解庫，即當鋪。
③官員待次：舊時指官吏授職後，依次按照資歷補缺。泛指候補者。

④改易敘職：改動，變更職務，向上級述職。
⑤告劄（zhá）：唐代朝廷發給官員的就職文憑。
⑥幹求：請求。

**校勘記**

㊃「須知此事費精神」，原本作「莫將前訣費精神」，疑誤，據《卜筮全書・六爻亂動訣》原文改。

## •論獨發亂動

獨發易取㊀，亂動難尋，先看世應，後審㊁淺深。
一看世上旁爻，生㊂財旺相，忌應爻剋世。
二看世下親爻，財官喜靜。
三看何爻最旺，為用神。如發動，動要生世㊃。
四看獨發之爻，旺相最急，休囚事慢㊄。
官用官鬼為主，伏旺動生世者，出現發動，看變得何爻。父母為輔，喜出現發動者。凡官鬼父母乘旺相，俱動大吉。

私用妻財為主，伏旺動生世者，忌伏鬼下，並出現發動。子孫為輔，喜旺相發動者。凡財官乘旺相俱動，公私兩用皆可成㊅。

虎易按：以上內容，《火珠林•獨發亂動》原作有注釋，讀者可參閱原著。

## 校勘記

㊀「取」，原本作「散」，疑誤，據《火珠林•獨發亂動》原文改。

㊁「審」，原本作「看」，疑誤，據《火珠林•獨發亂動》原文改。

㊂「生」，原本作「坐」，疑誤，據《火珠林•獨發亂動》原文改。

㊃「如發動，動要生世」，原本作「發動要生世」，疑誤，據《火珠林•獨發亂動》原文改。

㊄「旺相最急，休囚事慢」，原本作「旺神最忌，休囚事」，疑誤，據《火珠林•獨發亂動》原文改。

㊅「官用官鬼為主，伏旺動生世者，出現發動，看變得何爻。父母為輔，喜出現發動者。凡官鬼父母乘旺相，俱動大吉。私用妻財為主，伏旺動生世者，忌伏鬼下，並出現發動。子孫為輔，喜旺相發動者。凡財官乘旺相俱動，公私兩用皆可成」，原本作「官用官鬼為正，父母為輔。正爻伏，旺動生世者，出現爻動，看變得何爻，甫爻喜旺相發動。若官鬼父母乘旺相，俱動亦吉。私用妻財為正，子孫為甫。正爻伏旺動生世吉，忌伏鬼下，並世現發動，甫爻喜旺相發動也。凡財官喜旺相俱動，官私兩用皆有成」，疑誤，據《火珠林•獨發亂動》原文改。

## •出現爻象重疊

出現重疊，還須旺相，若乘土爻，更看勾象。世爻出現，乘父母、官鬼、子孫、妻財，旺相可取，休囚不可取。若乘辰戌丑未者，更看㊀勾合何爻也。

假令《大有》卦：

甲辰父母持世，為雜氣①，能勾申子辰㊁，化水局㊂子孫，不宜官用。

虎易按：以上內容，《火珠林•出現重疊》原作有注釋，讀者可參閱原著。

| 《新鍥斷易天機》引例：006 | | |
|---|---|---|
| 《火珠林》教例：004 | | |
| 乾宮：火天大有（歸魂） | | |
| **本　　卦** | | |
| 官鬼己巳火 | ▅▅▅▅▅ | 應 |
| 父母己未土 | ▅▅　▅▅ | |
| 兄弟己酉金 | ▅▅▅▅▅ | |
| 父母甲辰土 | ▅▅▅▅▅ | 世 |
| 妻財甲寅木 | ▅▅▅▅▅ | |
| 子孫甲子水 | ▅▅▅▅▅ | |

## 注釋

①雜氣：辰戌丑未，是水火金木沖氣所結之處，為水火金木之墓庫，雖然五行屬土，並非純為土氣，還含有水火金木之餘氣，所以稱為雜氣。

## 校勘記

㊀「看」，原本作「有」，疑誤，據《火珠林•出現重疊》原文改。

㊁「能勾申子辰」，原本作「能勾甲子爻」，疑誤，據《火珠林•出現重疊》原文改。

㊂「局」，原本作「勾」，疑誤，據《火珠林•出現重疊》原文改。

### •六親獨發㊃

## 校勘記

㊃「六親獨發」標題，原本脫漏，據本書目錄補入。

### •子孫獨發

子孫獨發，為退為散，若乘旺相，亦可求財。

子孫為傷官之神，發動利㊀脫事。若乘旺相，亦可求財㊁。出現更看變爻。

子孫又為九流①、中貴人②、福德、醫藥、蠶禽㊂。《乾》和尚④，《兌》尼姑④，《震》道士⑤，《巽》道姑⑥，《坎》醫藥，《離》卜士⑦，《艮》法術⑧，《坤》師巫⑨。

虎易按：以上內容，《火珠林•子孫獨發》原作有注釋，讀者可參閱原著。

## 注釋

①九流：指各種才藝。

②中貴人：帝王所寵倖的近臣。

③和尚：梵語在古西域語中的不確切的音譯。在中國則常指出家修行的男佛教徒，有

時也指女僧。

④尼姑：指披剃出家的女佛教徒。

⑤道士：道教徒。

⑥道姑：女道士。

⑦薊士：從事占卜的術士。

⑧法術：舊時方術之士畫符驅鬼等所謂神奇變化之術。

⑨師巫：巫師。

## 校勘記

㈠「利」，原本作「能」，疑誤，據《火珠林·子孫獨發》原文改。

㈡「若乘旺相，亦可求財」，原本作「若旺宜求財」，疑誤，據《火珠林·子孫獨發》原文改。

㈢「蠶禽」，原本作「蠶命之人」，疑誤，據《火珠林·子孫獨發》原文改。

### ·兄弟獨發

兄弟獨發，為詐為虛，若乘旺相，財破嗟籲①。

兄弟為劫財之神，大忌隱伏。動發㈠主虛詐不實之事，凶不凶、吉不吉。若旺相，生口舌、憂疑、破財。如出現發動，更看變得何如㊁，大怕化出鬼爻，凶㊂。

虎易按：以上內容，《火珠林•兄弟獨發》原作有注釋，讀者可參閱原著。

## 注釋

①嗟籲（jiē yù）：傷感長歎。

## 校勘記

㊀「動發」，原本作「發動」，疑誤，據《火珠林•兄弟獨發》原文改。
㊁「何如」，原本作「如何」，疑誤，據《火珠林•兄弟獨發》原文改。
㊂「凶」，原本脫漏，據《火珠林•兄弟獨發》原文補入。

### •父母獨發

父母獨發，重疊艱辛，若乘旺相，文書㊀可成。

父母為重㊁疊之神，大忌出現發動㊂。若趲補名闕①㊃、求書劄㊄、取契，得旺相動發㊅可成，若坐休囚，不可憑準矣㊆。

父母為文書、舟車、橋、城、衣服、屋宅㊇。

虎易按：以上內容，《火珠林•父母獨發》原作有注釋，讀者可參閱原著。

## 注釋

①趲（zǎn）補名闕（quē）：趕補出缺的名額。

## 校勘記

㊀「書」，原本作「章」，疑誤，據《火珠林•父母獨發》原文改。

㊁「重」，原本作「切」，疑誤，據《火珠林•父母獨發》原文改。

㊂「發動」，原本作「獨發」，疑誤，據《火珠林•父母獨發》原文改。

㊃「若趲補名闕」，原本作「若補職」，疑誤，據《火珠林•父母獨發》原文改。

㊄「劄」，原本脫漏，據《火珠林•父母獨發》原文補入。

㊅「動發」，原本作「發動」，疑誤，據《火珠林•父母獨發》原文改。

㊆「若坐休囚，不可憑準矣」，原本作「若休囚不可準」，疑誤，據《火珠林•父母獨發》原文改。

㊇「父母為文書、舟車、橋、城、衣服、屋宅」，《火珠林•父母獨發》原本無此內容，讀者可參閱原著。此段內容，予以保留。

## ●妻財獨發

妻財獨發，生鬼㈠傷父，問病難痊，占親無路㈡。

大抵財動剋父，亦能生鬼。然財爻宜旺不宜空，宜靜不宜動。

惟占脫貨，要財爻發動。如占婚姻，財動必剋翁姑①。占訟，主剋文書。

若財鬼俱動者，父有元神②，而翁姑不剋，文書有成㈢。

### 注釋

①翁姑：公婆的合稱。

②元神：生用神之爻，即為元神。也稱為「元辰」、「原神」、「恩神」。月破者，月建與卦爻相沖是也：《海底眼●生氣、死氣、日沖、月破》曰：「月破者」、「蓋用爻被月建之沖也」。

### 校勘記

㈠「生鬼」，原本作「損書」，疑誤，據《火珠林●妻財獨發》原文改。

㈡「問病難痊，占親無路」，原本作「若乘旺相，婚姻可成」，疑誤，據《火珠林●妻財獨發》原文改。

㊂「若財鬼俱動者，父有元神，而翁姑不剋，文書有成」，原本作「妻財旺相，父母卻扶」，疑誤，據《火珠林·妻財獨發》原文改。

### •官鬼獨發

官鬼獨發，為欺為盜，若臨吉神㊀，功名可望。

官鬼為官吏，若求名㊁遇吉神，必主立身清高。若臨凶神，必主興訟、賊盜弄㊂魅，害人之事㊃。

## 校勘記

㊀「神」，原本作「旺」，疑誤，據《火珠林·官鬼獨發》原文改。

㊁「利」，原本作「名利」，疑誤，據《火珠林·官鬼獨發》原文改。

㊂「弄」，原本作「邪」，疑誤，據《火珠林·官鬼獨發》原文改。

㊃「事」，原本作「氣」，疑誤，據《火珠林·官鬼獨發》原文改。

### •六親雜例　日辰休囚不可用

日辰旺相，能透出用爻，能剋用爻。

## ‧爻神例㈠

旺相爻剋得休囚爻，休囚爻剋不得旺相爻，動爻剋得安靜爻，靜爻剋不得動爻。

**校勘記**

㈠「爻神例」，原本作「反神例」，疑誤，據國家圖書館‧古籍館《海底眼》清抄本改。

## ‧用爻例㈡

大忌月破，出現獨發。月破者，月建對沖是也。先看財官，次分亂動，可仔細消息㈢。

**校勘記**

㈡「用爻例」標題，原本脫漏，據國家圖書館‧古籍館《海底眼》清抄本補入。

㈢「大忌月破，出現獨發。月破者，月建對沖是也。先看財官，次分亂動，可仔細消息」，原本作「大忌月破，出現獨發，先看財官，次分亂動。月破者，月建對沖是也」，疑誤，據國家圖書館‧古籍館《海底眼》清抄本改。

## •論空亡類

空在旁宮不斷㈠空，空如㈡出現卻為空，忌神最喜逢空吉，用與元辰不可空。

春土夏金秋是木，三冬逢火是真空，旬中占得真空卦，縱吉須知到底凶。

此乃四時之真空也。

虎易按：《卜筮全書•用爻空亡訣》注釋曰：「春之辰戌丑未，夏之申酉，秋之寅卯，冬之巳午，四季月之亥子，是為真空」。此說也不太合理。我認為惟《易林補遺•易林總斷章》曰：「空被提綱剋去，乃是真空」的定義，是較為合理的。具體論述如下。例如辰戌丑未土空，逢寅卯月，寅卯屬木，木剋土，土為真空。辰月屬土，與戌丑未比和，則不為真空。申酉金空，逢巳午月，巳午屬火，火剋金，金為真空。但申酉金如果得日令及動爻生助，則金空逢巳為得長生，不為真空。寅卯木空，逢申酉月，申酉屬金，金剋木，木為真空。巳午火空，逢亥子月，亥子屬水，水剋火，火為真空。亥子水空，逢辰戌丑未月，辰戌丑未屬土，土剋水，水為真空。以上看法，供讀者參考。讀者應理解真空的含義，以便在實踐中應用。

《玄微賦》云：「伏藏不論空亡，出現怕臨月破」。

《海底眼》曰：「月破者，月建與卦爻相沖是也[1]」。

木旺火相寅卯月，火旺土相巳午中，金旺水相申酉位，水旺木相亥子宮，土旺辰戌丑未月，四時旺相不為空。

假如秋月甲辰旬中占卦，是空寅卯，木為真空。若是亥子日占，則亥子屬水，水能生木，木生在亥，亦未可作空亡論之。故曰：日辰生助，不為空也。

春：木旺、火相、水休、金囚、土死。

夏：火旺、土相、木休、水囚、金死。

秋：金旺、水相、土休、火囚、木死。

冬：水旺、木相、金休、土囚、火死。

| 四季旺相休囚死表 | | | | | |
|---|---|---|---|---|---|
| 四季 | 旺 | 相 | 休 | 囚 | 死 |
| 春 | 木 | 火 | 水 | 金 | 土 |
| 夏 | 火 | 土 | 木 | 水 | 金 |
| 秋 | 金 | 水 | 土 | 火 | 木 |
| 冬 | 水 | 木 | 金 | 土 | 火 |

## 注釋

①月破者，月建與卦爻相沖是也：《海底眼•生氣、死氣、日沖、月破》曰：「月破者」、「蓋用爻被月建之沖也」。

## 校勘記

㊀「斷」，原本作「可」，疑誤，據《卜筮全書•用爻空亡訣》原文改。

㊁「如」，原本作「當」，疑誤，據《卜筮全書•用爻空亡訣》原文改。

## •六親空亡

父母空亡有損傷，子孫空亡有災殃，兄弟空亡不相睦，財落空亡難把捉，官鬼空亡公事停。

## •論神殺㊀類

易卦陰陽在變通，五行生剋妙無窮，時人不辨陰陽理，神殺將來定吉凶。

夫神殺者，若天喜貴人之類，謂之吉神也。若浴盆、破碎等殺，謂之凶殺也。時人泥此，以定吉凶，先生故特言之。臨川王大鼎曰：「昔京房不知易道，亂留神殺，以誤後人①」。由此觀之，斷乎神殺不必用也。

且如先生秋月占六甲②之卦，得《山水蒙》：秋以戌為浴盆，戊日有子水，人曰：「不宜浴盆中有水，此六甲之大忌也，必凶」。而又母子俱得無事。此神殺所以不必用也，明矣。

又如先生春辛未日占父病？得《雷水解》：以辰為浴盆，以丑為破碎，而又父病平安。

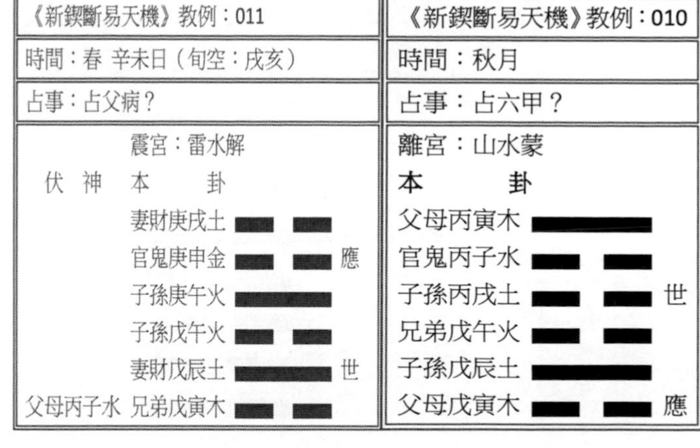

| 《新鍥斷易天機》教例：010 | | |
|---|---|---|
| 時間：秋月 | | |
| 占事：占六甲？ | | |
| 離宮：山水蒙 | | |
| 本 | 卦 | |
| 父母丙寅木 | ▅▅▅▅▅ | |
| 官鬼丙子水 | ▅▅ ▅▅ | |
| 子孫丙戌土 | ▅▅ ▅▅ | 世 |
| 兄弟戊午火 | ▅▅ ▅▅ | |
| 子孫戊辰土 | ▅▅▅▅▅ | |
| 父母戊寅木 | ▅▅ ▅▅ | 應 |

| 《新鍥斷易天機》教例：011 | | | |
|---|---|---|---|
| 時間：春 辛未日（旬空：戌亥） | | | |
| 占事：占父病？ | | | |
| | 震宮：雷水解 | | |
| 伏神 | 本 | 卦 | |
| | 妻財庚戌土 | ▅▅ ▅▅ | |
| | 官鬼庚申金 | ▅▅ ▅▅ | 應 |
| | 子孫庚午火 | ▅▅▅▅▅ | |
| | 子孫戊午火 | ▅▅ ▅▅ | |
| | 妻財戊辰土 | ▅▅▅▅▅ | 世 |
| 父母丙子水 | 兄弟戊寅木 | ▅▅ ▅▅ | |

又如有人冬丁卯日占夫病，卦得《天澤履》：

| 《新鍥斷易天機》教例：012 | | |
|---|---|---|
| 時間：冬　丁卯日（旬空：戌亥） | | |
| 占事：占夫病？ | | |
| 艮宮：天澤履 | | |
| 本　　卦 | | |
| 兄弟壬戌土 | ▅▅▅▅▅ | |
| 子孫壬申金 | ▅▅▅▅▅ | 世 |
| 父母壬午火 | ▅▅▅▅▅ | |
| 兄弟丁丑土 | ▅▅　▅▅ | |
| 官鬼丁卯木 | ▅▅▅▅▅ | 應 |
| 父母丁巳火 | ▅▅▅▅▅ | |

各以丑為浴盆，以巳為破碎，後亦無事。

虎易按：《海底眼•易道》：「王曰：故易云：『生生之謂易，成象之謂乾，效法之謂坤，極數知來之謂占，變通之謂事，陰陽不測之謂神』。易有爻象，壬有神殺。京房不知易道，亂留神殺，以誤後人，不可以殺用之」。

六親占法是以陰陽變化，五行生剋制化、刑沖合害的基本原理，作為基本法則，變通應用的。作者對不辯陰陽之理，以神殺定吉凶，是持否定態度的。雖然不可以用神殺作為定吉凶的依據，但應用神殺作為取象的輔助手段，去擴展分析一些現象，還是具有一定的輔助作用的，讀者可以參考，善用則用。

《御定星曆考原•提要》曰：「然神殺之說，則莫知所起。《易緯•乾鑿度》有太乙行九宮法，太乙，天之貴神也。《漢誌•兵家陰陽類》亦稱順時而發，推刑德，隨鬥擊，因五勝，假鬼神而為助。又陰陽家類，稱出於義和之官。拘者為之，則牽於禁忌，拘於小數，捨人事而任鬼神。則神殺之說，自漢代已盛行矣。夫鬼神本乎二氣，二氣化為五行，以相生相剋為用。得其相生之氣，則其神吉。得其相剋之氣，則其神凶。此亦自然之理。至其神各命以名，雖似乎無稽，然物本無名，凡名皆人之所加。如周天列宿，各有其名，亦人所加，非所本有。則所謂某神某神，不過假以記其方位，別其性情而已，不必以詞害意也。歷代方技之家，所傳不一，輾轉附益，其說愈繁，要以不悖於陰陽五行之理者近是」。

此論應該是比較客觀的，可供讀者參考。

## 注釋

①昔京房不知易道，亂留神殺，以誤後人：《海底眼•易道》曰：「易有爻象，壬有神煞。京房不知易道，亂留神煞，以誤後人，不可以煞用之」。

②六甲：婦女有孕稱為身懷六甲。

## 校勘記

㊀「殺」，原本作「煞」，意同「殺」，為統一用字體例改。後文遇此字，均依此例改作，不另作校勘說明。

## •新增論卦名類㊀

易卦淵源論五行，陰陽之理本生生，可憐愚昧無知識，顛倒陰陽論卦名。

世人占卦，忌《夬》、《剝》、《屯》、《蒙》、《困》、《否》、《蹇》、《履》、《損》、《遯》等卦，皆以為卦名之凶者也。得《乾》、《豐》、《益》、《壯》、《咸》、《恒》、《節》、《泰》、《復》、《鼎》、《豫》、《升》等卦，皆以為卦名之吉者也。

且如占六甲得《蒙》，占父病得《解》，占夫病、占妻病得《豫》，占子病得《屯》、得《困》、得《蠱》，皆卦名之凶者，而又俱得無事。

又如占母病得《乾》，占子商外①得《艮》，占子病得《臨》，皆卦名之吉者，而又皆死。

由此觀之，斷乎不可以卦名而論吉凶也。

### 注釋

①占子商外：大約指占子經商在外的意思。

### 校勘記

㊀「新增論卦名類」，原本作「論卦名類」，疑誤，據本書目錄改。

## ●四卦滅例　諸事不吉

春蒙，夏蠱，秋剝，冬旅。

更兼凶神發，主大不吉。

## ●四卦沒例

春需，夏觀，秋節，冬臨。

若無吉神扶者，主兆凶也。人言十死滅沒卦凶，占者得之，吉卦名沒吉，反權其殃。

虎易按：《卜筮元龜●占疾病凶卦章》曰：「至於春《需》、夏《觀》、秋《剝》、冬《旅》，謂之四滅沒卦，皆凶象」。另補：「四滅卦：春《蒙》、夏《蠱》、秋《剝》、冬《旅》。四沒卦：春《需》、夏《觀》、秋《剝》、冬《旅》」。明代著作《新鍥斷易天機》、《卜筮全書》等，都收錄有此內容。直至《易冒》作者，才重新論述：「考之占驗，四滅沒不死，十卦不死，無鬼無財不死，身空命空不死，凶煞不死。則其所以死者，必用神死則死，用神生則生爾」。

## •新增經驗卦例㈠

今將受神道人平日經驗卦附此㈡。

一日，余有父病。春，辛未日，占卦得《震》之《雷水解》：

| 雷水解 | | |
|---|---|---|
| 妻財戌土 | ●● | |
| 官鬼申金 | ●●應 | |
| 子孫午火 | ○ | |
| 妻財辰土 | ●● | 子孫午火 |
| 兄弟寅木 | ○世 | 妻財辰土 |
| 父母子水 | ●● | 兄弟寅木 |

以父為用而伏藏，第五爻金鬼出現獨發，第二爻土財持世。眾以為凶，余曰吉也。乃看本宮八純《震》卦，子水父母，伏在寅木之下，雖云洩氣，喜得金鬼元辰出現獨動，又透日辰未土生之，自然能生父也。又不宜旁爻土財持世，喜得伏下寅木兄弟剋之，後果無事。

虎易按：原本卦畫為《解》，前面為《震》卦六親，後面為《解》卦六親，此是以前卦六親為伏藏，後卦六親為飛神，為出現。後面各卦例均同此，不另作說明。

原本作「占卦得《震》之《雷水解》」，據其「第五爻金鬼出現獨發」原文改作「占卦得震宮《解》之《困》」：

《新鍥斷易天機》占例：001

時間：春 辛未日 (旬空：戌亥)

占事：占父病？

| | | 震宮：雷水解 | | | 兌宮：澤水困 (六合) | |
|---|---|---|---|---|---|---|
| **六神** | **伏神** | **本　卦** | | | **變　卦** | |
| 騰蛇 | | 妻財庚戌土 ▅▅　▅▅ | | | 妻財丁未土 ▅▅　▅▅ | |
| 勾陳 | | 官鬼庚申金 ▅▅　▅▅ | 應 | ╳→ | 官鬼丁酉金 ▅▅▅▅▅ | |
| 朱雀 | | 子孫庚午火 ▅▅▅▅▅ | | | 父母丁亥水 ▅▅▅▅▅ | 應 |
| 青龍 | 妻財庚辰土 | 子孫戊午火 ▅▅　▅▅ | | | 子孫戊午火 ▅▅　▅▅ | |
| 玄武 | 兄弟庚寅木 | 妻財戊辰土 ▅▅▅▅▅ | 世 | | 妻財戊辰土 ▅▅▅▅▅ | |
| 白虎 | 父母庚子水 | 兄弟戊寅木 ▅▅　▅▅ | | | 兄弟戊寅木 ▅▅　▅▅ | 世 |

「以父為用而伏藏」，「乃看本宮八純《震》卦，子水父母，伏在寅木之下」，此論指本卦用神父母爻不現，則以本宮首卦六親為伏，作為用神。震宮首卦《震為雷》，父母爻庚子水，伏藏在本卦初爻兄弟戊寅木下。

一日，人有子患疹甚危，占得《坎》之《水雷屯》：

| 水雷屯 | | |
|---|---|---|
| 兄弟子水 | ●● | |
| 官鬼戌土 | ○應 | |
| 父母申金 | ●● | |
| 妻財午火 | ●● | 官鬼辰土 |
| 官鬼辰土 | ●●世 | 子孫寅木 |
| 子孫寅木 | ○ | 兄弟子水 |

人曰：「寧卜《天山遯》，莫卜《水雷屯》，凶也」。余獨謂：「坎宮寅木子孫，伏在子水兄弟之下，乃飛來生伏得長生也。雖不宜第二爻鬼動，喜旁爻寅木子孫剋之」。果然無事。

虎易按：原本作「占得《坎》之《水雷屯》」，據其「第二爻鬼動」原文改作「占得坎宮《屯》之《節》」：

「坎宮寅木子孫，伏在子水兄弟之下，乃飛來生伏得長生也」，指《坎》宮首卦子孫戊寅木，伏藏在本卦初爻兄弟庚子水下，「飛來生伏」，伏神得長生。「雖不宜第二爻鬼動」，主卦二爻飛神子孫庚寅木動，這裡指為二爻伏神官鬼動。「喜旁爻寅木子孫剋之」，本卦子孫庚寅木，因不是本宮六親，所以稱為旁爻。寅木子孫動，「飛來剋伏」，伏神官鬼戊辰土，被飛神子孫庚寅木剋。

以上占斷論述的方式，不採用本卦旁爻六親為用神，而採用本宮六親為用神，這是宋元早期六親占斷的用法。至明末，六親占法取用神，開始採用本卦六親為用神，只有在本卦和日月都無用神的情況下，才採用本宮首卦六親伏神為用神。

此卦以二爻子孫庚寅木為用神，持世動而化進神子孫丁卯木，子孫既為福德之神，也是解憂之神，因此「果然無事」。

| 《新鍥斷易天機》占例：002 | | |
|---|---|---|
| 占事：占子患疹甚危？ | | |
| | 坎宮：水雷屯 | 坎宮：水澤節（六合） |
| **伏　神** | **本　　　卦** | **變　　　卦** |
| | 兄弟戊子水 ▅▅　▅▅ | 兄弟戊子水 ▅▅　▅▅ |
| | 官鬼戊戌土 ▅▅▅▅▅ 應 | 官鬼戊戌土 ▅▅▅▅▅ |
| | 父母戊申金 ▅▅　▅▅ | 父母戊申金 ▅▅　▅▅ 應 |
| 妻財戊午火 | 官鬼庚辰土 ▅▅　▅▅ | 官鬼丁丑土 ▅▅　▅▅ |
| 官鬼戊辰土 | 子孫庚寅木 ▅▅　▅▅ 世 ╳→ | 子孫丁卯木 ▅▅▅▅▅ |
| 子孫戊寅木 | 兄弟庚子水 ▅▅▅▅▅ | 妻財丁巳火 ▅▅▅▅▅ 世 |

一日，余有妻孕。秋，壬午日，占得《離》之《山水蒙》：

| 山水蒙 | | |
|---|---|---|
| 兄弟巳火 | ○ | 父母寅木 |
| 子孫未土 | ●● | 官鬼子水 |
| 妻財酉金 | ●●世 | 子孫戌土 |
| 官鬼亥水 | ●● | 兄弟午火 |
| 子孫丑土 | ○ | 子孫辰土 |
| 父母卯木 | ●●應 | 父母寅木 |

人曰：「第三爻兄動，必剋妻，第六爻父動，必剋子」。余甚驚恐。乃看本宮丑土子孫，飛伏比和，本宮父母又不動，又喜壬午日辰，午火亦來生土，斷然子孫無危也。又看妻財酉金持世，所喜伏在戌土之下，乃飛來生伏得長生也。雖忌第六爻巳火兄動剋財，喜得本宮亥水鬼動，得以制之。後果於九月己卯日巳時生男，母子俱得平安。

虎易按：原本作「占得《離》之《山水蒙》」，據其「第三爻兄動，必剋妻，第六爻父動，必剋子」原文改作「占得離宮《蒙》之《升》」：

宋元早期的這種占斷論述方法，一是論述混亂，二是牽強附會，三是論述繁瑣，使讀者不易理解。以此卦為例，重新論述如下，供讀者參考，後面的卦例不再重述。

| 《新鍥斷易天機》占例：003 | | | | | | |
|---|---|---|---|---|---|---|
| 時間：秋 壬午日 | | | | | | |
| 占事：占妻孕？ | | | | | | |
| | | 離宮：山水蒙 | | | 震宮：地風升 | |
| 六神 | 伏神 | 本　卦 | | | 變　卦 | |
| 白虎 | 兄弟己巳火 | 父母丙寅木 | ▅▅▅ | ○→ | 妻財癸酉金 | ▅ ▅ |
| 勾陳 | 子孫己未土 | 官鬼丙子水 | ▅ ▅ | | 官鬼癸亥水 | ▅ ▅ |
| 螣蛇 | 妻財己酉金 | 子孫丙戌土 | ▅ ▅世 | | 子孫癸丑土 | ▅ ▅世 |
| 朱雀 | 官鬼己亥水 | 兄弟戊午火 | ▅ ▅ | ╳→ | 妻財辛酉金 | ▅▅▅ |
| 青龍 | 子孫己丑土 | 子孫戊辰土 | ▅▅▅ | | 官鬼辛亥水 | ▅▅▅ |
| 玄武 | 父母己卯木 | 父母戊寅木 | ▅ ▅應 | | 子孫辛丑土 | ▅ ▅應 |

論子：此卦中有兩重子孫爻，當以世爻戌土為用神。

論妻：財爻雖不上卦，但是兩個動爻變出的都是妻財酉金，世爻下伏藏的也是妻財酉金。占卦時就是秋令，月令也是妻財，當以月令為妻之用神。

卦中父兄兩動，父動生兄，兄動生世爻子孫，為接續相生，又加日令午火所生，戌土子孫靜化丑土進神，子孫得生旺，「斷然子孫無危也」。

月令值財，當令臨旺，「母子俱得平安」。

後果於九戌月己卯日巳時生男，因世爻戌土臨值月令，卯日可合起世爻子孫，衝開世爻下的酉金妻財爻，使其孩子得以出生。戌為陽土，所以生男。

一日，人有子商外未回。夏，癸卯日，占得八純《艮》卦：

第二爻午火父母旺相獨發，剋退申金子孫。其人果死，不還。

虎易按：原本無卦畫及六親。原本作「占得八純《艮》卦」，據其「第二爻午火父母旺相獨發」原文改作「占得八純《艮》之《蠱》卦」：

| 《新鍥斷易天機》占例：004 | | | | | |
|---|---|---|---|---|---|
| 時間：夏　癸卯日（旬空：辰巳） | | | | | |
| 占事：占子何時回？ | | | | | |
| | 艮宮：艮為山（六沖） | | | 巽宮：山風蠱（歸魂） | |
| | **本　卦** | | | **變　卦** | |
| 白虎 | 官鬼丙寅木 ▅▅▅▅▅ | 世 | | 官鬼丙寅木 ▅▅▅▅▅ | |
| 騰蛇 | 妻財丙子水 ▅▅　▅▅ | | | 妻財丙子水 ▅▅　▅▅ | |
| 勾陳 | 兄弟丙戌土 ▅▅　▅▅ | | | 兄弟丙戌土 ▅▅　▅▅ | |
| 朱雀 | 子孫丙申金 ▅▅▅▅▅ | 應 | | 子孫辛酉金 ▅▅▅▅▅ | |
| 青龍 | 父母丙午火 ▅▅　▅▅ | | ╳→ | 妻財辛亥水 ▅▅▅▅▅ | |
| 玄武 | 兄弟丙辰土 ▅▅　▅▅ | | | 兄弟辛丑土 ▅▅　▅▅ | |

一日，人有郎舅①，商外未回，以兄弟占之，卦得《兌》之《歸妹》：申金兄弟伏藏旁宮第五爻，卻被本宮初爻巳火官鬼出現獨發，申金兄弟弗能當之。其人果死，有驗。

虎易按：原本作「卦得《兌》之《歸妹》」，據其「初爻巳火官鬼出現獨發」原文改作「卦得兌宮《歸妹》之《解》」：

| 雷澤歸妹 | | |
|---|---|---|
| 父母未土 | ●●應 | 父母戌土 |
| 兄弟酉金 | ●● | 兄弟申金 |
| 子孫亥水 | ○ | 官鬼午火 |
| 父母丑土 | ●●世 | |
| 妻財卯木 | ○ | |
| 官鬼巳火 | ○ | |

| 《新鍥斷易天機》占例：005 | | | | | |
|---|---|---|---|---|---|
| 占事：占郎舅？ | | | | | |
| 兌宮：雷澤歸妹（歸魂） | | | 震宮：雷水解 | | |
| **本　　卦** | | | **變　　卦** | | |
| 父母庚戌土 | ▅▅　▅▅ | 應 | 父母庚戌土 | ▅▅　▅▅ | |
| 兄弟庚申金 | ▅▅　▅▅ | | 兄弟庚申金 | ▅▅　▅▅ | 應 |
| 官鬼庚午火 | ▅▅▅▅▅ | | 官鬼庚午火 | ▅▅▅▅▅ | |
| 父母丁丑土 | ▅▅　▅▅ | 世 | 官鬼戊午火 | ▅▅　▅▅ | |
| 妻財丁卯木 | ▅▅▅▅▅ | | 父母戊辰土 | ▅▅▅▅▅ | 世 |
| 官鬼丁巳火 | ▅▅▅▅▅ | ○→ | 妻財戊寅木 | ▅▅　▅▅ | |

一日，人有子病。秋，庚寅日，占卦得《離》之《天火同人》：

喜第二爻丑土子孫出現獨發，不喜日辰寅木剋之，又喜本宮第六爻巳火兄動來生，奈緣伏藏無氣，又不宜第三爻亥水官鬼出現發動制之，是子無生氣矣，其子果死不救。

虎易按：原本作「占卦得《離》之《天火同人》」，據其「喜第二爻丑土子孫出現獨發」，「又喜本宮六爻巳火兄動來生」，「又不宜三爻亥水官鬼出現發動制之」原文改作「占卦得離宮《同人》之《兌》」：

| 天火同人 | | |
|---|---|---|
| 兄弟巳火 | ○應 | 子孫戌土 |
| 子孫未土 | ○ | 妻財申金 |
| 妻財酉金 | ○ | 兄弟午火 |
| 官鬼亥水 | ○世 | 兄弟午火 |
| 子孫丑土 | ●● | 子孫辰土 |
| 父母卯木 | ○ | 父母寅木 |

| 《新鍥斷易天機》占例：006 | | | | | | | |
|---|---|---|---|---|---|---|---|
| 時間：秋 庚寅日（旬空：午未） | | | | | | | |
| 占事：占子病？ | | | | | | | |
| | 離宮：天火同人（歸魂） | | | | 兌宮：兌為澤（六沖） | | |
| 伏神 | 本　　卦 | | | | 變　　卦 | | |
| 兄弟己巳火 | 子孫壬戌土 | ▅▅▅▅▅ | 應 | ○→ | 子孫丁未土 | ▅▅　▅▅ | 世 |
| 子孫己未土 | 妻財壬申金 | ▅▅▅▅▅ | | | 妻財丁酉金 | ▅▅▅▅▅ | |
| 妻財己酉金 | 兄弟壬午火 | ▅▅▅▅▅ | | | 官鬼丁亥水 | ▅▅▅▅▅ | |
| 官鬼己亥水 | 官鬼己亥水 | ▅▅▅▅▅ | 世 | ○→ | 子孫丁丑土 | ▅▅　▅▅ | 應 |
| 子孫己丑土 | 子孫己丑土 | ▅▅　▅▅ | | ╳→ | 父母丁卯木 | ▅▅▅▅▅ | |
| 父母己卯木 | 父母己卯木 | ▅▅▅▅▅ | | | 兄弟丁巳火 | ▅▅▅▅▅ | |

一日，人有母病，占卦得八純《乾》。第二爻寅木財爻獨發，土父不能當之，其後果死。

虎易按：原本無卦畫及六親。原本作「占卦得八純《乾》」，據其「第二爻寅木財爻獨發」原文改作「占卦得八純《乾》之《同人》」：

| 《新鍥斷易天機》占例：007 | | | | | | |
|---|---|---|---|---|---|---|
| 占事：占母病？ | | | | | | |
| 乾宮：乾為天（六沖） | | | | 離宮：天火同人（歸魂） | | |
| **本　　卦** | | | | **變　　卦** | | |
| 父母壬戌土 | ▅▅▅▅▅ | 世 | | 父母壬戌土 | ▅▅▅▅▅ | 應 |
| 兄弟壬申金 | ▅▅▅▅▅ | | | 兄弟壬申金 | ▅▅▅▅▅ | |
| 官鬼壬午火 | ▅▅▅▅▅ | | | 官鬼壬午火 | ▅▅▅▅▅ | |
| 父母甲辰土 | ▅▅▅▅▅ | 應 | | 子孫己亥水 | ▅▅▅▅▅ | 世 |
| 妻財甲寅木 | ▅▅▅▅▅ | | ○→ | 父母己丑土 | ▅▅　▅▅ | |
| 子孫甲子水 | ▅▅▅▅▅ | | | 妻財己卯木 | ▅▅▅▅▅ | |

一日，人有妻病甚危，占卦得《艮》之《履》：

| 天澤履 | | | |
|---|---|---|---|
| 官鬼寅木 | | ○ | 兄弟戌土 |
| 妻財子水 | 世 | ○ | 子孫申金 |
| 兄弟戌土 | | ○ | 父母午火 |
| 子孫申金 | | ●● | 兄弟丑土 |
| 父母午火 | 應 | ○ | 官鬼卯木 |
| 兄弟辰土 | | ○ | 父母巳火 |

以財為用而伏藏，第一爻父動，第三爻兄動。人皆曰凶。余看本宮《艮》卦，第五爻妻財持世，伏在子孫之下，乃飛生伏也。雖不宜第一爻兄弟動剋財，喜得第三爻子動，兄乃忘剋於財，貪生於子，而子又生財矣。碎金賦云：「兄動剋財，子動能解」。後果無事。

虎易按：原本作「占卦得《艮》之《履》」，據其「第一爻父動，第三爻兄動」原文改作「占卦得艮宮《履》之《姤》」：

《新鍥斷易天機》占例：008

占事：占妻病？

| 伏神 | 本卦（艮宮：天澤履） | | | | 變卦（乾宮：天風姤） | | |
|---|---|---|---|---|---|---|---|
| | 兄弟壬戌土 | ▅▅▅▅▅ | | | 兄弟壬戌土 | ▅▅▅▅▅ | |
| 妻財丙子水 | 子孫壬申金 | ▅▅▅▅▅ | 世 | | 子孫壬申金 | ▅▅▅▅▅ | |
| | 父母壬午火 | ▅▅▅▅▅ | | | 父母壬午火 | ▅▅▅▅▅ | 應 |
| 子孫丙申金 | 兄弟丁丑土 | ▅▅　▅▅ | | ╳→ | 子孫辛酉金 | ▅▅▅▅▅ | |
| | 官鬼丁卯木 | ▅▅▅▅▅ | 應 | | 妻財辛亥水 | ▅▅▅▅▅ | |
| 兄弟丙辰土 | 父母丁巳火 | ▅▅▅▅▅ | | ○→ | 兄弟辛丑土 | ▅▅　▅▅ | 世 |

一日，人有子病。冬，甲戌日，占卦得《兌》之《困》：第四爻亥水子孫出現，又得第五爻酉金兄弟獨發，日辰戌土忘剋水，貪生於金，金能生水。詩曰：「兄興子旺死還生」。果然無事。

虎易按：原本無卦畫及六親。原本作「占卦得《兌》之《困》」，據其「第五爻酉金兄弟獨發」原文改作「占卦得兌宮《困》之《解》」：

| 《新鍥斷易天機》占例：009 | | | | | |
|---|---|---|---|---|---|
| 時間：冬　甲戌日（旬空：申酉） | | | | | |
| 占事：占子病？ | | | | | |
| | 兌宮：澤水困（六合） | | | 震宮：雷水解 | |
| **六神** | **本　卦** | | | **變　卦** | |
| 玄武 | 父母丁未土 | ▅▅　▅▅ | | 父母庚戌土 | ▅▅　▅▅ |
| 白虎 | 兄弟丁酉金 | ▅▅▅▅▅ | ○→ | 兄弟庚申金 | ▅▅　▅▅　應 |
| 螣蛇 | 子孫丁亥水 | ▅▅▅▅▅　應 | | 官鬼庚午火 | ▅▅▅▅▅ |
| 勾陳 | 官鬼戊午火 | ▅▅　▅▅ | | 官鬼戊午火 | ▅▅　▅▅ |
| 朱雀 | 父母戊辰土 | ▅▅▅▅▅ | | 父母戊辰土 | ▅▅▅▅▅　世 |
| 青龍 | 妻財戊寅木 | ▅▅　▅▅　世 | | 妻財戊寅木 | ▅▅　▅▅ |

一日，有人，春，癸卯日，父占子病，得《巽》之《蠱》：

| 山風蠱 | | |
|---|---|---|
| 兄弟卯木 | ○應 | 兄弟寅木 |
| 子孫巳火 | ●● | 父母子水 |
| 妻財未土 | ●● | 妻財戌土 |
| 官鬼酉金 | ○世 | |
| 父母亥水 | ○ | |
| 妻財丑土 | ●● | |

巳火子孫伏藏第五爻子水父母之下，且又發動，本為不好。人曰：「《蠱》為卦名亦凶」。余獨喜四爻飛伏土財發動，能剋父母。碎金賦云：「父動剋子，財動無事」。又得卯木日辰能生巳火子孫，果然無事。

虎易按：原本作「得《巽》之《蠱》」，據其「巳火子孫伏藏第五爻子水父母之下，且又發動」，「四爻飛伏土財發動」原文改作「得巽宮《蠱》之《姤》」：

| 《新鍥斷易天機》占例：010 | | | | | | |
|---|---|---|---|---|---|---|
| 時間：春 癸卯日（旬空：辰巳） | | | | | | |
| 占事：占子病？ | | | | | | |
| | | 巽宮：山風蠱（歸魂） | | | 乾宮：天風姤 | |
| **六神** | **伏　神** | **本　　卦** | | | **變　　卦** | |
| 白虎 | 兄弟辛卯木 | 兄弟丙寅木 | ▅▅▅▅▅ 應 | | 妻財壬戌土 | ▅▅▅▅▅ |
| 螣蛇 | 子孫辛巳火 | 父母丙子水 | ▅▅　▅▅ | ╳→ | 官鬼壬申金 | ▅▅▅▅▅ |
| 勾陳 | 妻財辛未土 | 妻財丙戌土 | ▅▅　▅▅ | ╳→ | 子孫壬午火 | ▅▅▅▅▅ |
| 朱雀 | | 官鬼辛酉金 | ▅▅▅▅▅ 世 | | 官鬼辛酉金 | ▅▅▅▅▅ |
| 青龍 | | 父母辛亥水 | ▅▅▅▅▅ | | 父母辛亥水 | ▅▅▅▅▅ |
| 玄武 | | 妻財辛丑土 | ▅▅　▅▅ | | 妻財辛丑土 | ▅▅　▅▅ |

一日，人有父問女六甲。春，丁巳日，占卦得《兌》之《咸》：

第四爻亥水[3]子孫出現重動。余曰：「今日生女」。蓋白虎臨子孫發動，所以今日生。又重為老陽變為少陰，所以生女。但不宜六爻父動剋子，誠恐此女難養。故書為記之。

虎易按：原本作「占卦得《兌》之《咸》」，據其「第四爻亥水子孫出現重動」，「六爻父動剋子」原文改作「占卦得兌宮《咸》之《漸》」：

| 《新鍥斷易天機》占例：011 | | | | | | | |
|---|---|---|---|---|---|---|---|
| 時間：春　丁巳日（旬空：子丑） | | | | | | | |
| 占事：占女六甲？ | | | | | | | |
| | 兌宮：澤山咸 | | | | 艮宮：風山漸（歸魂） | | |
| **六神** | **本　　卦** | | | | **變　　卦** | | |
| 青龍 | 父母丁未土 | ▅▅　▅▅ | 應 | ╳→ | 妻財辛卯木 | ▅▅▅▅▅ | 應 |
| 玄武 | 兄弟丁酉金 | ▅▅▅▅▅ | | | 官鬼辛巳火 | ▅▅▅▅▅ | |
| 白虎 | 子孫丁亥水 | ▅▅▅▅▅ | | ○→ | 父母辛未土 | ▅▅　▅▅ | |
| 騰蛇 | 兄弟丙申金 | ▅▅▅▅▅ | 世 | | 兄弟丙申金 | ▅▅▅▅▅ | 世 |
| 勾陳 | 官鬼丙午火 | ▅▅　▅▅ | | | 官鬼丙午火 | ▅▅　▅▅ | |
| 朱雀 | 父母丙辰土 | ▅▅　▅▅ | | | 父母丙辰土 | ▅▅　▅▅ | |

一日，夏五月，天旱問雨，占卦得八純《離》：

| 八純離 | | |
|---|---|---|
| 兄弟巳火 | ○世 | 官鬼子水 |
| 子孫未土 | ●● | 子孫戌土 |
| 妻財酉金 | ○ | 妻財申金 |
| 官鬼亥水 | ○應 | 兄弟午火 |
| 子孫丑土 | ●● | 子孫辰土 |
| 父母卯木 | ○ | 父母寅木 |

人曰：「《離》屬火，無雨」。余看卦，雨至。緣四爻金財元辰出現獨發，生世下伏中子水，其日雨下。飛位巳火被五爻土動洩氣，須云土動剋水。《碎金賦》云：「子動傷官，財動能解」，亦無事。

虎易按：原本作「占卦得八純《離》」，據其「四爻金財元辰出現獨發」，「五爻土動」原文改作「占卦得八純《離》之《家人》」：

從此例看，明代中期之前，論晴雨，還是以水火而論。至《易林補遺》，作者提出：「占雨取父母為主，水象為憑。占晴取子孫為主，火象為憑」。卜筮論晴雨的方法，方為之一變。

本例子孫未土和妻財酉金同動，未土生酉金，酉金沖起父母卯木暗動，父母動主有雨。

| 《新鍥斷易天機》占例：012 | | | | | |
|---|---|---|---|---|---|
| 時間：夏五月 | | | | | |
| 占事：天旱占雨？ | | | | | |
| | 離宮：離為火（六沖） | | | 巽宮：風火家人 | |
| **伏　神** | **本　　卦** | | | **變　　卦** | |
| 官鬼戊子水 | 兄弟己巳火 ▅▅▅ | 世 | | 父母辛卯木 ▅▅▅ | |
| 子孫戊戌土 | 子孫己未土 ▅ ▅ | | ╳→ | 兄弟辛巳火 ▅▅▅ | 應 |
| 妻財戊申金 | 妻財己酉金 ▅▅▅ | | ○→ | 子孫辛未土 ▅ ▅ | |
| | 官鬼己亥水 ▅▅▅ | 應 | | 官鬼己亥水 ▅▅▅ | |
| | 子孫己丑土 ▅ ▅ | | | 子孫己丑土 ▅ ▅ | 世 |
| | 父母己卯木 ▅▅▅ | | | 父母己卯木 ▅▅▅ | |

一日，春正月，戊戌日，占家宅，卜得《離》之《未濟》：

| 火水未濟 | | | |
|---|---|---|---|
| 朱雀 | ○ | 應 | 兄弟巳火 |
| 青龍 | ●● | | 子孫未土 |
| 玄武 | ○ | | 妻財酉金 |
| 白虎 | ●● | 世 | 兄弟午火 |
| 騰蛇 | ○ | | 子孫辰土 |
| 勾陳 | ●● | | 父母寅木 |

第四爻玄武發動，可防二月賊。其家不信，後果二月壬辰日下，賊果來偷其家財。天賊訣云：「正龍二雞三虎鄉」，緣爻象並無吉神救解。後卜者倣此。

虎易按：原本作「卜得《離》之《未濟》」，據其「第四爻玄武發動」原文改作「卜得離宮《未濟》之《蒙》」：

## 注釋

①郎舅：姊妹的丈夫為郎，妻的兄弟為舅，合稱為郎舅。

| 《新鍥斷易天機》占例：013 | | | | | | |
|---|---|---|---|---|---|---|
| 時間：春正月　戊戌日 | | | | | | |
| 占事：占家宅？ | | | | | | |
| | 離宮：火水未濟 | | | | 離宮：山水蒙 | |
| 六神 | 本　卦 | | | | 變　卦 | |
| 朱雀 | 兄弟己巳火 | ▅▅▅▅▅ | 應 | | 父母丙寅木 | ▅▅▅▅▅ | |
| 青龍 | 子孫己未土 | ▅▅　▅▅ | | | 官鬼丙子水 | ▅▅　▅▅ | |
| 玄武 | 妻財己酉金 | ▅▅▅▅▅ | | ○→ | 子孫丙戌土 | ▅▅　▅▅ | 世 |
| 白虎 | 兄弟戊午火 | ▅▅　▅▅ | 世 | | 兄弟戊午火 | ▅▅　▅▅ | |
| 騰蛇 | 子孫戊辰土 | ▅▅▅▅▅ | | | 子孫戊辰土 | ▅▅▅▅▅ | |
| 勾陳 | 父母戊寅木 | ▅▅　▅▅ | | | 父母戊寅木 | ▅▅　▅▅ | 應 |

## 校勘記

㊀「新增經驗卦例」，原本作「經驗卦例」，疑誤，據本書目錄改。

㊁「今將受神道人平日經驗卦附此」，原本混在「四卦沒例」文後，據其內容，調整在「新增經驗卦例」標題下。

㊂「第四爻亥水」，原本作「第四爻亥子水」，疑誤，據其卦理及文意改。

### •論六神賦

凡占一卦，須問六神動靜，吉凶各隨機變。青龍屬木發動，而是事亨通。白虎屬金興隆，而所為凶咎。朱雀屬火，而主口舌。勾陳屬土，而主遲留。騰蛇持世，陰私為事。玄武屬水，資財暗損，只因玄武交重。怪夢虛驚，總為騰蛇發作。玄興必雨，雀動當晴。青龍空而晦氣何疑，白虎動而孕懷可喜。交重朱雀，文書書信須來。發動勾陳，謀望行人多阻。求官興訟，偏宜朱雀以興隆。買田買地，何怕勾陳之作亂。言之大略，妙在細詳。

●每月六神所在定局

每月月建爻動方斷。

| 每月六神所在定局 | | | | | | |
|---|---|---|---|---|---|---|
| 六神／月份 | 青龍 | 朱雀 | 勾陳 | 螣蛇 | 白虎 | 玄武 |
| 正月 | 寅 | 巳 | 丑 | 辰 | 申 | 亥 |
| 二月 | 卯 | 午 | 寅 | 卯 | 酉 | 子 |
| 三月 | 辰 | 未 | 卯 | 寅 | 戌 | 丑 |
| 四月 | 巳 | 申 | 辰 | 丑 | 亥 | 寅 |
| 五月 | 午 | 酉 | 巳 | 子 | 子 | 卯 |
| 六月 | 未 | 戌 | 午 | 亥 | 丑 | 辰 |
| 七月 | 申 | 亥 | 未 | 戌 | 寅 | 巳 |
| 八月 | 酉 | 子 | 申 | 酉 | 卯 | 午 |
| 九月 | 戌 | 丑 | 酉 | 申 | 辰 | 未 |
| 十月 | 亥 | 寅 | 戌 | 未 | 巳 | 申 |
| 十一 | 子 | 卯 | 亥 | 午 | 午 | 酉 |
| 十二 | 丑 | 辰 | 子 | 巳 | 未 | 戌 |

## ·六神歌賦

青龍百事盡和諧，

屬木，春旺。其神若同子孫發動，及持世有氣，不落空亡，大吉之兆。

朱雀文書公事來。

屬火，夏旺。其神若臨身世應，剋身世應，吉。與鬼同宮，定主文書、口舌事立至。無氣則吉。

勾陳刑世爭田地，

屬土，四季旺。其神臨剋身世應爻動者，主有疾病、官司，相爭田地、屋宇、山林之事。若臨世，主墓不安。

騰蛇入夢十分乖。

屬土，四季旺。其神若剋身世應，主憂疑虛驚，怪夢邪鬼之事。

白虎主多驚與厄，

屬金，秋旺。其神臨身世，剋身世，交重者，及與鬼爻財爻同宮，有氣，定主孝服。無則不妨。

若言玄武失其財。

屬水，冬旺。其神爻動，剋身世應，憂慮失脫、女人、公事、疾病之驚也。

## •六神所主事

青龍主喜事，朱雀主官非，勾陳田土爭，螣蛇怪夢疑，白虎主孝服，玄武賊盜欺。

## •明六神訣　旺、相、胎、沒、死、休、囚、廢之八字以配八卦

青龍屬木。《震》旺《巽》相，旺於春。生於亥，旺於卯，墓絕于未申，屬陽。其神若持世及交重者，為財喜，為婚姻，為孕育，為姻親。附於六爻無有不吉而亨者也。

朱雀屬火。《離》旺《坤》相，旺于夏。生於寅，旺於午，墓絕於戌亥，屬陰。其神若持世及交重者，為文書，為口舌，為爭競，為鬥亂。附於六爻而吉凶各有所主也。

勾陳屬土。附《震》、《離》、《坎》、《兌》。春冬屬陽，秋夏屬陰。其神若持世及交重者，為暗昧、遲留、田土之事。

螣蛇無正位，附《乾》、《坤》、《艮》、《巽》。孟則屬陽，季則屬陰。其神若持世及交重者，為驚怪，為恐懼，為憂疑，為夢寐。附於六爻而各有所主也。

白虎屬金。《兌》旺《乾》相，旺於秋。屬陰，西方之神也。其神若持世及交重者，為患病，為喪死，為破財。附於六爻而無不凶也。

玄武屬水。《坎》旺《艮》相，旺於冬。屬陽，北方之神也。其神若持世及交重者，為侵欺，為盜賊，為陰私。附於六爻而凶各有所主也。

## •日六神內動

青龍內搖多喜慶，

青龍在內三爻動，主家中有婚姻喜慶之事。春寅卯爻為旺相。

白虎內驚憂疾病，

白虎，金神。或在水爻上來㊀，是水為白虎入墓，占疾大凶。如庚辛日卜得《乾》之《姤》㊁卦：甲㊂子水動，是水為白虎，化辛丑土。內見㊃《巽》，水墓在辰。又曰㊄：白虎金神，名兩重入墓，必見死亡。他皆倣此。秋申酉爻上動，為旺相尤㊅凶。休囚而得吉。

虎易按：「甲子水動，是水為白虎」，指《姤》卦初爻甲子水動，臨值的六神為白虎。「內見巽，水墓在辰」，指變卦《姤》的內卦為巽，按後天八卦方位，巽為東南，地支配辰巳，辰為水墓。「白虎金神，名兩重入墓」，指白虎的屬性為金，入變爻丑土之墓；甲子水動，入巽方辰土之墓。

朱雀飛揚口舌驚，

朱雀，火神，亦有氣㊆為朱雀者。附亥子爻，文字無氣，口

| 《新鍥斷易天機》引例 007 | | | | | |
|---|---|---|---|---|---|
| 來源：《卜筮元龜》教例：009 | | | | | |
| 時間：庚辛日 | | | | | |
| | 乾宮：　乾為天（六沖） | | | 乾宮：天風姤 | |
| **六神** | **本　卦** | | | **變　卦** | |
| 螣蛇 | 父母壬戌土 ▅▅▅ | 世 | | 父母壬戌土 ▅▅▅ | |
| 勾陳 | 兄弟壬申金 ▅▅▅ | | | 兄弟壬申金 ▅▅▅ | |
| 朱雀 | 官鬼壬午火 ▅▅▅ | | | 官鬼壬午火 ▅▅▅ | 應 |
| 青龍 | 父母甲辰土 ▅▅▅ | 應 | | 兄弟辛酉金 ▅▅▅ | |
| 玄武 | 妻財甲寅木 ▅▅▅ | | | 子孫辛亥水 ▅▅▅ | |
| 白虎 | 子孫甲子水 ▅▅▅ | | ○→ | 父母辛丑土 ▅　▅ | 世 |

舌亦無害。夏巳午火爻上[8]動為旺相。

玄武內搖憂遠程。

玄武內動，主陰私、走失。冬亥子爻上動為旺相。

殺陰內動憂亡歿[9]，騰蛇內搖怪驚卒，

殺陰例：正午、二巳、三辰、四卯、五寅、六丑、七子、八亥、九戌、十酉、十一申、十二未，以上逐月下。

騰蛇附之爻[10]動者，其家定主[11]有怪異事，惟受官大吉也。

大殺內居主傷亡，勾陳臨之言告述。

大殺例：正戌、二巳、三午、四未、五寅、六卯、七辰、八亥、九子、十丑、十一申、十二酉。

勾陳附之，主有喪亡事。惟受官受職吉。殺爻相生吉，相剋凶。

勾陳土從辰戌丑未爻，名旺相，向寅卯爻上囚死。

日下大殺更推詳，甲乙豬兮丙丁羊，戊己犬處庚辛虎，壬癸蛇為大殺方。

若臨妻妾主妻死，若臨兄弟主分張，父母子孫逢此殺，必定悲號入內堂。

甲乙亥，丙丁未，戊己戌，庚辛寅，壬癸巳。此殺惟占病忌，爻動方斷[12]。

## 校勘記

㈠「來」，原本作「事」，疑誤，據《卜筮元龜・日六神內動》原文改。

㈡「之姤」，原本脱漏，據其後「甲子水動，是水為白虎，化為辛丑土」之意補入。

㈢「甲」，原本作「申」，疑誤，據《卜筮元龜・日六神內動》原文改。

㈣「內見」，原本作「白虎」，疑誤，據《卜筮元龜・日六神內動》原文改。

㈤「曰」，原本脱漏，據《卜筮元龜・日六神內動》原文補入。

㈥「尤」，原本脱漏，據《卜筮元龜・日六神內動》原文補入。

㈦「氣」，原本作「木」，疑誤，據《卜筮元龜・日六神內動》原文改。

㈧「火爻上」，原本作「主」，疑誤，據《卜筮元龜・日六神內動》原文改。

㈨「歿」，原本作「沒」，疑誤，據《卜筮元龜・日六神內動》原文改。

㈩「騰蛇附之爻」，原本作「騰蛇相之又」，疑誤，據《卜筮元龜・日六神內動》原文改。

⑪「主」，原本脱漏，據《卜筮元龜・日六神內動》原文補入。

⑫「斷」，原本作「凶」，疑誤，據《卜筮元龜・日六神內動》原文改。

### ・日六神外動

白虎外搖憂遠遊，

白虎外動，主有遠行之事。
朱雀爻驚他自憂，
朱雀外動，主外來口舌。逢吉，主有文字之喜。
勾陳發動言謀證，
勾陳外動，主外事勾留。
玄武須云損失愁。
玄武從土爻上來，主有損失財㈠、盜賊事。
青龍外言官職會，
青龍外動，主有外喜，或拜官受職之喜。
騰蛇故云憂在外，
騰蛇外動主他事，喜是他喜，凶是他凶，吉凶必定自外而來也。
大殺動須六畜災，
大殺例見前節注。外動主六畜有損傷。
殺陰動須修福位㈡。
殺陰例見前注。惟拜官受職吉。

校勘記

㈠「財」，原本脫漏，據《卜筮元龜•日六神外動》補入。

㈡「殺陰動修福位」，原本作「殺陰動須福祿榮」，疑誤，據《卜筮元龜•日六神外動》原本改。

## •六神有氣吉凶

青龍旺相有欣怡㈠，朱雀文書並口舌，騰蛇驚怪火光飛，玄武旺相防盜賊。
白虎旺相兵喪事，休囚死絕卻為吉，勾陳旺相鬥訟凶，囚死兵傷自投㈡擲。
殺陰旺相憂囚繫，大殺臨之相絕㈢滯，六神皆盡法其例，非論朱雀臨財弊。
白虎臨財損病憂，玄武臨財憂盜制，青龍臨財即吉慶，騰蛇臨財主遺失。
勾陳臨財遇勾留，若不爭財相嫉妒，但能依㈣此與人占，萬事吉凶無一失。

校勘記

㈠「欣怡」，原本作「刑治」，疑誤，據《卜筮元龜•六神有氣吉凶》原文改。

㈡「投」，原本作「殺」，疑誤，據《卜筮元龜•六神有氣吉凶》原文改。

㈢「絕」，原本作「記」，疑誤，據《卜筮元龜•六神有氣吉凶》原文改。

㈣「依」，原本作「於」，疑誤，據《卜筮元龜•六神有氣吉凶》原文改。

## •六神象象歌

凡考周易㈠分卦象，先就六神仔細推。始看世應兼身位，次將吉凶逐爻支。

青龍入水身慶吉㈡，必定求官事事宜。若臨財爻妻有孕，交易田地不須疑。入木旺相㈢來生世，不值空亡盡可為。求婚須得財須有，占問行人定主歸。龍爻入火火燒身，占宅常憂小口屯。動臨身世須遭否，入木須知喜事生。入土驚來家有事，逢金發者忌悲聲。更被空亡須有滯，不論老少盡遭刑。

朱雀入火官事來，又驚女婦有傷胎。入金有財防口舌，入土公事有信催。入木不妨身體健，水爻臨著不為災。

勾陳入土公文起，田地勾連有橫殃。入木爭山並第宅，見火須防女婦傷。入金進田憂孝服，入水口舌及癰瘡。

騰蛇入土夢邪精，「入火須防人口屯」㈣。值金女人嫌孝服，見木遷移定不貞。入水孕婦多遲滯，不然宅舍有悲聲。

白虎入金服重重，逢木須憂事見公。入土有災田宅起，入火宅災木不中。

玄武入水憂賊寇，入火終是失資財。入土家中有疾病，臨木產婦有非災。值金有財須外得，不然人送盜將來。

**校勘記**

㈠「易」，原本作「書」，疑誤，據《卜筮元龜·六神象象歌》原本改。

㈡「青龍入水身慶吉」，原本作「青龍入水身應合」，疑誤，據《卜筮元龜·六神象象歌》原本改。

㈢「入木旺相」，原本作「入木值旺」，疑誤，據《卜筮元龜·六神象象歌》原本改。

㈣「入火須防人口屯」，原本作「入火須憂小口屯」，疑誤，據《卜筮元龜·六神象象歌》原本改。

## ·六神空亡

青龍空亡家虛喜，朱雀空亡訟得理，勾陳空亡無勾連，螣蛇空亡怪異已㈠，白虎空亡病可痊㈡，玄武空亡盜賊死㈢。

**校勘記**

㈠「螣蛇空亡怪異已」，原本作「螣蛇空亡不惹災」，疑誤，據《卜筮全書·六神空亡訣》原文改。

㈡「白虎空亡病可痊」，原本作「白虎空亡病無事」，疑誤，據《卜筮全書·六神空亡訣》原文改。

㊂「玄武空亡盜賊死」，原本作「玄武空亡盜無殃」，疑誤，據《卜筮全書·六神空亡訣》原文改。

## ·論直符五行

年建天符，月建直符，日建傳符，時建直事㊀。

天符持木神，歲內有官職進益之喜。天馬並，同眾喜事。驛馬並，自己有喜。福德並，家中進益。在內象內喜，在外象進外財喜。並凶神，主不吉。

天符持火神，君子有加官進職，文字之喜。並凶，家㊁分離、火驚恐、傷門事。

天符持土神並吉，主進田產，加官喜事。並凶反此，官事勾連，田產散亡。

天符持金神並吉，主道路遠行吉。並凶，悲憂愁慘、挫志損神，血光喪服。

天符持水神並吉，主進舟船，並酒之財。並凶，則主盜賊，船水之厄難災。

### 校勘記

㊀「事」，原本作「符」字，疑誤，據《卜筮元龜·六神門》原文改。此段內容原本在本節末，據《卜筮元龜·六神門》排列順序，調整至此。

㊁「家」，原本作「象」，疑誤，據《卜筮元龜·年建天符》原文改。

## •論推六十四卦上月分法

陰世則從五月起，陽世還從子月生，欲得識其卦上月㊀，月從初數至世分。

看世在交拆爻為陰，在重單爻為陽。卦上月者，是卜卦㊁之身定矣。俱要從初爻上㊂數至世，便知何月卦，即是卦身也㊃。子月係十一月也。與子午持世身居初不同。

喜旺相，又得天喜、貴人、解神、福德，諸吉神臨身大吉，添進財喜。臨身忌空亡，官鬼、文書、兄弟纏害，相剋、入墓、刑沖、破害、干涉，不吉之兆。不可不看。吉神照臨則吉，凶殺剋害則凶㊄。

假如《乾》卦世爻是單：

| 《新鍥斷易天機》引例：008 | | | |
|---|---|---|---|
| 來源：《卜筮全書》教例：001 | | | |
| **爻位** | **乾宮：乾為天** | **卦身** | **月** |
| 上爻 | 父母壬戌土 ▅▅▅ 世 | | 巳 |
| 五爻 | 兄弟壬申金 ▅▅▅ | | 辰 |
| 四爻 | 官鬼壬午火 ▅▅▅ | | 卯 |
| 三爻 | 父母甲辰土 ▅▅▅ 應 | | 寅 |
| 二爻 | 妻財甲寅木 ▅▅▅ | 伏巳 | 丑 |
| 初爻 | 子孫甲子水 ▅▅▅ | | 子 |

便以十一月從初爻數上去，到第六爻世上，即是四月卦也。

又如《明夷》卦：

世爻是拆，從初爻以五月數起至世，即八月卦也㈥。

虎易按：「論推六十四卦上月分法」，是確定月卦身的起例原則。先確定世爻是陰爻，還是陽爻。

如果世爻是陽爻，就從初爻開始數子，二爻丑，三爻寅，四爻卯，五爻辰，六爻巳。世在初爻，月卦為子。世在二爻，月卦為丑。世在三爻，月卦為寅。世在四爻，月卦為卯。世在五爻，月卦為辰。世在六爻，月卦為巳。看卦中那個爻是月卦，就安在那個爻上。

如果世爻是陰爻，就從初爻開始數午，二爻未，三爻申，四爻酉，五爻戌，六爻亥。世在初爻，月卦為午。世在二爻，月卦為未。世在三爻，月卦為申。世在四爻，月卦為酉。世在五爻，月卦為戌。世在六爻，月卦為亥。再看卦中那個爻是月卦，就安在那個爻上。

| 《新鍥斷易天機》引例：009 | | | |
|---|---|---|---|
| 來源：《卜筮全書》教例：002 | | | |
| 爻位 | 坎宮：地火明夷 | 卦身 | 月 |
| 上爻 | 父母癸酉金 ▅▅ ▅▅ | 酉 | 亥 |
| 五爻 | 兄弟癸亥水 ▅▅ ▅▅ | | 戌 |
| 四爻 | 官鬼癸丑土 ▅▅ ▅▅ 世 | | 酉 |
| 三爻 | 兄弟己亥水 ▅▅▅▅▅ | | 申 |
| 二爻 | 官鬼己丑土 ▅▅ ▅▅ | | 未 |
| 初爻 | 子孫己卯木 ▅▅▅▅▅ 應 | | 午 |

如果卦中沒有此地支，則從本宮首卦，或者對宮去尋找。

下面再附世爻為陽和陰各一例，供讀者參考。

《天地否》卦，世爻在第三爻，臨陰爻。按照「陰世則從五月起」的原則，從初爻起數午，二爻數未，三爻數申，數到世爻，就以申爻為卦身。《否》卦申爻在第五爻，卦身就安在第五爻申上。

《澤火革》卦，世爻在第四爻，臨陽爻。按照「陽世還從子月生」的原則，從初爻起數子，二爻數丑，三爻數寅，四爻數卯，數到世爻，就以卯爻為卦身。《革》卦卯爻在初爻，卦身就安在初爻卯上。

其他各卦，起月卦身法倣此。

《易學啟蒙翼傳外篇•京氏易傳•起月例》

| 虎易附例：001 | | | |
|---|---|---|---|
| **世爻為陰爻起月卦身例** | | | |
| **爻位** | **乾宮：天地否（六合）** | **卦身** | **月** |
| 上爻 | 父母壬戌土 ▅▅▅▅▅ 應 | | 亥 |
| 五爻 | 兄弟壬申金 ▅▅▅▅▅ | 申 | 戌 |
| 四爻 | 官鬼壬午火 ▅▅▅▅▅ | | 酉 |
| 三爻 | 妻財乙卯木 ▅▅ ▅▅ 世 | | 申 |
| 二爻 | 官鬼乙巳火 ▅▅ ▅▅ | | 未 |
| 初爻 | 父母乙未土 ▅▅ ▅▅ | | 午 |

曰：「一世卦陰主五月，一陰在午也；陽主十一月，一陽在子也。二世卦陰主六月，二陰在未也；陽主十二月，二爻在丑也。三世卦陰主七月，三陰在申也；陽主正月，三陽在寅也。四世卦陰主八月，四陰在酉也；陽主二月，四陽在卯也。五世卦陰主九月，五陰在戌也；陽主三月，五陽在辰也。八純上世陰主十月，六陰在亥也；陽主四月，六陽在巳也。遊魂四世，所主與四世卦同。歸魂三世，所主與三世卦同。」

如正月的八個卦，都是三爻持世，為陽爻，按照「陽世還從子月生」和「月從初數至世分」的體例，從初爻開始數子，二爻數丑，三爻數寅就是世爻，對應月卦為寅，對應節氣為立春，對應月令為正月。其中《大有》、《蠱》、《泰》三卦有月卦爻，《既濟》、《漸》、《恒》、《同人》、《咸》

| 虎易附例：002 | | | |
|---|---|---|---|
| **世爻為陽爻起月卦身例** | | | |
| **爻位** | **坎宮：澤火革** | **卦身** | **月** |
| 上爻 | 官鬼丁未土 ▅▅ ▅▅ | | 巳 |
| 五爻 | 父母丁酉金 ▅▅▅▅▅ | | 辰 |
| 四爻 | 兄弟丁亥水 ▅▅▅▅▅ 世 | | 卯 |
| 三爻 | 兄弟己亥水 ▅▅▅▅▅ | | 寅 |
| 二爻 | 官鬼己丑土 ▅▅ ▅▅ | | 丑 |
| 初爻 | 子孫己卯木 ▅▅▅▅▅ 應 | 卯 | 子 |

五卦無月卦爻，或有伏月卦爻。二月的八個卦，則是四爻為陽爻持世，其月卦為卯。其他各月均倣此。

我認為，京氏的月卦，是他獨創的一種卦氣學說，主要是用來推演卦氣旺衰的。應用時，不可用西曆，或者農曆的正月、二月初一開始作為對應標準，應該以每月的節令為準。即「立春」節後用「寅」，對應正月。「驚蟄」節後用「卯」，對應二月。其他各月的對應標準，均倣此，讀者可參考十二月建的內容。

為方便讀者查閱，按《乾》、《震》、《坎》、《艮》、《坤》、《巽》、《離》、《兌》八宮的順序，將六十四卦逐卦檢索重新排列，製成「六十四卦對應各月卦表」，供讀者參考。

## 六十四卦對應各月卦表

| 節氣 | 月支 | 月令 | 六十四卦對應十二月 | | | | | | | | 持世爻位 | 陰陽 |
|---|---|---|---|---|---|---|---|---|---|---|---|---|
| 立春 | 寅 | 正月 | 大有 | 恒 | 既濟 | 漸 | 泰 | 蠱 | 同人 | 咸 | 三爻持世 | 陽爻 |
| 驚蟄 | 卯 | 二月 | 晉 | 大過 | 革 | 睽 | 大壯 | 无妄 | 訟 | 小過 | 四爻持世 | 陽爻 |
| 清明 | 辰 | 三月 | 井 | 履 | 夬 | 渙 | | | | | 五爻持世 | 陽爻 |
| 立夏 | 巳 | 四月 | 乾 | 艮 | 巽 | 離 | | | | | 上爻持世 | 陽爻 |
| 芒種 | 午 | 五月 | 姤 | 豫 | 旅 | 困 | | | | | 初爻持世 | 陰爻 |
| 小暑 | 未 | 六月 | 遯 | 屯 | 家人 | 萃 | | | | | 二爻持世 | 陰爻 |
| 立秋 | 申 | 七月 | 否 | 隨 | 師 | 損 | 比 | 益 | 未濟 | 歸妹 | 三爻持世 | 陰爻 |
| 白露 | 酉 | 八月 | 觀 | 升 | 明夷 | 中孚 | 需 | 頤 | 蒙 | 蹇 | 四爻持世 | 陰爻 |
| 寒露 | 戌 | 九月 | 剝 | 豐 | 噬嗑 | 謙 | | | | | 五爻持世 | 陰爻 |
| 立冬 | 亥 | 十月 | 震 | 坎 | 坤 | 兌 | | | | | 上爻持世 | 陰爻 |
| 大雪 | 子 | 十一月 | 節 | 賁 | 復 | 小畜 | | | | | 初爻持世 | 陽爻 |
| 小寒 | 丑 | 十二月 | 解 | 大畜 | 臨 | 鼎 | | | | | 二爻持世 | 陽爻 |

## 校勘記

㈠「欲得識其卦上月」，原本作「欲得識其卦中意」，疑誤，據《卜筮元龜·上月分捷法》原文改。

㈡「卜卦」，原本作「卜卜」，疑誤，據其文意改。

㈢「上」，原本脱漏，據《卜筮全書·起月卦身訣》原文補入。

㈣「便知何月卦，即是卦身也」，原本作「便知何月卦也」，疑誤，據《卜筮全書·起月卦身訣》原文改。

㈤「吉神照臨則吉，凶殺剋害則凶」，原本脱漏，據《卜筮全書·起月卦身訣》原文補入。

㈥「假如《乾》卦世爻是單，便以十一月從初爻數上去，到第六爻世上，即是四月卦也。又如《明夷》卦，世爻是拆，從初爻以五月數起至世，即八月卦也」，原本脱漏，據《卜筮全書·起月卦身訣》原文補入。

## •六十四卦上月定局

正月：大有、既濟、漸、恒、同人、蠱、咸、泰。
二月：大壯、大過、小過、革、无妄、訟、睽、晉。
三月：井、夬、渙、履。
四月：艮、離、乾、巽。
五月：旅、困、豫、姤。
六月：家人、遯、屯、萃。
七月：歸妹、損、師、比、否、隨、未濟、益。
八月：升、頤、蒙、蹇、中孚、明夷、需、觀。
九月：噬嗑、謙、豐、剝。
十月：兌、坤、坎、震。
十一月：小畜、賁、復、節。
十二月：鼎、臨、大畜、解。

| 六十四卦上月定局 | | | | | | | | | | | |
|---|---|---|---|---|---|---|---|---|---|---|---|
| 月令 | 節氣 | 月支 | 卦數 | 六十四卦對應十二月 | | | | | | | |
| 正月 | 立春 | 寅 | 八卦 | 大有 | 既濟 | 漸 | 恒 | 同人 | 蠱 | 咸 | 泰 |
| 二月 | 驚蟄 | 卯 | 八卦 | 大壯 | 大過 | 小過 | 革 | 无妄 | 訟 | 睽 | 晉 |
| 三月 | 清明 | 辰 | 四卦 | 井 | 夬 | 渙 | 履 | | | | |
| 四月 | 立夏 | 巳 | 四卦 | 艮 | 離 | 乾 | 巽 | | | | |
| 五月 | 芒種 | 午 | 四卦 | 旅 | 困 | 豫 | 姤 | | | | |
| 六月 | 小暑 | 未 | 四卦 | 家人 | 遯 | 屯 | 萃 | | | | |
| 七月 | 立秋 | 申 | 八卦 | 歸妹 | 損 | 師 | 比 | 否 | 隨 | 未濟 | 益 |
| 八月 | 白露 | 酉 | 八卦 | 升 | 頤 | 蒙 | 蹇 | 中孚 | 明夷 | 需 | 觀 |
| 九月 | 寒露 | 戌 | 四卦 | 噬嗑 | 謙 | 豐 | 剝 | | | | |
| 十月 | 立冬 | 亥 | 四卦 | 兌 | 坤 | 坎 | 震 | | | | |
| 十一月 | 大雪 | 子 | 四卦 | 小畜 | 賁 | 復 | 節 | | | | |
| 十二月 | 小寒 | 丑 | 四卦 | 鼎 | 臨 | 大畜 | 解 | | | | |

虎易按：「六十四卦上月定局」，是六十四卦分佈於十二月的定例，指某卦值某月之氣。具體的起例方法，見前節「論推六十四卦上月分法」所述。為便於讀者閱讀，將本節內容附表，並在表中補入與之相對應的節氣和月建地支，讀者可互相對照，閱讀理解。原本正月至十二月，對應十二節令、月建地支。如立春建寅，對應正月，驚蟄建卯，對應二月。

## •昇降章

陰降夏至陽昇冬，推此循環數不窮。

昇陰昇陽，降陰降陽者，不論節，只取十二月中氣。

冬至日：昇陽起初爻，降陰在上爻。

大寒日：昇陽起二爻，降陰在五爻。

雨水日：昇陽起三爻，降陰在四爻。

春分日：昇陽起四爻，降陰在三爻。

穀雨日：昇陽起五爻，降陰在二爻。

小滿日：昇陽到上爻，陽氣盛極，時當外熱。降陰下至初爻，陰氣降極則內冷，是以地中泉冷，人身腹中冷。

及至夏至日：陰氣降極而復昇，昇陰起初爻，陽氣上昇而下降，降陽在上爻。

大暑日：昇陰起二爻，降陽在五爻。

處暑日：昇陰起三爻，降陽在四爻。

秋分日：昇陰起四爻，降陽在三爻。

霜降日：昇陰起五爻，降陽在二爻。

小雪日：昇陰在上爻，是時陰氣極則外寒。降陽在內初爻，陽氣降極則內熱，地中泉暖，人腹中熱。

循環於冬至日，只此一氣，會者生生不窮。

只因昇受動爻剋，至月須當哭泣凶。

《洞林》有荀子曰，澤家五月占《否》卦之《小過》：

詩云：

否之小過大不良，世爻乙卯剋昇陽，人命不利當逢喪，酉月不見戍所傷。

二者之名為何當，婦女胎反見華蓋，沉不見水生在旁。

虎易按：從七言詩句的角度看，此處似乎脫漏了一句。

其後至九月，澤妹名耽，又有弟婦名節華，姓董，因產得病，兒娘各死。

自後累試，凡動剋昇爻，到月皆有哭泣死亡之災。

如巳午爻為昇爻，受剋，即應在四五月。其餘倣此。

昇陰少陰為有進，昇陽少陽事一同。

《新鍥斷易天機》引例：010

來源：《洞林秘訣》占例：

時間：五月

| 伏神 | 乾宮：天地否（六合）<br>本卦 | | | | 兌宮：雷山小過（遊魂）<br>變卦 | | |
|---|---|---|---|---|---|---|---|
| | 父母壬戌土 | ▅▅▅▅▅ | 應 | ○→ | 父母庚戌土 | ▅▅ ▅▅ | |
| | 兄弟壬申金 | ▅▅▅▅▅ | | ○→ | 兄弟庚申金 | ▅▅ ▅▅ | |
| | 官鬼壬午火 | ▅▅▅▅▅ | | | 官鬼庚午火 | ▅▅▅▅▅ | 世 |
| | 妻財乙卯木 | ▅▅ ▅▅ | 世 | ╳→ | 兄弟丙申金 | ▅▅▅▅▅ | |
| | 官鬼乙巳火 | ▅▅ ▅▅ | | | 官鬼丙午火 | ▅▅ ▅▅ | |
| 子孫甲子水 | 父母乙未土 | ▅▅ ▅▅ | | | 父母丙辰土 | ▅▅ ▅▅ | 應 |

單為少陽，拆為少陰，重為老陽，交為老陰。如陰昇爻得少陰，陽昇爻得少陽，占宅舍主有所進益。餘皆倣此。凡進益常記昇，主進。降主退。

昇陰失宜家無進，漸富財產退無量。

如昇陽爻得陰，昇陰爻得陽，謂之失宜，主退。

進退昇降長遠數，時下便究卻無妨。

昇降係推長遠數。如正二月漸暖，時下便根究尚未爭多，至四月五月方見天大熱。如卯爻為昇陽，得巳爻動為驛馬，定主巳卯月間有進益也。

此係卦中祟①骨髓，愈加推究數能通。

若能推究昇降愈深，則如未來久遠，通知無極。

虎易按：據原本內容，製成圖表，便於讀者查閱。補入名稱為「陰陽昇降圖」，以及「爻位」「中氣」表頭。

以下內容原本脫漏，據《易隱•陰陽昇降圖》補入，供讀者參考。讀者可參閱原著。

凡昇陽之月得陽世，昇陰之月得陰世。或昇陽爻得少陽，昇陰爻得少陰，諸事主有進益。如陽昇之月得陰世，陰昇之月得陽世。或昇陽爻得陰，昇陰爻得陽，是謂陰陽反度。主作事顛倒，退損不利也。

# 陰陽昇降圖

| 中氣／爻位 | 冬至後 | 大寒後 | 雨水後 | 春分後 | 穀雨後 | 小滿後 | 夏至後 | 大暑後 | 處暑後 | 秋分後 | 霜降後 | 小雪後 |
|---|---|---|---|---|---|---|---|---|---|---|---|---|
| | 初爻陽昇 | 二爻陽昇 | 三爻陽昇 | 四爻陽昇 | 五爻陽昇 | 上爻陽昇 | 初爻昇陰 | 二爻昇陰 | 三爻昇陰 | 四爻昇陰 | 五爻昇陰 | 上爻昇陰 |
| | 上爻陰降 | 五爻陰降 | 四爻陰降 | 三爻陰降 | 二爻陰降 | 初爻陰降 | 上爻降陽 | 五爻降陽 | 四爻降陽 | 三爻降陽 | 二爻降陽 | 初爻降陽 |
| 上　爻 | 陰降 | | | | | 陽昇 | 降陽 | | | | | 昇陰 |
| 五　爻 | | 陰降 | | | 陽昇 | | | 降陽 | | | 昇陰 | |
| 四　爻 | | | 陰降 | 陽昇 | | | | | 降陽 | 昇陰 | | |
| 三　爻 | | | 陽昇 | 陰降 | | | | | 昇陰 | 降陽 | | |
| 二　爻 | | 陽昇 | | | 陰降 | | | 昇陰 | | | 降陽 | |
| 初　爻 | 陽昇 | | | | | 陰降 | 昇陰 | | | | | 降陽 |
| | 子 | | | | | | 午 | | | | | |

又昇陽昇陰斷法：如小滿卜得《鼎》之《旅》：

昇陽巳火，受世爻亥水動來沖剋，主四月有喪身之禍。

| 《新鍥斷易天機》引例：011 | | | | | |
|---|---|---|---|---|---|
| 來源：《易隱》教例：003 | | | | | |
| 時間：小滿（巳月） | | | | | |
| 離宮：火風鼎 | | | | 離宮：火山旅 | |
| 本　卦 | | | | 變　卦 | |
| 兄弟己巳火 | ▅▅▅ | | | 兄弟己巳火 | ▅▅▅ |
| 子孫己未土 | ▅　▅ | 應 | | 子孫己未土 | ▅　▅ |
| 妻財己酉金 | ▅▅▅ | | | 妻財己酉金 | ▅▅▅ 應 |
| 妻財辛酉金 | ▅▅▅ | | | 妻財丙申金 | ▅▅▅ |
| 官鬼辛亥水 | ▅▅▅ | 世 | ○→ | 兄弟丙午火 | ▅　▅ |
| 子孫辛丑土 | ▅　▅ | | | 子孫丙辰土 | ▅　▅ 世 |

又如大暑卜得《漸》之《觀》：

昇陰午火，得申金動，為驛馬，主午申月間有進益。

此俱以動爻為斷也。

| 《新鍥斷易天機》引例：012 | | | | | |
|---|---|---|---|---|---|
| 來源：《易隱》教例：004 | | | | | |
| 時間：大暑（未月） | | | | | |
| 艮宮：風山漸（歸魂） | | | 乾宮：風地觀 | | |
| **本　　卦** | | | **變　　卦** | | |
| 官鬼辛卯木 | ▅▅▅▅▅ | 應 | 官鬼辛卯木 | ▅▅▅▅▅ | |
| 父母辛巳火 | ▅▅▅▅▅ | | 父母辛巳火 | ▅▅▅▅▅ | |
| 兄弟辛未土 | ▅▅　▅▅ | | 兄弟辛未土 | ▅▅　▅▅ | 世 |
| 子孫丙申金 | ▅▅▅▅▅ | 世　○→ | 官鬼乙卯木 | ▅▅　▅▅ | |
| 父母丙午火 | ▅▅　▅▅ | | 父母乙巳火 | ▅▅　▅▅ | |
| 兄弟丙辰土 | ▅▅　▅▅ | | 兄弟乙未土 | ▅▅　▅▅ | 應 |

## •推占來意休囚旺相吉凶要訣

欲知卜者來何意，先看旺相休囚氣，旺相婚姻宜官職，休囚爭財官退位。

春《艮》、《震》，夏《巽》、《離》，秋《坤》、《兌》，冬《乾》、《坎》。

凡占卜，必先看八卦休旺之氣者，蓋本生八卦，乃占卜之提綱也。故內外俱在旺相者，大則求官，次則嫁娶，出類而知。凡在公在私，經常有隧者皆是也。如內外休囚者，則反此。

身居世上欲行遊，鬼更當門官病忌，

鬼在第三、四爻是也。

子午持世身在初，丑未持世身在二，寅申持世身在三，卯酉持世身在四，辰戌持世身在五，巳亥持世身在六。

又法㊀：只取驛馬動為斷。

驛馬例：申子辰馬居寅，寅午戌馬居申，亥卯未馬在巳，巳酉丑馬在亥。皆是也。

虎易按：世身之說，起源於《卜筮元龜•推占來情休旺吉凶要訣章》。所謂「世身」，是以世爻地支為準，確定安世身之爻位。讀者要注意，不要和「月卦身」搞混淆了。

《卜筮全書•黃金策•總斷千金賦》曰：「世人多以『子午持世身居初』之身爻用

之，多有不驗，且未曉其義。予見《卜易玄機》、《金鎖玄關》，明卦身之身，甚為得旨。故捨彼而取此焉」。

《易隱》曰：「凡卦之身，用之為重，世之身司事還輕。世若不空不破，不須論身。世或空破，禍福方憑身象。蓋取身以代世之勞耳」。

《增刪卜易》曰「奈何卜筮諸書，舛錯悖謬，令人反無定見」。「古用卦身、世身，余試不驗而不用」。

以上幾本書的作者論述，也充分說明，論卦還是應以世爻為準。古有此說，予以保留。有興趣的讀者，也可以在實踐中去應用，看是否有應用價值。

# 六十四卦世身定例

| | | | | | | | | | | | | |
|---|---|---|---|---|---|---|---|---|---|---|---|---|
| 巳亥持世<br>身在六爻 | 卦名 | 大過 | 節 | 既濟 | 革 | 離 | 鼎 | 渙 | 同人 | 萃 | 謙 | |
| | 世爻 | 丁亥 | 丁巳 | 己亥 | 丁亥 | 己巳 | 辛亥 | 辛巳 | 己亥 | 乙巳 | 癸亥 | |
| | 世身 | 丁未 | 戊子 | 戊子 | 丁未 | 己巳 | 己巳 | 辛卯 | 壬戌 | 丁未 | 癸酉 | |
| 辰戌持世<br>身在五爻 | 卦名 | 乾 | 大有 | 震 | 解 | 井 | 隨 | 泰 | 益 | 頤 | 旅 | 蒙 |
| | 世爻 | 壬戌 | 甲辰 | 庚戌 | 戊辰 | 戊戌 | 庚辰 | 甲辰 | 庚辰 | 丙戌 | 丙辰 | 丙戌 |
| | 世身 | 壬申 | 己未 | 庚申 | 庚申 | 戊戌 | 丁酉 | 癸亥 | 辛巳 | 丙子 | 己未 | 丙子 |
| 卯酉持世<br>身在四爻 | 卦名 | 否 | 晉 | 恒 | 賁 | 睽 | 坤 | 臨 | 夬 | 比 | 巽 | 蠱 |
| | 世爻 | 乙卯 | 己酉 | 辛酉 | 己卯 | 己酉 | 癸酉 | 丁卯 | 丁酉 | 乙卯 | 辛卯 | 辛酉 |
| | 世身 | 壬午 | 己酉 | 庚午 | 丙戌 | 己酉 | 癸丑 | 癸丑 | 丁亥 | 戊申 | 辛未 | 丙戌 |
| 寅申持世<br>身在三爻 | 卦名 | 屯 | 豐 | 艮 | 大畜 | 履 | 漸 | 需 | 困 | 咸 | 蹇 | |
| | 世爻 | 庚寅 | 庚申 | 丙寅 | 甲寅 | 壬申 | 丙申 | 戊申 | 戊寅 | 丙申 | 戊申 | |
| | 世身 | 庚辰 | 己亥 | 丙申 | 甲辰 | 丁丑 | 丙申 | 甲辰 | 戊午 | 丙申 | 丙申 | |
| 丑未持世<br>身在二爻 | 卦名 | 姤 | 觀 | 豫 | 升 | 明夷 | 損 | 中孚 | 家人 | 噬嗑 | 兌 | 歸妹 |
| | 世爻 | 辛丑 | 辛未 | 乙未 | 癸丑 | 癸丑 | 丁丑 | 辛未 | 己丑 | 己丑 | 丁未 | 丁丑 |
| | 世身 | 辛亥 | 乙巳 | 乙巳 | 辛亥 | 己丑 | 丁卯 | 丁卯 | 己丑 | 庚寅 | 丁卯 | 丁卯 |
| 子午持世<br>身在初爻 | 卦名 | 遯 | 剝 | 坎 | 師 | 復 | 大壯 | 小畜 | 无妄 | 未濟 | 訟 | 小過 |
| | 世爻 | 丙午 | 丙子 | 無子 | 戊午 | 庚子 | 庚午 | 甲子 | 壬午 | 戊午 | 壬午 | 丙午 |
| | 世身 | 丙辰 | 乙未 | 戊寅 | 戊寅 | 庚子 | 甲子 | 甲子 | 庚子 | 戊寅 | 戊寅 | 丙辰 |

胎沒懷胎犯鬼神，陰私逃避失財人。

胎沒二卦，春《巽》、《離》，夏《坤》、《兌》，秋《乾》、《坎》，冬《艮》、《震》。值者多是占孕及病，鬼神為祟，或逃竄，或失財。

凡囚死之卦，必占官司、囚繫事，並犯疾厄災，及親戚喪亡事。

外發胎生人覓己，內動旺相己求人，日月合生從吉說，若知刑害則凶陳。

世爻與月建及日辰相生相合者，則從吉說。如㈡世爻與月建日辰相刑害則凶，外不求覓，不可不審。

身在財鄉欲覓財，亦憂父母及妻災，變入空亡奴婢走，定知喪死占新來㈢。

財爻持世，或在他爻動，主㈣妻妾災㈤及憂父母。如空亡帶殺，主喪亡事。

凡財爻動憂父母，父母爻動憂子孫，子孫爻動憂官事，官鬼爻動憂兄弟，兄弟爻動憂失財及妻妾。蓋取五行相剋之義也。

日辰生卦及其世，多占父母及其身，卦與世爻生日者，應卜妻財㈥及子孫。

卦與世爻同剋㈦日，必占㈧六畜及婚姻，卦世與日無相剋，應占塚墓②弟兄親。

日剋世爻占喪事，並占怪異及相論，遊魂世應日㈨相剋，卜心無定為他人。

若生剋斷訣甚驗，惟遊魂卦主心不定。卦者，即所㈩主之月卦也。如《乾》乃四月之卦，《姤》乃五月卦之類。

世應日月破並刑，官災盜賊死亡驚，若不與人相爭訟，卻有亡賊⑪哭泣聲。

凡世應居月破月刑，來刑本日者，定有官司、盜賊、死亡、驚恐故也。或公訟、喧爭事，或失財、孝服、悲泣聲。更看有無刑殺。《洞⑫林》曰：「世應三刑並殺陰，十死一生也⑬」。

應來剋世人謀己，世動剋應己謀人，旺相相生官作礙，休囚帶殺鬼相侵。

所言相剋者，即相剋相害也。又彼此相剋害，亦當視爻休旺⑭。如剋害旺相，而帶官鬼、官符者，即有公訟。如剋害之爻休囚帶殺，諸死符、病符，即主病也。

陰世月前事未至，陽爻月後事先過，但能仔細尋其意，卦中何事不包羅。

占法：陰主未來，陽主過去。

假令十月，坤宮得《剝》卦，六五爻動：

是丙子陰爻持世⑮，而⑯在月建之前，主未來。

如六⑰月，得《臨》卦，九二爻動：

| 《新鍥斷易天機》教例：013 | | | | | |
|---|---|---|---|---|---|
| 時間：假令十月 | | | | | |
| 乾宮：山地剝 | | | 乾宮：風地觀 | | |
| **本　　卦** | | | **變　　卦** | | |
| 妻財丙寅木 | ▅▅▅▅▅ | | 妻財辛卯木 | ▅▅▅▅▅ | |
| 子孫丙子水 | ▅▅　▅▅ | 世　╳→ | 官鬼辛巳火 | ▅▅▅▅▅ | |
| 父母丙戌土 | ▅▅　▅▅ | | 父母辛未土 | ▅▅　▅▅ | 世 |
| 妻財乙卯木 | ▅▅　▅▅ | | 妻財乙卯木 | ▅▅　▅▅ | |
| 官鬼乙巳火 | ▅▅　▅▅ | 應 | 官鬼乙巳火 | ▅▅　▅▅ | |
| 父母乙未土 | ▅▅　▅▅ | | 父母乙未土 | ▅▅　▅▅ | 應 |

是丁卯陽爻，在月未㈧建之後，此則已往。

更㈨以六神變動㈩推之，無不應矣。

## 注釋

① 祟（suì）：表示鬼魅出來作怪。

② 塚（zhǒng）墓：高大的墳墓。塚同「塚」字。

## 校勘記

㈠「又法」，原本作「又能」，疑誤，據《卜筮元龜•推占來情休旺吉凶要訣章》原文改。

㈡「如」，原本作「如與」，疑誤，據《卜筮元龜•推占來情休旺吉凶要訣章》原文改。

㈢「定知喪死占新來」，原本作「定知喪死福臨來」，疑誤，據《卜筮元龜•推占來情休旺吉凶要訣章》原文改。

㈣「主」，原本作「正」，疑誤，據《卜筮元龜•推占來情休旺吉凶要訣章》原文改。

㈤「災」，原本脫漏，據《卜筮元龜•推占來情休旺吉凶要訣章》原文補入。

《新鍥斷易天機》教例：014

時間：假令十月

| 坤宮：地澤臨 | | | | 坤宮：地雷復（六合） | | |
|---|---|---|---|---|---|---|
| **本　　卦** | | | | **變　　卦** | | |
| 子孫癸酉金 | ▅▅ ▅▅ | | | 子孫癸酉金 | ▅▅ ▅▅ | |
| 妻財癸亥水 | ▅▅ ▅▅ | 應 | | 妻財癸亥水 | ▅▅ ▅▅ | |
| 兄弟癸丑土 | ▅▅ ▅▅ | | | 兄弟癸丑土 | ▅▅ ▅▅ | 應 |
| 兄弟丁丑土 | ▅▅ ▅▅ | | | 兄弟庚辰土 | ▅▅ ▅▅ | |
| 官鬼丁卯木 | ▅▅▅▅▅ | 世 | ○→ | 官鬼庚寅木 | ▅▅ ▅▅ | |
| 父母丁巳火 | ▅▅▅▅▅ | | | 妻財庚子水 | ▅▅▅▅▅ | 世 |

㊅「財」，原本作「育」，疑誤，據《卜筮元龜·推占來情休旺吉凶要訣章》原文改。

㊆「剋」，原本作「與」，疑誤，據《卜筮元龜·推占來情休旺吉凶要訣章》原文改。

㊇「占」，原本作「須」，疑誤，據《卜筮元龜·推占來情休旺吉凶要訣章》原文改。

㊈「日」，原本作「自」，疑誤，據《卜筮元龜·推占來情休旺吉凶要訣章》原文改。

㊉「所」，原本作「此」，疑誤，據《卜筮元龜·推占來情休旺吉凶要訣章》原文改。

⑪「賊」，原本作「財」，疑誤，據《卜筮元龜·推占來情休旺吉凶要訣章》原文改。

⑫「洞」，原本作「同」，疑誤，據《卜筮元龜·推占來情休旺吉凶要訣章》原文改。

⑬「也」，原本脫漏，據《卜筮元龜·推占來情休旺吉凶要訣章》原文補入。

⑭「旺」，原本作「囚」，疑誤，據《卜筮元龜·推占來情休旺吉凶要訣章》原文改。

⑮「持世」，原本作「時出」，疑誤，據《卜筮元龜·推占來情休旺吉凶要訣章》原文改。

⑯「而」，原本脫漏，據《卜筮元龜·推占來情休旺吉凶要訣章》原文補入。

⑰「六」，原本作「十」，疑誤，據「在月未建之後」之意改。

⑱「未」，原本脫漏，據《卜筮元龜·推占來情休旺吉凶要訣章》原文補入。

⑲「更」，原本作「便」，疑誤，據《卜筮元龜·推占來情休旺吉凶要訣章》原文改。

⑳「變動」，原本作「變動俱依此」，疑誤，據《卜筮元龜·推占來情休旺吉凶要訣章》原文改。

## •時字章

此一個時字，觀及一切。上至至尊、至貴、至富，須用得時，方得受用此時也。有得便有失者，亦時也。下至至貧、至賤，亦有得時享福，此亦是時也。但係有情，禽魚獸畜，皆用得時方出，此應時也。不得時而藏，此亦時也。至於一切無情草木，亦用得時方得生長，此亦時也。不得時而枯死，亦莫非時也。卜筮之法，只用看此一個時字，盡可見吉凶。且如京房①先生說：「卦遇旺者，善惡皆成，遇休囚者，善惡事俱不成」，此亦時也。教人常持旺相胎沒死囚休廢，此亦時也。

如景純②先生說：「《震》旺為龍氣，廢則為魚子，當名魚子」。果應此言，此亦時也。又言：「丁卯為神仙，其時氣廢，即為龜精」。亦此時也。

又《火珠林》云：「欲知卜者來何意，細看旺相休囚氣，旺相婚姻求官職，休廢爭財官退位」。老人欲得休囚後，主加之旺相榮。此亦時也。

虎易按：查虛白廬藏清刻《百二漢鏡齋秘書四種》中《火珠林》（輯入心一堂古籍珍本叢刊），原本無此段內容，讀者可參閱原著。

又如大經③《遯》卦，緣二陰爻道長，陰為小人。君子之見小人，陰㊀長當自退，遯為貴，免後來小人之害。此亦時也。

又如《困》卦，六三為陰，陰為小人。三本陽位㊁，陽為君子。六三係無知小人，奪卻君子之位。進則有九四陽爻，君子所隔，退則有九二陽爻，君子所得，是以進不得，退不得。此係小人，不當進而進，上又無陰爻相援，以至喪身失命。此係亦時也。又如《解》卦，內卦屬坎，本應十一月陰。一陽陷在二陰之中，直待二月春分，出其險陷方動。此係君子藏器于身，待時而動，出則獲吉，無不利也。此亦時也。故作此章，咸得知其時，失時則退藏，隱忍而善，庶免至枉受禍患。得時而行，不作纖毫之惡，不種禍患之胎。常常如此，常者久也，可久遠綿昌，永代受福，豈不美哉。四大聖人作大經，云此納甲，只是一個時字相勉，信而行之乎哉。

## 注釋

①京房：（西元前77—前37年），字君明，東郡頓丘（今河南清豐西南）人。治《易》，事梁人焦延壽，延壽字贛。贛常曰：「得我道以亡身者，京生也。」房以明災異得幸，為石顯所譖誅，年僅四十一歲。房授東海殷嘉、河東姚平、河南乘弘，皆為郎、博士。由是《易》有京氏之學。京氏撰寫了大量易學著作，大多佚失，今只存《京氏易傳》三卷。故項安世謂，以京房考之，世所傳《火珠林》即其遺法。納甲六親占法，即始於京房，他開創了納甲六親占法的預測模式。參閱《漢書•京房傳》、《漢書•儒林傳》。

②景純：郭璞，字景純，河東聞喜人也。參閱《晉書•列傳第四十二•郭璞》。

③大經：指易經。

### 校勘記

㈠「陰」，原本作「刺」，疑誤，據其文意改。

㈡「位」，原本作「爻」，疑誤，據其文意改。

## •六親用變㈠

### 校勘記

㈠「六親用變」標題，原本脫漏，據本書目錄補入。

## •父母用變

父母當頭剋子孫，病人無藥主沉昏，親姻子息應難得，買賣勞心利不存。

觀望行人書信動，論官下狀理先分，士人科舉彰㈠金榜，失物逃亡要訴論。

父化父兮文不實，舉事艱難事非一，舉用淹留。

父化子兮宜退散，縱然憂病還㈡為吉。父化子，又主行人遠信至，又主散憂事，又宜退步。

父化同人多口舌，用求婉轉須重叠，父化財兮交易利，家長不寧求事拙。

父化官兮家損失，求官必得遷高職，卦無父母事無頭，更在休囚空費力。

又云：㊂卦無父母，占事未舉，方欲求圖㊃。若伏在兄弟，名脫氣，須得日辰旺㊄，生扶之吉㊅。

## 校勘記

㊀「彰」，原本作「登」，疑誤，據《海底眼•六親爻用•父母用》原文改。
㊁「還」，原本作「反」，疑誤，據《海底眼•六親爻變•父母變》原文改。
㊂「又云」後，原本作「昔被月傷休不見」，疑誤，考《海底眼》無此句內容，刪除。
㊃「方欲求圖」，原本作「方散求官」，疑誤，據《海底眼•六親爻變•父母變》原文改。
㊄「旺」，原本作「時」，疑誤，據《海底眼•六親爻變•父母變》原文改。
㊅「生扶之吉」，原本作「生扶出」，疑誤，據《海底眼•六親爻變•父母變》原文改。

## •子孫用變

子孫發用㊀傷官鬼，占病求醫身便痊，行人買賣身康泰，婚姻喜美是姻緣。
產婦當生子易養，詞訴空論事不全，謁貴①無官休進用，守舊常占可自然。
子化子兮陰小凶，舉訟興官理不同，子化官兮防禍患，占病憂疑總㊁不中。
子化父兮憂㊂產婦，無中生有多頭緒，子化兄兮事不全㊃，脫詐人情疑莫去。
子化為官，妻占夫主，僧道還俗㊄，占訟先慢後緊㊅。

## 注釋

①謁（yè）貴：拜見有官職或者有地位的人。

## 校勘記

㊀「用」，原本作「動」，疑誤，據《海底眼•六親爻變•子孫用》原文改。

㊁「總」，原本作「盡」，疑誤，據《海底眼•六親爻變•子孫變》原文改。

㊂「憂」，原本作「防」，疑誤，據《海底眼•六親爻變•子孫變》原文改。

㊃「全」，原本作「圓」，疑誤，據《海底眼•六親爻變•子孫變》原文改。

㊄「僧道還俗」，原本作「僧道師尼」，疑誤，據《海底眼•六親爻變•子孫變》原文改。

㊅「占訟先慢後緊」，原本作「占欲主無，侵後緊之」，疑誤，據《海底眼•六親爻變•子孫變》原文改。

## ・妻財用變

財爻立用剋文書，應舉求官總是虛，買賣交關①㊀財利合㊁，親成㊂如意樂無虞。行人在外身欲動，又云：多興敗。產婦求神易免除，失物靜安家未出，病者傷脾腹胃虛。子化財兮好望財，財化財兮婦主災，財化官兮防走失，財化文書用可諧。財化兄兮財少成，相知脫賺②勿交親，財化子兮宜守舊，託用人情不一心。

### 注釋

①交關：猶交易。

②脫賺：猶欺騙。

### 校勘記

㊀「關」，原本作「官」，疑誤，據《海底眼・六親爻用・妻財用》原文改。

㊁「利合」，原本作「吉利」，疑誤，據《海底眼・六親爻用・妻財用》原文改。

㊂「成」，原本作「姻」，疑誤，據《海底眼・六親爻用・妻財用》原文改。

### •兄弟用變

兄弟同人先剋財㊀，患㊁人占者氣㊂衰災，應舉雷同文不一，若是常占尚㊃破財。有害虛詞應帶㊄眾，出路行人身未來，貨物經商消折本①，買婢求妻事不諧。兄化兄兮家不足，兄化財兮財反覆，占身進退。兄化官兮休下狀，訟凶。占病難醫須見哭。無醫。

兄化文書和改求，人情後喜主先㊅憂，兄化子兮憂可散，官事退散也。望者行人信有接㊆。

### 注釋

①折本：賠本，虧本。

### 校勘記

㊀「兄弟同人先剋財」，原本作「兄弟同人剋了財」，疑誤，據《海底眼•六親爻用•兄弟用》原文改。

㊁「患」，原本作「病」，疑誤，據《海底眼•六親爻用•兄弟用》原文改。

㊂「氣」，原本作「無」，疑誤，據《海底眼•六親爻用•兄弟用》原文改。

㊃「尚」，原本作「當」，疑誤，據《海底眼•六親爻用•兄弟用》原文改。

㊄「帶」，原本作「累」，疑誤，據《海底眼•六親爻用•兄弟用》原文改。

㊅「先」，原本作「無」，疑誤，據《海底眼•六親爻變•兄弟變》原文改。

㊆「望者行人信有接」，原本作「若望行人信有頭」，疑誤，據《海底眼•六親爻變•兄弟變》原文改。

## •官鬼用變

官鬼從來剋兄弟，婚姻未就生疑滯，病困門庭禍祟①纏㊀，更改動身皆不利㊁。

出外逃亡定見災，詞訟傷身有囚繫，買賣財輕賭鬥㊂輸，失物難尋多暗昧。

官化官兮病未安，見貴求官事總㊃難，官化文書官未順，交加爭競鬼相干。

官化子兮憂自除，常占小口必災諸㊄，官化兄兮朋友詐，委託人心不似初。

官化財兮財自得，賭撲爭籌㊅卻主輸，卦中無鬼休謀事，官員難㊆見事空虛。

### 注釋

①禍祟（huò suì）：舊謂鬼神所興作的災禍。

## 校勘記

㈠「纏」，原本作「來」，疑誤，據《海底眼·六親爻用·官鬼用》原文改。

㈡「利」，原本作「吉」，疑誤，據《海底眼·六親爻用·官鬼用》原文改。

㈢「鬥」，原本作「博」，疑誤，據《海底眼·六親爻用·官鬼用》原文改。

㈣「總」，原本作「盡」，疑誤，據《海底眼·六親爻變·官鬼變》原文改。

㈤「必災諸」，原本作「必須危」，疑誤，據《海底眼·六親爻變·官鬼變》原文改。

㈥「賭撲爭籌」，原本作「賭博抽拈」，疑誤，據《海底眼·六親爻變·官鬼變》原文改。

㈦「難」，原本作「不」，疑誤，據《海底眼·六親爻變·官鬼變》原文改。

### •六親變用

官鬼用旺相，伏藏要生世。休囚不中。

父母宜旺相，伏藏生世，皆可用。忌休囚發動不利。

妻財宜旺相出現，伏世下，宜生世。皆可用。動不中，宜脫貨。

兄弟比，謂之隔神，忌動不中。

子孫謂之散神，旺相生世可求財，忌休囚發動，只宜散財。

用爻宜出現，旺相，忌休囚、忌動。按經云：「動則急，靜則緩」。

## •六親用鈐①

（一）看世爻旺相發用，忌應爻刑墓剋世。不畏沖，春夏《大壯》卦是也：

| 《新鍥斷易天機》教例：015 | | |
|---|---|---|
| 時間：春夏 | | |
| 坤宮：雷天大壯（六沖） | | |
| 本　卦 | | |
| 兄弟庚戌土 | ▅▅　▅▅ | |
| 子孫庚申金 | ▅▅　▅▅ | |
| 父母庚午火 | ▅▅▅▅▅ | 世 |
| 兄弟甲辰土 | ▅▅▅▅▅ | |
| 官鬼甲寅木 | ▅▅▅▅▅ | |
| 妻財甲子水 | ▅▅▅▅▅ | 應 |

若月建持世，或日辰生扶世，日辰沖剋應爻，卻喜之。

（二）看世下財官㊀有無。

用官伏世下，忌伏財。用財伏世下，忌伏官。卻要日辰生扶用爻。

如用官，要官爻直日，或透文書。

用財，要妻財直日，或子孫直日生財。

假令子爻為財，申金旺相直日，為子孫生財，吉。

假令亥爻為官，木旺相直日為文書，事也成。

（三）看財官出現。

旺相有氣成，休囚無氣不成。若日辰旺相，生用卻成。

假令酉爻為財出現，夏占未日是也。

子見子、亥見亥為比，能生能剋。子見亥、亥見子為不比，不能生不能剋。比者，乃一家之事也。

（四）看財官旺相，伏於何爻之下。

用官喜伏官鬼父母之下，忌伏財於兄弟之下。

用財喜伏子父之下，忌伏鬼兄之下。

是財官透出直日辰，或日辰旺相，剋去鬼爻。

（五）看忌爻持世。

用官忌子持世，用財忌兄持世。須是日辰旺相，透出用爻方不畏，亦費力中得。

（六）看一爻獨發。

用官，官旺相伏藏，動要生世。

用父母，旺相伏藏，要生世。

用財，財旺相伏藏，動要生世。

用子，旺相伏藏，出現動亦有。若用爻出現，或休囚，皆忌動。

## 注釋

①鈐（qián）：通「權」。權謀，謀略。

## 校勘記

㊀「官」，原本脫漏，據《通玄斷易·六親用鈐》原文補入。

## ・六親根源㈠

卦定根源，六親為主，爻究旁通，五行而取。

根源者：八卦之宮主㈡也。而原有六親旁通者，六爻之飛象也，而上下相乘㈢。五行者，金、木、水、火、土也，而定四時。六親者，主宮之六爻，父、子、兄弟、妻財、官鬼也。一宮管八卦，七卦皆從一宮中出。旁通者，上下宮飛象六爻也。蓋本宮在下，為伏之㈣六親；旁宮在上，為飛為旁通㈤。如六㈥壬課有天盤、地盤。先看六親之下㈦，後看六親之上，所乘得何爻，而辨吉凶存亡也㈧。

### 校勘記

㈠「六親根源」，原標題作「六親占法」，疑誤，據《火珠林・六親根源》標題改。
㈡「主」，原本脫漏，據《火珠林・六親根源》原文補入。
㈢「乘」，原本作「承」，疑誤，據《火珠林・六親根源》原文改。
㈣「之」，原本作「為」，疑誤，據《火珠林・六親根源》原文改。
㈤「為飛之六親」，原本作「為飛為旁通」，疑誤，據《火珠林・六親根源》原文改。
㈥「六」，原本脫漏，據《火珠林・六親根源》原文補入。
㈦「之下」，原本脫漏，據《火珠林・六親根源》原文補入。
㈧「也」，原本脫漏，據《火珠林・六親根源》原文補入。

## •財官輔助

財官異路，可辨五鄉㈠，用有輔助，類可忖量①。

財者，妻財。官者，官鬼。是故，至柔者財，至剛者鬼，而有輔體。輔體者，用官鬼以㈡父母輔之，用妻財以㈢子孫輔之。直旺相為有氣㈣，休囚為無氣。得生扶為吉，剋破為凶。

### 注釋

①忖（cǔn）量：思量，考慮。

### 校勘記

㈠「鄉」，原本作「向」，疑誤，據《火珠林·財官輔助》原文改。

㈡㈢「以」，原本脫漏，據《火珠林·財官輔助》原文補入。

㈣「直旺相有氣」，原本作「直旺相有氣立死」，疑誤，據《火珠林·財官輔助》原文改。

## •占公私用事

陰陽男女，次第推排，官用取官，私用取財。

占病鬼祟①，占失看賊，占求官㈠事，占官詞訟㈡，占婚問夫。以上皆看官爻。

占買賣財，占家宅事，占奴婢事，占求財事，占婚姻事㈣。以上皆看財爻。

## 注釋

①鬼祟（suì）：鬼怪作祟。

## 校勘記

㈠「官」，原本作「身」，疑誤，據《火珠林·公私用事》原文改。

㈡「詞訟」，原本作「論訴」，疑誤，據《火珠林·公私用事》原文改。

㈢「以上皆看官爻」，原本作「已上係鬼爻」，疑誤，據《火珠林·公私用事》原文改。

㈣「占奴婢事，占求財事，占婚姻事」，原本作「占病祿命，占姻問妻」，疑誤，據《火珠林·公私用事》原文改。

### ·論六親類㈠

六親占法㈡少人知，不離原㈢宮五鄉推，動變虧贏隨本卦，日月生扶取剋期。

六親者，乃八卦主也。凡事類爻，只取本宮為實。一宮管八卦，六十四卦皆先看元屬其卦，然後論之。

## 校勘記

㊀「論六親類」，原本作「論六親」，疑誤，據本書目錄改。

㊁「六親占法」，原本作「六親占訣」，疑誤，據《海底眼•六親》原文改。

㊂「原」，原本作「元」，按現代用字方式改。後文遇此字，均依此例改作，不另作校勘說明。

•**父母類** 為事爻，若發動主憂疑，旺相可求文書。

父母尊長文書吏，印綬衣服轎車船，契約本事勞心力，天地墳墓屋田園。

天地、蓋載，日月、星辰。父母、伯叔、田土、墳塋、尊長、貨殖、旌旗、舟車、橋轎、單壘、州營、園圃、草木、網罟、帶繩、兵戈、屋宇、牛馬、飛鳥、衣服、中整、期信、額明、文榜、曉示、交易、行李、文書、契約、嘔逆①、勞心、見解、學問、容止、詞論、文章、印綬、官職、事業、圖號、左差、劄敕、獎勸。

## 注釋

①嘔逆：氣逆。

•**子孫類**　為喜爻，若獨發，宜散事，旺相好求財。

福德僧道尼師貴，緝捕醫藥閑魚儈，皮毛六畜象牙珠，犀角雪霜枕玳瑁。

子息、鈍訥，生養、魚蟲、喜慶、雪晴、霜色、長空、景風、瑞物、持載、酒肉，毛甲、頭髮、畜獸、狗畜、玳瑁、珠犀，童稚、閑福、師巫、捕執、符藥、醫卜、道路、稱意、人口、欽伏，器皿、光事、消遣、林麓、內行、甚實、逍遙、退祿、救神、正直、空田、井谷。

占病為醫藥，占失為捕人，占事為傷人。

•**妻財類**　為財爻，不伏鬼下，乘旺獨發，三分得一。

妻妾使下及奴婢，飲食才同色信禮，氣象風雲雨祿來，貨物受用倉為美。

妻妾、財寶、四肢、骨骼、什物、受用、廚灶、[　]梃、產業、軍務、精神、氣色、飲食、乳奶、菜蔬、米麥、奴婢、娼妓、不孝、妨克、無學、慵懶、泉源、雨澤、吏役、勢力、瓦礫、神宅、請給、俸祿、豬羊、伏匿。

占買賣為財，占訶為理，占婚為妝奩①，占進人口為奴婢，占文書為鬼賊破人財。

**注釋**

①妝奩（zhu ā ng lián）：嫁妝。

### •官鬼類　為鬼爻，獨發主病災，損失之兆。

官鬼神邪病祟盜，失物輸嗔災夢憂，雷閃主人廳殿類，溝渠獄穴制身愁。

官鬼事類：君主、職清、江河、溝渠、固密、不明、公庭、東道、災害、傷身、鬼祟①、凶禍、市肆②、極刑、嫌疑、憎妒、屍骸、鬼魂、疾病、瘡癤③、怪夢、虛驚、怨謗、狡詐、賊盜、仇人、丈夫、奉佛、敕額、遷升、破損、不堪、偷竊、權軍、霜冰、雷電、怪異、瘋癲。

占訟為官司，占失脫為賊盜，占身為災病事，占買賣為牙人。

## 注釋

①鬼祟（suì）：指鬼怪；鬼怪作祟害人。

②市肆（sì）：城市中的商店。

③瘡癤：皮膚毛囊或皮脂腺的急性化膿性炎症。

### •兄弟類　為虛文，獨發難憑，有氣，事可改用。

兄弟姊妹及同類，口舌貪淫氣妒生，好賭失信欲無禮，不正窮醜亂相侵。

兄弟、昆仲、同居、親情、門缺、豎立、牆壁、圓縈㈠。

剋妻、害婢㊁、賭博、田塍①㊂、搬唆、口舌、爭鬥、眾人。
同事、同類㊃、朋友、近鄰、無禮、失㊄信、損氣、傷神。
沐浴、孔竅、肘腋、撐擎㊅、糞壞、臭腐、瘦弱、身貧。
舒融、嫉妒、姊妹、貪淫、傷財、私用、霧露、風雲。
為口舌、幹用，非禮不正之事也。
以上五類㊆，分於六爻內。消息禍福匹配，相刑相剋，衝破空亡，偶合吉凶。可仔細推之。

虎易按：以上「父母、子孫、妻財、官鬼、兄弟」五類，分別論述他們各自對應的人事、物象屬性。熟悉這些內容，在具體的預測過程中，就能熟練的抽象與求測人相關的資訊，用以指導求測人趨吉避凶。

## 注釋

①田塍（chéng）：田埂。

## 校勘記

㊀「牆壁圓縈」，原本作「牆壁園營」，疑誤，據《海底眼•兄弟類》原文改。
㊁「婢」，原本作「奸」，疑誤，據《海底眼•兄弟類》原文改。
㊂「塍」，原本作「獵」，疑誤，據《海底眼•兄弟類》原文改。

㈣「同事同類」，原本脫漏，據《海底眼·兄弟類》原文補入。
㈤「失」，原本作「無」，疑誤，據《海底眼·兄弟類》原文改。
㈥「肘腋撐擎」，原本作「肘腋抬驚」，疑誤，據《海底眼·兄弟類》原文改。
㈦「以上五類」，原本作「以前五事」，疑誤，據《海底眼·兄弟類》原文改。

## ·十六變章

自初至五上㈠不動，復下飛四往復飛㈡，上飛下飛還本體，便是十六變卦例㈢。

十六變者，京房先生作也。

且如《乾》宮一變《姤》，至五變《剝》，上爻為宗廟，永不變。

復下飛四《晉》為遊魂，下飛三《旅》為外戒，下飛二《鼎》為內戒，下飛初為《大有》歸魂。

復上飛二㈣《離》為絕命，上飛三《噬嗑》為血脈，上飛四《頤》為肌肉，上飛五《益》為骸骨①。

復下飛四《无妄》為棺槨②，下飛三《同人》為塚墓，下飛二係十六變，再變《乾》㈤本體入宮。餘皆倣此也。

虎易按：「十六變章」的內容，首出《周易尚占·重卦變通章》，但其沒有本書的歌訣和後面的內容。本歌訣原本無標點，按七言詩歌體例，原本應標點作：「自初至五不動復，下飛四往復用飛，上飛下飛還本體，便是十六變卦例」，但以上標點方式，語句上似乎不太合理。按其變卦體例，對本歌訣文字作個別修改，重新標點作：「自初至五上不動，復下飛四往復飛，上飛下飛還本體，便是十六變卦例」。希望此修改能符合本文之意，也能便於讀者理解。

為便於讀者理解此節內容，按其變卦體例，製作「乾宮首卦《乾為天》十六變順序表」，和「八宮十六變卦表」，供讀者參考。

## 乾宮首卦《乾為天》(䷀)卦十六變順序表

乾宮首卦《乾為天》(䷀)，上爻為宗廟，永不變。

| 爻位 | 變序 | 卦名 | 卦形 | 變序 | 卦名 | 卦形 | 變序 | 卦名 | 卦形 | 變序 | 卦名 | 卦形 |
|---|---|---|---|---|---|---|---|---|---|---|---|---|
| 上爻 | 首 | 乾 | ䷀ | | | | | | | | | |
| 五爻 | 05 | 剝 | ䷖ | | | | 13 | 益 | ䷩ | | | |
| 四爻 | 04 | 觀 | ䷓ | 06 | 晉 | ䷢ | 12 | 頤 | ䷚ | 14 | 无妄 | ䷘ |
| 三爻 | 03 | 否 | ䷋ | 07 | 旅 | ䷷ | 11 | 噬嗑 | ䷔ | 15 | 同人 | ䷌ |
| 二爻 | 02 | 遯 | ䷠ | 08 | 鼎 | ䷱ | 10 | 離 | ䷝ | 16 | 乾 | ䷀ |
| 初爻 | 01 | 姤 | ䷫ | 09 | 大有 | ䷍ | | | | | | |
| | 《乾》宮一變《姤》，至五變《剝》. | | | 復下飛，變四、三、二、初爻。 | | | 復上飛，變二、三、四、五爻。 | | | 復下飛，變四、三、二爻，還本體《乾》。 | | |

# 八宮十六變卦表

| 卦宮／卦名／變序 | 乾宮 | 坎宮 | 艮宮 | 震宮 | 巽宮 | 離宮 | 坤宮 | 兌宮 | 變卦名稱 | 世爻位置 |
|---|---|---|---|---|---|---|---|---|---|---|
| 首卦 | 乾 | 坎 | 艮 | 震 | 巽 | 離 | 坤 | 兌 | 八純 | 六世 |
| 一變 | 姤 | 節 | 賁 | 豫 | 小畜 | 旅 | 復 | 困 | 一世 | 一世 |
| 二變 | 遯 | 屯 | 大畜 | 解 | 家人 | 鼎 | 臨 | 萃 | 二世 | 二世 |
| 三變 | 否 | 既濟 | 損 | 恒 | 益 | 未濟 | 泰 | 咸 | 三世 | 三世 |
| 四變 | 觀 | 革 | 睽 | 升 | 无妄 | 蒙 | 大壯 | 蹇 | 四世 | 四世 |
| 五變 | 剝 | 豐 | 履 | 井 | 噬嗑 | 渙 | 夬 | 謙 | 五世 | 五世 |
| 六變 | 晉 | 明夷 | 中孚 | 大過 | 頤 | 訟 | 需 | 小過 | 遊魂 | 四世 |
| 七變 | 旅 | 復 | 小畜 | 困 | 賁 | 姤 | 節 | 豫 | 外戒 | 一世 |
| 八變 | 鼎 | 臨 | 家人 | 萃 | 大畜 | 遯 | 屯 | 解 | 內戒 | 二世 |
| 九變 | 大有 | 師 | 漸 | 隨 | 蠱 | 同人 | 比 | 歸妹 | 歸魂 | 三世 |
| 十變 | 離 | 坤 | 巽 | 兌 | 艮 | 乾 | 坎 | 震 | 絕命 | 六世 |
| 十一變 | 噬嗑 | 謙 | 渙 | 夬 | 剝 | 履 | 井 | 豐 | 血脈 | 五世 |
| 十二變 | 頤 | 小過 | 訟 | 需 | 晉 | 中孚 | 大過 | 明夷 | 肌肉 | 四世 |
| 十三變 | 益 | 咸 | 未濟 | 泰 | 否 | 損 | 恒 | 既濟 | 骸骨 | 三世 |
| 十四變 | 无妄 | 蹇 | 蒙 | 大壯 | 觀 | 睽 | 升 | 革 | 棺槨 | 四世 |
| 十五變 | 同人 | 比 | 蠱 | 歸妹 | 漸 | 大有 | 師 | 隨 | 墳墓 | 三世 |
| 十六變 | 乾 | 坎 | 艮 | 震 | 巽 | 離 | 坤 | 兌 | 本體 | 六世 |

一世之卦名外戒，一切吉凶從外來。

一世者，名為外戒。一切凶吉，鬼祟禍患皆外來。

二世之卦㈥名內戒，一切內亂細推排。

內戒者，主內亂。占宅宅內亂，占身心內亂。一切吉凶，魂魄諸神㈦，皆以內發，凡事皆推在內也。

三世常將骸骨詳，生瘦死主未埋藏。

三世卦，皆為骸骨。占身占物，皆主面脫骨露。占疾主疫，祟亦係未葬骸骨之鬼。

棺槨常待四世為，占病變此死亡推。

四世卦，皆為棺槨、宅舍，主動棺槨及無棺槨鬼為祟，占病忌變入本宮棺槨，即厄也。

五世皆為血脈卦，絕世血疾與漏下③。

主漏下、血疾。占病亦主血染死鬼，常生血光事。

六世絕命反覆多，為人孤獨少周和。

六世絕命，凡事反覆，占身孤獨。內有《乾》、《坤》兩卦不孤，雖是任有子息，難保和同周近。行人走失，皆出遠方，行動難歸。

遊魂肌肉如夢中，精神恍惚似童蒙。

遊魂多主夢，占身主保生，不然離鄉孤獨，占病皆死。又名肌肉，亦主癰疽、血膿之疾。

歸魂塚墓事歸美，可有聚神堪吉看。

歸魂又名塚墓，占墓內，相剋主有剋害此後方。占行人主歸，凡事可有歸聚，不散之也。

本宮變者皆為正，凡事見之當實定。

如《晉》卦，乾家遊魂。《益》卦，乾家骸骨。《无妄》，乾家棺槨。《離》卦，乾家絕命。係本宮變去。見者，災福應十分。八宮變，共皆同。

《火珠林》雖說《益》是乾家骸骨卦，《噬嗑》是乾㈧家血脈卦，即不說得分曉，不曾明教人用之，是致後學多失此也。

虎易按：查虛白廬藏清刻《百二漢鏡齋秘書四種》中《火珠林》（輯入心一堂古籍珍本叢刊），原本無此段內容，讀者可參閱原著。

《洞林》說《鼎》是乾家內戒，主內亂，深應此說。今之卜者，不可不察。

## 注釋

①骸（hái）骨：屍骨。

②棺槨（guān guǒ）：棺材和套棺（古代套於棺外的大棺），泛指棺材。

③漏下：中醫婦科病名。婦女經行淋漓不斷，古人以屋漏喻此症狀，故名。

## 校勘記

㈠「上」，原本脫漏，據下文「上爻為宗廟，永不變」之意補入。

㈡「復下飛四往復飛」，原本作「復下飛四往復用飛」，疑誤，據歌訣體例及其文意改。

㈢「例」，原本作「戾」，疑誤，據其文意改。

㈣「二」，原本作「為」，疑誤，據其行文體例及文意改。

㈤「再變《乾》」，原本作「再變復」，疑誤，據其行文體例及文意改。

㈥「二世之卦」，原本作「二卦世者」，疑誤，據其行文體例及文意改。

㈦「魂魄諸神」，原本作「魂其寬廣」，疑誤，據《通玄斷易•世爻動變歌》原文改。

㈧「乾」，原本作「艮」，疑誤，據其變卦體例改。

### •洞林秘訣卦生章

時下來意占生成，前人雖說不曾明。

卦生者，月卦為身。且如純《乾》卦，係四月卦，屬巳，巳屬火。火退定生土，土以父母為卦生。所以，卦為來意者，有疑甚明。前人雖說，不曾明指出處，後人無師傳皆不能用。今明具六十四卦名義納甲，無生爻皆只取伏神中生爻皆可。將旬中六神加看，便見時下有何事。若有兩個生爻，皆不空者，兩事皆可說也。

卦生為鬼口舌災，禍福文書及破財。

此係月即事，同使旬中六神。青龍，並生者，遷官拜職，或官事中喜至。朱雀，並官事。勾陳，並墓塚，凶事。騰蛇，並怪異，驚恐。白虎，並疾病。玄武，並陰人，盜賊之事。

若值生爻是子孫，便作兒孫消息論。

卦生爻是子孫爻者，青龍，並遠信、文書、喜事。朱雀，並爭競、妒忌。勾陳，並子孫，牽連消息。騰蛇，並驚恐、怪夢。白虎，並人口疾病。玄武，並信息、陰私。

父母生逢田宅舍，或是文書印信也。

生爻是父母，青龍，並喜慶消息。朱雀，並印信、文書。勾陳，並田宅、勾連。騰蛇，並怪異之災。白虎，並孝服、喪事。玄武，並盜賊、陰私。

忽遇生爻是兄弟，事涉知朋並友契。

生爻是兄弟，青龍，並婚姻、拜職。朱雀，並書信、口舌。勾陳，並爭訟、勾留。騰蛇，並遠信、虛恐。白虎，並道路、疾病。玄武，並朋類、失財。

若非來意占其事，日下決點當見此。更能輕重加減看，凡事決然當剖判。

生爻若無，空亡，惟非來意所占，日下亦有此事，隨時輕重，直之此月卦為身，亦可加喜神殺神並命。

## •占過去未來章

爻在卦前言未來，爻在卦後言過去，六爻先以卦為身，然後看其爻發處。

聖人作易，逆觀未來，順考以往。

假令《遯》卦：

第二陰爻為世，即是六月卦也。月卦㈠未，未屬土，壬午火為印綬㈡，或官職、或疾病。午在未之後，言已往也，合在巳午前四五月㈢應。壬申金為月卦所生之爻，土生金爻，帶兄弟為應㈣，萬事和合，喜悅之事。申在未前，為未來事，合申酉年㈤七八月應。他並倣此。壬申、壬午、丙申，兄弟備《遯》中也㈥。

虎易按：「月卦未，未屬土，壬午火為印綬，或官職、或病疾」。指《遯》卦為未月卦，未屬土，壬午火生未土，按配六親法，「生我者為父母」，所以稱午火為未土之印綬（印綬，是父母的代稱）。本卦六親壬午火為官鬼，官鬼主官職，也主疾病。

「壬申、壬午、丙申，兄弟備《遯》中也」。指《遯》卦中壬申金、丙申金在本卦六親為兄弟。壬午火與世爻丙午火同類，按配六親法，「比和者為兄弟」，進行六親轉換後，也為世爻之兄弟。

欲知其事合有之，細相六爻卦體推，太歲沖身以月斷，月卦沖歲以日期。

六㈦沖：子午、卯酉、寅申、巳亥、辰戌、丑未。

假令子以午為沖，卯見酉為沖，歲沖以月期，月沖以日期也。

## 校勘記

㈠「卦」，原本作「建」，疑誤，據其文意改。
㈡「綬」，原本作「人」，疑誤，據《卜筮元龜・占過去未來章》原文改。
㈢「月」，原本脫漏，據《卜筮元龜・占過去未來章》原文補入。
㈣「應」，原本脫漏，據《卜筮元龜・占過去未來章》原文補入。
㈤「年」，原本作「後」，疑誤，據《卜筮元龜・占過去未來章》原文改。
㈥「壬申、壬午、丙申，兄弟備《遯》中也」，原本脫漏，據《卜筮元龜・占過去未來章》原文補入。
㈦「六」，原本作「四」，疑誤，據「子午、卯酉、寅申、巳亥、辰戌、丑未」六對改。

## ・名義章

孔夫子云：「智者觀其彖辭，則思過半矣」。彖辭者，只是議論卦也。今之占卜，卦亦明，十分見具七八。《火珠林》中，雖具六十四卦納甲月飛伏，緣不曾明指月卦與伏神同處，及不曾盡說六爻皆有伏神。又有詩歌贊誦，皆不明說吉凶禍福。其賢臣，今具六十四卦名義，納甲月卦所生爻，用旬中六神加看時下事意，六爻皆有伏神，細詳可盡見來歷事由。略言大概，吉凶數句，況占事不一，難以於卦名下而定。今各作一章，一切已形未萌，皆得依經而斷，庶幾事事皆中，而無差錯疏謬，豈不美哉。

## ·四直章

京房先生作納甲，年月日時爻最緊。去世遠矣，罕得其傳，是致尋枝摘葉，不得已而空鑿。同志直究此，有年有月有日有時，所作悉皆宜。年直一年，月值一月，日值一日，時直一時。

京房作納甲，但教人常將年月日時最緊捷。如辰年占得辰爻，亥月占得亥爻，巳日占得巳爻，酉時占得酉爻者是也。年直爻上見吉凶，主一年事。月直爻上見吉凶，主一月事。日直爻上見吉凶，主一日之事。時直爻上見吉凶，主一時之事。凡占卦得四直爻者，用事皆成。

卦中若無四直爻，所為先聚後相拋。

卦雖無氣，有四直隨爻，吉凶終成。無四直爻者，凡事只宜時下，久遠事分離拋棄。有四直爻者，用終成。雖時下無氣，隨爻吉凶，後皆見之也。

## ·來情章

卦中多者取來情，或向空亡無處尋，又看世爻沖剋處，於中一事破來心。

### ·五鄉沖剋取來情爻

### ·沖剋父母爻

沖印契劄及尊長，屋宅墳野與田園，又取文章並應舉，產業車轎及舟船。

### ·沖剋兄弟爻

沖兄爭鬥與貪淫，不若剋財口舌臨，切忌妻災防破散，相知嫉妒是同人。

### ·沖剋子孫爻

沖福瑞物及醫藥，七寶貴人寺觀塔，僧尼佛像所欲生，六畜皮毛與筋角。

## •沖剋妻財爻

沖剋即是非占財，鋪店絲綿買物來，或有陰人或合事，金銀銅鐵器和交。

## •沖剋官鬼爻

沖剋非鬼即求官，更有訟事祟相連，又或走失兼盜賊，莫把爻中一例言。

此法須無卦中多者，取看有氣無氣言之。看卦中雖有，多者，若臨無氣之月，即不用也。

## •潛虛章

坐方立物皆成卦，看其爻發在用時，潛虛本逐心生起，自然神悟泄天機。

凡坐方立物，飛禽走獸，雲雨風雷，金石絲竹，皆可成卦。且如鴉從西方來，便為坤卦。看何時辰，如子午用初爻，丑未二爻，寅申三爻，卯酉四爻，辰戌五爻，巳亥六爻。以別內外，自然知吉凶之理。一字一物，皆可成卦，字數畫物，取五行消息。、

## •統惠章

刑剋殺神為凶兆，相合驛馬是歡聲，常加時字休旺情，便知和同及不成。

大凡動則觀其變，正卦見在後觀變，卦名大過知過半，次後時加諸雜斷。

六神疊帶吉凶深，只獨一重作輕斷，遠事常加升降推，進退次序終不亂。看看輕重吉凶兆，卦中絕意得其真。

## •期日章

求財長生至帝旺，更加墓庫及同歸，空手鬼爻同此斷，博戲生旺亦同推。

買賣看財爻，空手看鬼爻，博戲看世爻。皆取長生至帝旺，墓庫月日為得財。遠則推年，近則推月日時。同此例。

若問六甲是何期，帝旺長生沐浴時，行人旺歸生旺墓，若問他來合是期。

子孫生旺為病瘥，鬼爻墓旺病身危，

假如六甲，只論長生、帝旺、沐浴為誕產月日。

行人，望自家人歸，則看世爻，生旺墓月日問消息。子孫、父母爻生旺墓方合月日。如火生寅，即合亥，此午合未，當斷亥未日至，有信息。餘倣此。

病看子孫爻，從長生至帝旺為病瘥。如鬼爻生旺，即用祀神。忌加進，忌鬼入墓日，不利，主死。

失物只看財有氣，旺相方所日時推。

婚姻本宮內外旺，或然月卦用為儀，求官需用官鬼旺，文字須將朱雀推。

失物看財爻，失六畜看生肖爻，酉雞丑牛之類。從長生旺相日時可尋，此方位失物亦可尋。

婚姻，取內外卦生旺日時，便以月卦是何月為成就。

求官，即看官爻，文字看朱雀爻。皆要生至旺月日為得。

官鬼墓絕公事了，若還生旺正相欺，謁見世應合時會，官爻子孫亦隨宜。

陰宅外卦為動期，吉凶起應不差移，

占訟雖用鬼爻，墓絕為了期。

謁見要世應合，並生旺及相合日。如只見平常人，須用子孫生合日相見。

葬墓，坎㊀一坤二，九宮輪者。斷是何卦應年數，發墳㊁吉凶。

藥爻福德尋生旺，日辰遇著是神醫。

雨看水爻晴看火，一切生旺總當時，興用只看生旺氣，收藏墓絕日為期。

醫藥，以福德生旺有氣為藥效日。占天看水火爻，生旺則興，墓絕日止。

## 校勘記

㊀「坎」，原本作「坆」，疑誤，據其卦理及文意改。

㊁「墳」，原本作「坎」，疑誤，據其文意改。

## •何知論

何知人家多公事，動靜須防護。朱雀入木口舌當，公事決刑傷。若見朱雀鬼入火，立見逢災禍。朱雀入土㊀事消詳，大赦放歸鄉。朱雀入水公事起，口舌臨身是。若逢巳午為木糧，入亥說公方，入未便是羊。公事皆從爻上出，入申入酉雞鴨當，因酒鬧一場。

騰蛇驚疑恐到家，忽然入木損眼目，口舌重過屋。若見騰蛇臨外財，經紀外州回。騰蛇入火火燒定，瘟氣麻痘病。騰蛇入巳忌蛇傷，野獸入君房。入金怕逢病半死，口舌重重至。若爻入水病來傷，小口退一雙。入丑須知牛折腳，入午破鍋腳。入亥豬位落空亡，入未失腳羊。

白虎無主器神主，裏白頻頻至，三爻世來三人當，四世四人亡。白虎若臨子孫位，子孫今年忌。忽若臨財妻位當，恐怕入災殃。白虎若臨父母位，父母切須忌。白虎若臨兄弟宮，不久入泉鄉。若臨鬼爻剋六親，至者仔細推。入丑未來更入亥，牛羊豬失位。白虎忽然落空亡，死敗入泉鄉。

玄武原來失財位，姦淫口舌起。落水投河自縊①亡，退財三五場。玄武臨鬼防盜賊，口舌來反覆。牛豬空亡玄武當，瘴②死為瘟癀③。玄武臨財賊來到，口舌欲煩惱。玄武臨財須用防，退失是尋常。

勾陳爻動是田地，又恐怕逢鬼入水。勾陳忌水沖，外卦定防凶。在外三爻主有益，旺相從來問。在內三爻主退推，仔細說來由。臨木須忌山林起，口舌重重至。臨金火爻是住場，土發是困倉。

青龍進錢財，住宅婚姻進口來，出入求財當大獲，造作添修不入災。田地契當加吉慶，定當因功入橫財，六甲婦人身吉利，進口可知喜不猜。

何知人家有兩姓，八純卦內外二鬼也。

有非橫事，鬼值長生位也。有多事不成，鬼值空亡也。兄弟分居，鬼剋兄弟也。有長病人，八純卦也。有妻病，身剋財也。有井諸卦，一爻水也。有佛，金反剋身也。墓不安，《震》卦也。

蠶得收，金木火財不值空亡也。蠶不收，財爻空亡也。

相訟平出，內外卦俱有財也。宅舍不安，內外俱動也。失了財，《解》、《革》二卦也。果子樹，內外木爻也。

有寄信人，三爻落空亡也。在外不歸人，月建在三四爻也。重喪④，鬼化財也。有長不安，青龍入水患瘡也。有聾人，《兌》卦入《乾》，勾陳持世也。

多修造，鬼火動也。多官事，朱雀白虎持世也。無父母，居叔伯處，遊魂卦也。有爭競，《訟》卦也。失衣服，臨財並應也。

凡卦卜得《乾》多男，《坤》多女，《小過》、《明夷》、《同人》是也。

## 注釋

①自縊（yì）：用繩索自勒其頸而死。俗稱上吊。

②瘴（zhàng）：瘴氣。舊指南方山林間濕熱蒸鬱致人疾病的氣。

③瘟瘽（huáng）：瘟疫疾病。

④重喪：舊謂家屬有兩人相繼死亡。漢王充《論衡・辨祟》：「辰日不哭，哭有重喪」。

六十四卦定局：原版無此標題，據本書目錄，補入此標題。

## 校勘記

㈠「土」，原本作「上」，疑誤，據其卦理及文意改。

新鍥纂集諸家全書大成斷易天機二卷終

# 新鍥纂集諸家全書大成斷易天機卷之三

作者　劉世傑　編著
清虛子　魏禎　序
豫錦誠　徐紹錦　校正
閩書林　鄭雲齋　梓行

## 校注說明

本書第三、四兩卷，原本無標題名稱，根據本書目錄，補入標題名稱為「六十四卦定局」。

本書三、四兩卷內容，採用圖畫與文字相結合的方式，對六十四卦，運用各種方式綜合進行占斷。其中引用有《易經》卦辭，爻辭，及朱熹《周易本義》、《卜筮元龜》下卷、以及其他內容，甚至也可能有宋代遺留的軌革卦影著作的內容。雖然也存在概念混淆雜亂，有敷衍成文的現象，內容也不盡合理，但也具有一定的應用參考價值。這也是京氏六親占法古籍中，唯一出現的這種形式的著作，後世很多著作，都是引用本書圖畫和文字，重新梓行。

因此，這兩卷的內容，對研究京氏占法的傳承和演變，還是具有一定參考價值的。

本校注稿以《新鍥纂集諸家全書大成斷易天機》為底本，採用《周易本義》和《卜筮全書》進行校對，在不違背原著本義的原則下，融合整理而成。具體說明如下：

一、本書圖片，均從虛白盧藏和刻覆明刊本（嘉靖十七年）版《纂集諸家全書大成斷易天機》（輯入心一堂術數古籍珍本叢刊）書中木刻圖片覆製。

二、本書將原本六十四卦，製作成圖表形式，便於讀者對照閱讀。

三、對原本中卦宮、八純、六合、六沖、遊魂、歸魂等內容，放置在圖表上方。重新製作的圖表格式，為爻位元、卦形、六親、納甲五行、世應、世下伏神。

四、原本世爻飛伏內容，圖表中「納甲五行」即「飛」，「世下伏神」即「伏」。遊魂卦，原本均以本宮首卦四爻為伏，現據《京氏易傳》飛伏體例改。

五、原本「朱子曰」部分，採用「明善堂重梓」《周易本義》本直接校正，不另作校勘說明。

六、卦辭後，增加了彖辭和象辭內容。六爻詩斷部分，增加了象辭內容。

七、原本「六甲旬斷」，每旬的「甲」字都省略了，為方便讀者閱讀理解，補作「甲子旬」等，不另作校勘說明。

八、對「六爻詩斷」各爻論述，補入「詩斷」和「占斷」題頭，便於讀者區別爻辭與爻象辭。

九、各類占斷，補入總標題「分類占斷」。原本除「占天時」有「占」字外，其他類別均無「占」字，據此為例，對各類別補入「占」字。

十、原本六十四卦分類占斷，名稱和順序不一，現按統一名稱和分類順序，重新調整排列，不另在文中一一說明。

附原本《乾為天》圖片如下，供讀者對照，便於理解圖表內容。

乾上乾下六親　壬戌土　壬申金　壬午火　甲辰土　甲寅木　甲子水　飛壬戌土

乾為天　世・・應・・　四月卦

乾金八純　內外出現　父母　兄弟　官鬼　父母　妻財　子孫　伏癸酉金

春吉　夏凶　秋平　冬吉

此卦高祖與呂后走在芒碭山下得之餘人難歷也

解曰　鹿在雲中乃天祿也　石上玉有光明人琢玉用工則見寶也　月在當空光明之象　官人登雲梯望月乃是步雲梯手攀月宮丹桂之兆也

○六龍御天之課　廣大包容之象

訣曰　乾者健也

大哉乾元　蓋覆無偏　玄運造化　萬物資始　雲行兩施　變化不言　東西任意　南北安然

| 乾為天 | | | | | |
|---|---|---|---|---|---|
| θ 乾上乾下，乾金八純，內外出現。（六沖）（乾宮首卦） | | | | | |
| 爻位 | 卦　形 | 六親 | 納甲五行 | 世應 | 世下伏神 |
| 上九 | ▅▅▅▅▅ | 父母 | 壬戌土 | 世 | 癸酉金 |
| 九五 | ▅▅▅▅▅ | 兄弟 | 壬申金 | | |
| 九四 | ▅▅▅▅▅ | 官鬼 | 壬午火 | | |
| 九三 | ▅▅▅▅▅ | 父母 | 甲辰土 | 應 | |
| 九二 | ▅▅▅▅▅ | 妻財 | 甲寅木 | | |
| 初九 | ▅▅▅▅▅ | 子孫 | 甲子水 | | |

## •六十四卦定局①

四月卦：春吉，夏凶，秋平，冬吉。

評曰：乾者，健也。大哉乾元，蔭覆②無偏，玄運③造化，萬物資始。雲行雨施，變化不言，東西任意，南北安然。

此卦高祖④與呂后⑤走在芒碭山卜得之，餘人難壓也。

解曰：鹿在雲中。乃天祿也。石上玉有光明，人在琢玉。用工則見寶也。月在當空，光明之象。官人登雲梯望月。乃是步雲梯，手攀月宮丹桂之兆也。

六龍御天之卦㈠，廣大包容之象。

乾卦：元亨，利貞。

象⑥曰：大哉乾元，萬物資始，乃統天。雲行雨施，品物流形。大明始終，六位時成，時乘六龍以御天。乾道變化，各正性命，保合大和，乃利貞⑦。首出庶物⑧，萬國咸寧。

象曰：天行健，君子以自強不息。

朱子曰：文王以為，乾道大通而至正。故於筮得此，而六爻皆不變者，言其占當得大通而必利，在正固，然後可以保其終也。

## 注釋

①六十四卦定局：原版無此標題，據本書目錄，補入此標題。

②蔭覆（yìnfù）：庇護。

③玄運：天體的運行。

④高祖：漢太祖高皇帝劉邦（西元前256年至前195年6月1日），字季（一說為小名），漢族，漢朝開國皇帝，西元前202—西元前195

年在位。參閱《漢書•高帝紀》。

⑤呂后：呂雉（前241年－前180年8月18日），字娥姁，通稱呂后，或稱漢高後、呂太后等等。單父（今山東單縣）人。漢高祖劉邦的皇后（前202年—前195年在位），高祖死後，被尊為皇太后（前195年—前180年），是中國歷史上有記載的第一位皇后和皇太后。

⑥彖（tuàn）：《易經》中解釋卦義的文字。彖辭，亦稱「卦辭」。

⑦貞(zhēn)：假借為「正」。也指占卜。

⑧庶（shù）物：眾物，萬物。

## 校勘記

㈠「卦」，原本作「課」，疑誤，據《卜筮全書•卦爻呈象•乾為天》原文改。後文遇此字，均依此例改作，不另作校勘說明。

## 六甲旬斷

甲子旬：世空亡，求謀反覆，身無氣。
甲戌旬：身空亡，凡百未遂㊀。
甲申旬：鬼空亡，吉。福德長㊁生，病不妨。
甲午旬：鬼旺，應空，他人㊂反覆。
甲辰旬：財空，徒用心，不利。
甲寅旬：福德空亡，鬼長生㊃，病未痊。

虎易按：「身無氣」，「身空亡」，以上兩處「身」，均指「世身」壬申金。參見「定身例」。

「福德長生」，指子孫甲子水，遇旬頭「申」為長生。「鬼長生」，指官鬼壬午火，遇旬頭「寅」為長生。後面各卦，均仿此體例，不另注釋說明。

### 校勘記

㊀「遂」，原本作「外」，疑誤，據其文意改。
㊁「長」，原本脫漏，據其卦理及文意補入。
㊂「他人」，原本作「謀事」，疑誤，據《水雷屯•六甲旬斷》行文體例改。
㊃「鬼長生」，原本作「鬼旺」，疑誤，據其卦理及文意改。

## 日六神斷

上爻壬戌土，父母持世，憂子孫。
甲乙：玄武持世，陰私，防失㊀。
丙丁：青龍持世㊁，鬼合，剋身。
戊己：朱雀持世，文字喜。
庚辛㊂：螣蛇持世，虛驚。
壬癸：白虎持世，憂小口㊃、破財。

虎易按：「青龍持世，鬼合，剋身」，指丙丁初爻起朱雀，至世爻為青龍，青龍屬木，與卦中妻財甲寅木同五行。「鬼合」，指妻財甲寅木與官鬼壬午火和世爻壬戌土，可以三合官鬼午火局。「剋身」，指青龍屬木，剋世爻壬戌土。

「六甲旬斷」所說的「身」，是指「世身」。本節所說的身，是指世爻。以後各卦所說的「身」，均與以上兩種體例同，請讀者注意分辨。

「白虎持世，憂小口、破財」，「憂小口」指世爻父母壬戌土，剋子孫甲子水。「破財」，指白虎屬金，剋妻財甲寅木。

原本中有「福德扶身」的內容，考察六十四卦中，共有十個卦有「扶身」的內容，其中：《乾》、《姤》兩卦作「玄武持世，福德扶身」，《觀》卦作「白虎持世，福德扶身」，《謙》卦作「白虎持世，兄弟扶身」。《豐》卦作「青龍持世，福德扶身」。《臨》卦作「勾陳持世，兄弟扶身」。《未濟》、《蒙》、《渙》、《同人》四卦作「勾陳持世，福德扶身」，縱觀此十卦所述「扶身」，其內容雜亂，概念混淆不明，也不具備應用價值，提請讀者注意研究。

另外需要說明的是，本書三、四兩卷六十四卦，日六神斷內容中，「戊己」同用一個六神，與「甲乙起青龍，丙丁起朱雀，戊日起勾陳，己日起騰蛇，庚辛起白虎，壬癸起玄武」的起例有異，是不太合理的，讀者請注意分辨。在後文的校注整理中，為保留古籍原貌，對此內容不做修改，仍然採用原本樣式，也不另作校勘說明。

## 校勘記

㈠「陰私，防失」，原本作「福德扶身」，疑誤，據其卦理及文意改。

㈡「持世」，原本脫漏，據「玄武持世」行文體例補入。後文遇與此體例不符之處，均依此例補入和改作，不另作校勘說明。

㈢「庚辛」，原本作「庚日空辛日」，疑誤，據《天風姤·日六神斷》十天干行文體例改。後文十天干排列，遇與此體例不符之處，均依此例補入和改，不另作校勘說明。

㈣「憂小口」，原本作「陰私」，疑誤，據《火天大有·日六神斷》行文體例改。

## 十干詩斷

甲丙戊庚壬：進謀立用且潛藏，逆理圖為必見傷，直待龍蛇興變日，從前名利始亨昌。

乙丁己辛癸：望桂蟾宮①遠，求珠海水深，終須名利足，只恐不堅心。

## 六爻詩斷

初九：潛龍勿用。【平】

象曰：潛龍勿用，陽在下也。

詩斷：龍德方潛隱，韜光②且待時，未堪徒進用，堅守乃為宜。

占斷：不宜占病，官事先凶後吉，宜求文書，求財有，求婚合。

九二：見③龍在田，利見大人。【吉】

象曰：見龍在田，德施普也。

詩斷：已脱塵泥汙，聲名動四方，風雲相濟④日，千載會明良⑤。

占斷：求財吉。訟、疾皆不利。百事大吉之兆也。

九三：君子終日乾乾，夕惕若，厲无咎⑥。【平】

象曰：終日乾乾，反覆道也。

詩斷：德業雖云著，乾乾更進修，常懷危懼志，患難可無憂。

占斷：官事和，病者亡，兄弟為福，求財入，行人至。

九四：或躍在淵，无咎。【吉】

象曰：或躍在淵⑦，進无咎也。

詩斷：進退無常道，隨宜就所安，及時修事業，變化不為難。

占斷：求財遂，婚姻成，災患消，失物在，謀事成，百事遂也。

九五：飛龍在天，利見大人。【大吉】

象曰：飛龍在天，大人造也。

詩斷：上下皆同德，風雲際會時，如天施雨露，萬物盡光輝。

占斷：宜求文書，凡事和合。出往，百事大吉。

上九：亢龍⑧有悔。【平平】

象曰：亢龍有悔，盈⑨不可久也。

詩斷：知進須知退，居安必慮危，得中無過尤⑩，雖悔亦堪追。

占斷：失物難尋，官事和，文書先難後易，婚吉，財遂。

用九：見群龍无首，吉。

象曰：用九，天德不可為首也。

## 分類占斷

占天時：主天大旱，至秋月方得潤澤也。

占求官：機謀用盡人心懶，惆悵功名何太晚，一聲雷震動乾坤，驚覺十年沉陸眼。利君子，當得入朝，早見貴人提拔，大吉之兆。

占見貴：巳酉丑日，見大貴。

占謀望：有陰貴人，或有出家人為可用，事即稱心，莫憂疑也。不宜眾謀，只宜自求。

占家宅：前後有人家，兩邊有門相對，亦宜防火燭也。

占風水：其穴中平，一子弟在位為貴地，葬後吉，有爭。

占婚姻：二人為媒，口字、草頭人說，須難就，女子有美貌也。

占胎產：初生女，次生男，或雙生，吉。

占求財：應亥卯未、寅午戌日時，只宜自求，可得五七分，亥日入手，吉。

占交易：稱意，戌亥日可。

占田蠶：有七分。

占出行：不宜獨行，有眾行大吉。

占行人：一人自行，同行者當分散，遇九月或九日，亥卯未日時有信，出旬回。

占尋人：在東南方遇，九日見，當於途中相遇也。

占遺失：陰人⑪相識也，可往西南方寺宇邊，後路有兩人，見可問之。若是器物，可往木石處尋見。

占捕盜：急於寺廟香火邊，有二三條路往來之處，或竹林下尋之，不久即動。

占疾病：因往東南方廟宇寺觀之處，沖著邪鬼為禍，攪去魂魄。

主見寒熱，頭痛，身熱，心寒，拘急⑫，進退留連⑬。

用設二姓家先⑭，南方廟司大王，還舊願，款易好。

小兒用設前生父母及社司⑮、土主⑯、半天午酉神㈠、五路童子、床公床母處，送星辰則吉也。

占詞訟：訟有理，用草頭、口字人㈡說，方有和合之兆。陰人在內，玄武動，防之吉。

虎易按：分類占斷題頭名稱，原本比較雜亂。現將原本「胎產」、「胎孕」、「六甲」三項，合併作「胎產」。「求事」、「謀事」、「望事」三項，合併作「謀望」。「出行」、「出往」二項，合併作「出行」。對原本中出現的與本節體例不符，以及錯漏之處，直接依此體例改作，不另作校勘說明。

## 注釋

①蟾（chán）宮：月宮。唐以來稱科舉及第為蟾宮折桂，因以指科舉考試。

②韜（tāo）光：比喻隱藏聲名才華。

③見（xiàn）：《易・乾》注：「出潛離隱，故曰見」。
④相濟：互相幫助、促成。
⑤明良：謂賢明的君主和忠良的臣子。
⑥无咎：無災禍，無過失。《易・乾》：「君子終日乾乾，夕惕若厲，无咎」。孔穎達疏：「謂既能如此戒慎，則無罪咎」。
⑦淵（yuān）：深，深水，潭。
⑧亢（kàng）龍：比喻驕横無德之君。泛指剛愎躁進之人。
⑨盈（yíng）：充滿。盈，滿器也。
⑩過尤：過失，過錯。
⑪陰人：指婦女。
⑫拘急：因感受風寒而身體痙攣、抽搐。
⑬留連：猶滯留，滯積。
⑭家先：指自己家庭的祖宗先人。
⑮社司：主管社倉儲糧之官吏。
⑯土主：泥塑的偶像。

## 校勘記

㈠「半天午酉神」，原本作「午酉神」，疑誤，據《火天大有•占疾病》行文體例改。後文遇與此體例不符之處，均依此例補入和改作，不另作校勘説明。

㈡「口字人」，原本作「口人字」，疑誤，據其文意改。

## 天風姤

☰☴ 乾上巽下，乾金一世，外卦出現。（乾宮第二卦）

| 爻位 | 卦　形 | 六親 | 納甲五行 | 世應 | 世下伏神 |
|---|---|---|---|---|---|
| 上九 | ▅▅▅▅▅ | 父母 | 壬戌土 | | |
| 九五 | ▅▅▅▅▅ | 兄弟 | 壬申金 | | |
| 九四 | ▅▅▅▅▅ | 官鬼 | 壬午火 | 應 | |
| 九三 | ▅▅▅▅▅ | 兄弟 | 辛酉金 | | |
| 九二 | ▅▅▅▅▅ | 子孫 | 辛亥水 | | |
| 初六 | ▅▅　▅▅ | 父母 | 辛丑土 | 世 | 甲子水 |

五月卦：春不利，夏疾病，秋吉，冬半凶。

評曰：姤者，遇也。以陰遇陽，天風相引，以柔遇㈠剛，不期而會。本無所望，而卒然值之，勿用取女，不期而遇。占者得之，所謀無不吉也㈡。

此卦漢呂后擬立呂氏謀漢社稷①卜得之，果不利。

解曰：官人射鹿，祿有指射也。文書有喜字。文書喜也。二人執索，相牽連也。綠衣人指路。得貴人相牽引也，占者得之，初主坎坷，後遇貴人吉。

風雲相濟之卦，或聚或散之象。

姤卦：女壯，勿用取女。

彖曰：姤，遇也，柔遇剛也。勿用取女，不可與長也。天地相遇，品物咸章也。剛遇中正，天下大行也。姤之時義大矣哉。

象曰：天下有風，姤。後以施命誥四方。

朱子曰：一陰而遇五陽，則女德不貞而壯之甚也，取以自配，必害乎陽。

## 注釋

①漢呂后擬立呂氏謀漢社稷，劉邦死後，呂后臨朝稱制，行使皇帝職權，大封呂氏親屬。呂后死後，劉氏諸王，遂群起而殺諸呂，誅滅呂氏勢力。參閱《史記・呂后本紀》。

## 校勘記

㊀「遇」，原本作「乘」，疑誤，據《易・姤・彖》原文改。

㊁「本無所望，而卒然值之，勿用取女，不期而遇。占者得之，所謀無不吉也」，原本作「非意所望，勿用取女，上息乃旦」，疑誤，據《卜筮全書・卦爻呈象・天風姤》原文改。

## 六甲旬斷

甲子旬：福德空，鬼衰，病不妨。

甲戌旬：鬼墓，病墓。

甲申旬：福德長生㈠，病不妨。

甲午旬：鬼旺，病難痊㈡。

甲辰旬：不利求財。

甲寅旬：鬼長生㈢，病留連。

### 校勘記

㈠「福德長生」，原本作「福德生旺」，疑誤，據其卦理及文意改。

㈡「鬼旺，病難痊」，原本作「病難痊，應空求人有反覆」，疑誤，據其卦理及文意改。

㈢「鬼長生」，原本作「鬼生旺」，疑誤，據其卦理及文意改。

## 日六神斷

初爻辛丑土，父母持世。

甲乙：青龍持世，主婚姻事。財合，剋身。

虎易按：「財合」，大約是指甲乙、青龍均屬木，木為本卦之財。「剋身」，指財屬木，剋世爻辛丑土。

丙丁：朱雀持世，防口舌災。

戊己：勾陳持世，主勾連事。

庚辛：白虎持世，主爭競，剋財。

壬癸：玄武持世，陰私事。

## 十干詩斷

甲丙戊庚壬：天邊缺月又重圓，原上枝枯色再鮮，不識桃源歸去路，誰知今日遇神仙。

乙丁己辛癸：朦朧新月照人間，意外誰知喜事生，別有貴人相接引，不須巧口似流鶯。

## 六爻詩斷

初六：繫于金柅①，貞吉。有攸②往，見凶，羸豕③孚蹢躅④。【守吉】

象曰：繫于金柅，柔道牽也。

詩斷：小人將道長，杜絕在於微，靜止方為吉，攸行終致非。

占斷：婚姻、求財、家宅，百事大吉。

九二：包有魚，无咎，不利賓。【平】
象曰：包有魚，義不及賓也。
詩斷：人方相會遇，其志在於專，始合由諸已，終為无咎愆⑤。
占斷：占財宜，有口舌，中見貴吉。病有人則見信息，虛驚。官事反得財，百事平和。
九三：臀无膚，其行次且，厲，无大咎。【平】
象曰：其行次且，行未牽也。
詩斷：前進足趑趄⑥，求安失所居，雖危無大害，妄動有憂危。
占斷：口舌，難得財，婚成，訟散，望事難，去失望。
九四：包无魚，起凶。【凶】
象曰：无魚之凶，遠民也。
詩斷：居上當親下，人心易散離，事機纔⑦失一，萬事盡皆隳⑧。
占斷：望事、求財，宜與人同也。婚姻成，訟事散。
九五：以杞⑨包瓜，含章，有隕自天。【吉】
象曰：九五含章，中正也。有隕自天，志不舍命也。
詩斷：以尊而接下，俯已以招延，由蘊忠誠德，休祥⑩降自天。
占斷：占文書動，訟吉，婚反覆終成，凡事中平也。

上九：姤其角，吝，无咎。【平】

象曰：姤其角，上窮吝也。

詩斷：人始相逢遇，知柔亦順從，如其驕且吝，其道可勝窮。

占斷：主病，父母兄弟為拘。求書見貴吉，官事文書動，亦主散也。

## 注釋

①金柅（nǐ）：金屬製的車剎。《易•姤》：「初六，繫于金柅，貞吉」。王弼注：「金者堅剛之物，柅者制動之主」。朱熹《周易本義》：「柅，所以止車，以金為之，其剛可知」。

②攸（yōu）：放在動詞之前，構成名詞性片語，相當於「所」。攸，所也。——《爾雅》。

③羸豕（léi shǐ）：母豬。

④蹢躅（zhí zhú）：徘徊不前的樣子。

⑤咎愆（qiān）：罪過；過失。

⑥趑趄（zī jū）：想前進又不敢前進。形容疑懼不決，猶豫觀望。

⑦纔（cái）：方，始。

⑧隳（huī）：毀壞，崩毀。
⑨杞（qǐ）：木名。枸杞。朱熹解「杞」字意為：高大堅實之木。
⑩休祥：吉祥。

## 分類占斷

占天時：有陰無陽，日月不明之卦。必當天陰，風起方晴，雨亦不久也。
占求官：自身不動，隔手託他人。求文書可，信自至。見貴，自遇反覆，無慮，終成。
占見貴：遲遲方遂。水邊人著力，由此，稱必利見大人，求謀利。木火日吉。
占文書：有喜，在亥卯未日見，各宜仔細。
占謀望：有女人在內為福，可進前。不然，女人上事。遇申日成。
占家宅：溝水不通，女人不足。庚辛日占者，前有池塘，水井，所可居。壬癸日占者，有橋、道即是佳處，及忌損血財。
占風水：有陰人穴出，主多出女人。
占婚姻：乃再嫁之女，有些口舌。可用少年人為媒，聘帛禮多，方且得成，始終不利也。
占胎產：生女，不是長胎。先生男，次生女，若先產女，則次生男。作福乃吉也。
占求財：有五人在內，先難後獲，與多口人同求。壬癸戊日占之，乃女人口舌之財，亦防女人說破，宜緩得。

占田蠶：半收。

占出行：北方動方利，但防女人勾留，動不成。丑未日宜動。

占行人：玄武動，內有女人阻隔，有口舌，次為害。或亥、子日回。

占尋人：在南方親戚家住，候日乃見之也。

占遺失：死器物，有女人在內為鬼怪，失難尋，落水溝中。生器物，在西南方井窟中，方遇一陰人，便見實。或在北方。

占捕盜：在西南方可捉。

占疾病：因往西南方過灣曲，古廟神壇處，沖著古廟大王，攬去魂魄。主見多憂無顏色，寒熱膨脹，精神恍惚。男病口疾之災，陰鬼為禍，門戶有聲，古器為患。用設家先，謝南方廟司大王、社司、古跡神司、半天午酉神，還舊願。男凶女吉。小兒送星辰，謝社司。

占詞訟：女人在內不足，口舌，遲連，有驚阻，不能為害。三人可以較訍①。

## 注釋

①訍（chài）：攻擊別人的短處。

# 天山遯

☶☰ 乾上艮下，乾金二世，外卦出現。（乾宮第三卦）

| 爻位 | 卦形 | 六親 | 納甲五行 | 世應 | 世下伏神 |
|---|---|---|---|---|---|
| 上九 | ▅▅▅▅▅ | 父母 | 壬戌土 | | |
| 九五 | ▅▅▅▅▅ | 兄弟 | 壬申金 | 應 | |
| 九四 | ▅▅▅▅▅ | 官鬼 | 壬午火 | | |
| 九三 | ▅▅▅▅▅ | 兄弟 | 丙申金 | | |
| 六二 | ▅▅　▅▅ | 官鬼 | 丙午火 | 世 | 甲寅木 |
| 初六 | ▅▅　▅▅ | 父母 | 丙辰土 | | |

六月卦：春吉，夏凶，秋平，冬凶。

評曰：遯者，退也。處遯之時，陽道欲衰，惡事即起，善事欲衰。欲進欲退，疑惑難為，以小制大，君子避之。

此孟嘗君進白狐裘夜度幽谷關①卜得之㊀，果脫身也。

解曰：一山，乃阻也。一水，遠也。酒旗上文字，望事也。官人踏龜，人將歸也。月半雲中，隱也。襆頭樹上，掛冠。樹下人獨酌。自燕謂適其樂。

豹隱南山之卦，遷善㊁遠惡之象。

遯卦：亨，小利貞。

象曰：遯，亨，遯而亨也。剛當位而應，與時行也。小利貞，浸而長也。遯之時義大矣哉。

象曰：天下有山，遯。君子以遠小人，不惡而嚴。

朱子曰：故其占為君子能遯，則身雖退而道亨。小人則利於守正，不可以浸長之故，而遂侵迫于陽也。

## 注釋

①孟嘗君進白狐裘夜度幽谷關．秦昭王曾聘孟嘗君為相，有人進讒，秦昭王又因而要殺他。孟嘗君向昭王寵姬求救，寵姬提出要白狐裘為報。而孟嘗君只有一白狐裘，已獻給秦王。於是門客裝狗進入秦宮，盜得狐白裘獻給秦王寵姬，寵姬為孟嘗君說情，昭王釋放孟嘗君。繼而後悔，派兵追趕。孟嘗君逃至函谷關，關法規定雞鳴才能開關，門客有能為雞鳴者，引動群雞皆鳴，孟嘗君才脫險逃出函谷關，回歸齊國。參閱《史記•孟嘗君列傳》。

## 校勘記

㈠「卜得之」，原本作「卜得此卦」，疑誤，據《乾為天》行文體例改。後文遇與此體例不符之處，均依此例改作，不另作校勘說明。

㈡「遷善」，原本作「守道」，據《卜筮全書•卦爻呈象•天山遯》原文改。

## 六甲旬斷

甲子旬：福德旺。

甲戌旬：應空，他人反覆㊀。

甲申旬：世空，身無氣，求謀反覆㊁。

甲午旬：鬼旺，病留連，財吉。

甲辰旬：身無氣。

甲寅旬：病難痊，財不利。

### 校勘記

㊀「他人反覆」，原本作「病犯，修門戶」，疑誤，據《水雷屯•六甲旬斷》行文體例改。

㊁「求謀反覆」，原本脫漏，據《乾為天•六甲旬斷》行文體例補入。

## 日六神斷

二爻丙午火，官㊀鬼持世，不利兄弟。尅，亥子日。

虎易按：「尅，亥子日」，指亥子日屬水，尅世爻丙午火。

甲乙：朱雀持世，公訟，口舌。病犯傷亡，五道①。

丙丁：勾陳持世，動　主小口災。

戊己：騰蛇持世，四爻動，訟將成，宅多憂。

庚辛：玄武持世，防盜賊，陰私，口舌。

壬癸：青龍持世，訟利，求官吉。病犯祖先，寺廟有願。

## 注釋

①五道：五道將軍的簡稱。迷信傳說中東嶽的屬神，掌管人的生死。

## 校勘記

㊀「官」，原本脫漏，據六親體例補入。

## 十干詩斷

甲丙戊庚壬：莫歎當蹇迍，從今事漸通，欲知成就處，須在馬牛中。

乙丁己辛癸：危厄不須防，災除福漸昌，所為遲則遂，陰小卻須防。

## 六爻詩斷

初六：遯尾①厲，勿用有攸往。【中平】

象曰：遯尾之厲，不往，何災也？

詩斷：遯者宜活退，陰陽迭盛衰，晦藏靜能隱，自守免災殃。

占斷：不宜占子孫，疾未安，求財留連不遂，凡事不利之兆也。

六二：執之用黃牛之革，莫之勝說。【中平】

象曰：執用黃牛，固志也。

詩斷：窮達皆無定，前程未足論，若能堅守固，動止免災迍。

占斷：占訟失理，病難安，求財少，行人動，望事遲。

九三：係遯，有疾厲。畜臣妾，吉。【小吉】

象曰：係遯之厲，有疾憊②也。畜臣妾，吉，不可大事也。

詩斷：陰私相係累，速去莫遲延，只恐為憂患，因遯或致愆。

占斷：求財遲。官事至，無始終。失物在，出往利。

九四：好遯，君子吉，小人否。【吉】

象曰：君子好遯，小人否也。

詩斷：君子存則德，善能絕已私，小人為所愛，陷辱致身危。

占斷：文書遲，官事動，求財無，婚反覆，凡事不宜。

九五：嘉遯③，貞吉。【大吉】

象曰：嘉遯，貞吉，以正志也。

詩斷：時止與時行，嘉祥日日臻，謀身得良策，前路坦然平。

占斷：出往吉，行人有信，望事反覆，求財有。

上九：肥遯④，无不利。【大吉】

象曰：肥遯，无不利，无所疑也。

詩斷：上九無疑滯，飄飄物外人，陡然有餘裕，何事不通亨。

占斷：行人至，出外穩，事宜同人，訟和，婚成。

## 注釋

①遯尾：朱熹《周易本義》：「遯而在後，尾之象，危之道也。占者不可以有所往，但晦處靜俟，可免災耳」。後因以指退居以待時機。

②疾憊（bèi）：因病而極度疲憊，病重。

③嘉（jiā）遯：舊時謂合乎正道的退隱，合乎時宜的隱遯。

④肥遯：孔穎達疏：「子夏傳曰：『肥，饒裕也』。……上九最在外極，无應于內，

心无疑顧，是遯之最優，故曰肥遯」。後因稱退隱為「肥遯」。

## 分類占斷

占天時：如天侵山遮，四畔不明，必當晦暗，陰沉纔時而便雨。

占求官：遲慢，有阻，不宜進步，多虛少實，縱求得成，亦不濟事①。

占見貴：難見，不利。

占家宅：有合為福，更宜供養。若非修改，即是遷移，及有修接屋柱。門路不正，亦生啾唧②，以有二鬼臨門，禳災則吉。

占風水：其穴不利，主退人口，急宜遷移。

占婚姻：不成，婦人淫亂，有人爭鬥，是非之兆。

占胎產：生男。多驚恐，主產母生災，或母子不全之類。

占求財：不宜進前，退步則吉，求之則有破財是非。

占交易：不利，恐防是非，只宜守舊。

占田蠶：用祈保吉。

占出行：不宜動，動則有險，及非災撓括③。

占行人：登高山過遠，水路主虛驚。被同行人侵欺不足，不然亦主同行有災，或戌亥日信至之兆也。

占尋人：其人必逃避，尋亦不見。

占遺失：死器物，有外姓人、拐腳者可借問。生器物，近山林中，四圍有物遮蓋，所尋時恐被人陷。或六畜帶走，亦難尋。

占捕盜：遠方二百里之內，東北山下茅屋中，又再移在澗邊，前後有水處而立。

占疾病：因往東南方旺處，回歸神廟前驚得病。

主見㊀心熱腹痛，口渴旺夜，或沖五道神④，或限運不順，或破香火為禍，以致手足之疾，主進退留連。

用設二姓家先、南方廟司大王、五道神、五瘟使者⑤、用治妖堅傷亡、半天午酉神，退土殺，送星辰，謝灶司。

小兒用設前生父母、五路童子、床公床母，送星辰。

占詞訟：因逃移遠處，爭鬥之事亦留連，寅午戌日見吉凶。或大事成小，免罪。

## 注釋

①不濟事：不能成事，不頂用。

②啾唧（jiū jī）：猶小病。

③撓括：煩擾彙聚。

④五道神：即五道將軍。參見「五道」注釋。VV

⑤五瘟使者：亦稱「五瘟神」。迷信傳說中主管人間疫病之神。

## 校勘記

㊀「見」，原本脫漏，據《乾為天•占疾病》行文體例補入。後文遇與此體例不符之處，均依此例補入和改作，不另作校勘說明。

# 天地否

☷乾上坤下，乾金三世，外卦出現。（六合）（乾宮第四卦）

| 爻位 | 卦　形 | 六親 | 納甲五行 | 世應 | 世下伏神 |
|---|---|---|---|---|---|
| 上九 | ▅▅▅▅▅ | 父母 | 壬戌土 | 應 | |
| 九五 | ▅▅▅▅▅ | 兄弟 | 壬申金 | | |
| 九四 | ▅▅▅▅▅ | 官鬼 | 壬午火 | | |
| 六三 | ▅▅　▅▅ | 妻財 | 乙卯木 | 世 | 甲辰土 |
| 六二 | ▅▅　▅▅ | 官鬼 | 乙巳火 | | |
| 初六 | ▅▅　▅▅ | 父母 | 乙未木 | | |

七月卦：春吉，夏凶，秋平，冬吉。

評曰：否者，塞也。天地不交，陰陽閉塞，夫妻不和，別離南北。君子道消，小人道長，人物乖違，不通之象。

此卦蘇秦將遊說六國①卜得之，後果為相矣。

解曰：男子臥病，病在行圖也。鏡破，明中有損也。人路上坐，遠未能到也。張弓箭，頭落地。射不中也。人拍掌笑，喜極生悲也。口舌，主唇吻也。

天地不交之卦，人口不圓之象。

否：否之匪人，不利君子貞，大往小來。

象曰：否之匪人，不利君子貞，大往小來。則是天地不交，而萬物不通也。上下不交，而天下无邦也。內陰而外陽，內柔而外剛，內小人而外君子。小人道長，君子道消也。

象曰：天地不交，否。君子以儉德辟難，不可榮以祿。

朱子曰：正與泰反，故曰匪人，謂非人道也，其占不利於君子之正道。蓋乾往居外，坤來居內，又自漸卦而來。

**注釋**

①蘇秦將遊說六國：蘇秦，字季子，東周（西元前317年前）洛陽人，戰國時期的韓國人，曾經師從鬼谷子先生。後與趙肅侯共謀，發動韓、趙、燕、魏、齊、楚六國合縱，蘇秦為從約長，並相六國，趙肅侯封其為武安君。乃投從約書於秦。秦兵不敢窺函谷關十五年。參閱《史記·蘇秦列傳》。

## 六甲旬斷

甲子旬：應空，他人反覆㈠。
甲戌旬：應㈡旺，病凶。
甲申旬：福德長生㈢，得病吉。
甲午旬：鬼旺，病不利。
甲辰旬：財世空亡，求謀反覆㈣。
甲寅旬：鬼旺相，病不利㈤。

### 校勘記

㈠「他人反覆」，原本脫漏，據《水雷屯•六甲旬斷》行文體例補入。
㈡「應」，原本作「鬼」，疑誤，據其卦理及文意改。
㈢「福德長生」，原本作「有福」，疑誤，據其卦理及文意改。
㈣「財世空亡，求謀反覆」，原本作「世空，病吉，有福德」，疑誤，據《乾為天•六甲旬斷》行文體例改。
㈤「鬼旺相，病不利」，原本作「病不利，鬼旺」，疑誤，據其文意改。

## 日六神斷

三爻乙卯木，妻財持世，憂父母。忌庚辛申酉日，不利。

甲乙：勾陳持世，主田土大旺。

丙丁：騰蛇持世，主怪夢，憂陰人事。

戊己：白虎持世，內親有喪、病，並爭財。

庚辛：青龍持世，動主六甲喜，但不利巳酉丑日時。

壬癸：朱雀持世，陰人分財事，病凶。

## 十干詩斷

甲丙戊庚壬：去路迢遙千里遠，沖天難得一回飛，彩雲秋色真堪愛，酌酒高歌對晚揮。

乙丁己辛癸：天時未至日未光，逐祿求名事可傷，但得良辰花欲發，此時著力有何妨。

## 六爻詩斷

初六：拔茅茹①以其匯，貞吉亨。【中吉】

象曰：拔茅貞吉，志在君也。

詩斷：前途方否塞，同眾且按常，靜守願如吉，枉圖反致殃。

占斷：公事有理，見官平。求財少，文書動。行人有婦人之憂，不久回家。
六二：包承，小人吉，大人否，亨。【次吉】
象曰：大人否，亨，不亂群也。
詩斷：居下為身計，難當曲奉承，大人堅自守，雖否亦亨通。
占斷：若問文書，動說成。求財少，出外驚，行人未至，婚難成。
六三：包羞②。【中平】
象曰：包羞，位不當也。
詩斷：人情方未順，動作可疑猜，休信讒和語，提防禍有胎。
占斷：求事散，財未遂，官事有理，失物在，病是小鬼為禍也。
九四：有命，无咎，疇離祉③。【次吉】
象曰：有命，无咎，志行也。
詩斷：窮達皆天命，何須更怨尤④㊀，得時行正道，福祉及朋儔⑤。
占斷：求財少，問事散，官事吉，失物在，病宜保。
九五：休否，大人吉。其亡其亡，繫于苞桑⑥。【平】
象曰：大人之吉，位正當也。
詩斷：大盛方為咎，安中每致危，其臨當事應，防患未然時。

占斷：官事凶，求財無，病未安，失物空，行人動，百事不利。

上九：傾否，先否後喜。【先凶後吉】

象曰：否終則傾，何可長也。

詩斷：事臨窮則變，既變乃亨通，否極還應泰，千門喜事重。

占斷：出行宜遠不宜近，行人未至，求財無，望事遲，官事強。

## 注釋

①茅茹（máo rú）：茅根相牽連貌。喻同類事物之相互牽引。

②包羞（xiū）：忍受羞辱。

③祉（zhǐ）：福。

④怨尤：埋怨責怪。

⑤明儔（chóu）：朋輩，伴侶。

⑥繫于苞桑：苞桑：桑樹之本。孔穎達疏：「苞，本也。凡物繫于桑之苞本，則牢固也」。後因用「苞桑」指帝王能經常思危而不自安，國家就能鞏固。

## 校勘記

㈠「尤」，原本作「右」，疑誤，據其文意改。

## 分類占斷

占天時：不久晴明，應在亥卯日。

占求官：先否後泰，終成，但慢。文書印信有氣，職位不高，若口木貴人為力，方得高位。

占謀望：先難後易，吉。

占家宅：門外有竹林，小巷子，歸曲尺屋，分兩頭。外姓人來居不穩，或女與夫婦來，有不足，恐招連累，又防小口啾唧之災。

占風水：其穴不利，主損人口，絕後代。

占婚姻：有口舌，因口字、大字人說方相許。目下未就，縱成，先因人破，不長遠。

占胎產：喜中不喜，臨產逆生。爻神無氣，多生女子，二胎生男。

占求財：有口舌，後方有七分財也。

占交易：可行，有貴人，應在午未申日。

占田蠶：半收成。

占出行：恐有口舌，遲則吉。

占行人：平穩，但身未動，逢卯日見信。

占遺失：陰人及小兒見，因鬧中失，不然，花酒中失。可於東南方尋，有口字、木字人，尋之可見。

占捕盜：兩盜相侵，重疊見之，在東南方山林逃避，四畔有水，當見。

占疾病：因往東南方，沖著木下三聖㊀、刀兵傷亡，攬去魂魄。

主見頭疼，寒熱往來，心腹疾，泄瀉嘔逆，飲食不進，語言恍惚，服藥無效。

用設家先、南方廟司大王㊁、山司、木下三聖㊂、刀兵傷亡、半天午酉神，送星辰，開鎖甲神①，解咒咀，退土煞，還舊願。

小兒用設前生父母、五路童子、床公床母，送星辰。

占詞訟：有不明之事，鬼賊多，枷鎖臨身，有口難言。木字、點水人為鬼。有虛驚，更逢盜賊之冤。逢冬後，方得理，大吉也。

## 注釋

①鎖甲神：鎖甲，亦作「鏁甲」。即鎖子甲。一種鎧甲。其甲五環相銜，一環受鏃，諸環拱護，故箭不能入。泛指製作精細的鎧甲。「鎖甲神」即神話的防護神。

## 校勘記

㊀「木下三聖」，原本作「木下」，疑誤，據《山地剝•占疾病》行文體例改。後文遇與此體例不符之處，均依此例補入和改作，不另作校勘說明。

㈡「南方廟司大王」，原本作「廟司」，疑誤，據《乾為天•占疾病》行文體例改。後文遇與此體例不符之處，均依此例補入和改作，不另作校勘說明。

㈢「木下三聖」，原本作「木下神」，疑誤，據《山地剝•占疾病》行文體例改。後文遇與此體例不符之處，均依此例補入和改作，不另作校勘說明。

# 風地觀

䷓巽上坤下，乾金四世，內卦伏藏。（乾宮第五卦）

| 爻位 | 卦　形 | 六親 | 納甲五行 | 世應 | 世下伏神 |
|---|---|---|---|---|---|
| 上九 | ▅▅▅▅▅ | 妻財 | 辛卯木 | | |
| 九五 | ▅▅▅▅▅ | 官鬼 | 辛巳火 | | |
| 六四 | ▅▅　▅▅ | 父母 | 辛未土 | 世 | 壬午火 |
| 六三 | ▅▅　▅▅ | 妻財 | 乙卯木 | | |
| 六二 | ▅▅　▅▅ | 官鬼 | 乙巳火 | | |
| 初六 | ▅▅　▅▅ | 父母 | 乙未土 | 應 | |

八月卦：春平，夏凶，秋吉，冬凶。

評曰：觀者，觀也。觀國之光，風在地上，萬國興昌。財不破散，去處難強，求官得位，爵祿加彰①。

此卦唐明皇②與葉靜能③㊀遊月宮④卜得之，雖有好事，必違也。

解曰：日月當天，大明普照也。官人香案邊立。香案吏符從貴也。鹿在山上，高祿也。金甲人，神人也。執印秤。印者，信也。秤者，提權也。得此均吉也。

雲卷晴空之卦，春花競發之象。

觀：盥而不薦⑤，有孚顒⑥若。

象曰：大觀在上順而巽，中正以觀天下。觀，盥而不薦，有孚顒若，下觀而化也。觀天之神道，而四時不忒⑦。聖人以神道設教，而天下服矣。

象曰：風行地上，觀。先王以省方觀民設教。

朱子曰：觀者，有以中正示人，而為人所仰也。九五居上，四陰仰之。又內順外巽，而九五以中正示天下，所以為觀。盥將祭而潔手也，薦奉酒食以祭也，顒然尊敬之貌，言致其潔，清而不輕。自用，則其孚信在中，顒然可仰。

## 注釋

①爵祿（jué lù）加彰（zhāng）：指授予爵位、官職和俸祿的表彰。

②唐明皇：唐玄宗李隆基（685年——762年），睿宗第三子，母昭成竇皇后。垂拱元年秋八月戊寅，生於東都。唐玄宗開元年間，社會安定，政治清明，經濟空前繁榮，唐朝進入鼎盛時期，後人稱這一時期為開元盛世。唐玄宗後期，他貪圖享樂，寵信並重用李林甫等奸臣，

終於導致安史之亂發生，唐朝開始衰落。參閱《舊唐書·本紀第八·玄宗》。

③葉靜能：唐中宗時期的國子監祭酒。參閱《舊唐書》。

④遊月宮：考《舊唐書》、《新唐書》，均無此記錄，疑為傳說。

⑤薦（jiàn）：進獻，祭獻。

⑥顒（yóng）：溫和肅敬的樣子

⑦四時不忒（tè）：春夏秋冬四時運行，沒有變更，沒有差錯。

## 校勘記

㈠「能」，原本脫漏，據《舊唐書》「國子祭酒葉靜能」補入。

## 六甲旬斷

甲子旬：病不妨。

甲戌旬：卦空鬼無氣㈠，病犯內傷亡之鬼。

甲申旬：世應空，事不利。

甲午旬：鬼空㈡，病不妨，財吉。

甲辰旬：財不利。

甲寅旬：鬼長生㊂，病犯山妖。憂疑散，財吉。

虎易按：「卦空」，大約指《觀》卦屬金，甲戌旬中申酉金空。「卦空」之說，不太合理，請讀者注意分辨。

## 校勘記

㊀「卦空鬼無氣」，原本作「卦空鬼旺」，疑誤，據其卦理與文意改。

㊁「鬼空」，原本脫漏，據其卦理及文意補入。

㊂「鬼長生」，原本作「鬼旺」，疑誤，據其卦理與文意改。

## 日六神斷

第四爻辛未土，父母持世。當憂子孫，忌亥卯未日。

甲乙：騰蛇持世，住宅鬼怪。

丙丁：白虎持世，憂小口，破財㊀。

戊己：玄武持世，陰私，亡散。

庚辛：青龍持世，損孕，安吉。

壬癸：朱雀持世，求財吉。

## 校勘記

㊀「憂小口，破財」，原本作「福德扶身，則退鬼賊，病易痊」，疑誤，據《火天大有•日六神斷》行文體例改。

## 十干詩斷

甲丙戊庚壬：鞍轡①利巡行，觀風察俗情，秋來聞撓括②，見虎不須驚。

乙丁己辛癸：弓滿定穿楊，登樓醉一場，醉中還失足，於我有何妨。

## 六爻詩斷

初六：童觀，小人无咎，君子吝。【中平】

象曰：初六童觀，小人道也。

詩斷：觀望未為益，終須无悔尤③，未能多識見，君子乃貽羞④。

占斷：官事未散，求財平，婚姻吉後不足，望事遲，出行吉。

六二：窺觀⑤，利女貞。【小吉】

象曰：窺觀女貞，亦可醜也。

詩斷：卦體俱柔順，難離利女貞，達人當大觀，為貴際時明。

占斷：求事難成，官事可託，行人未至，出入遲，餘皆吉，望事未就。
六三：觀我生，進退。【小吉】
象曰：觀我生，進退，未失道也。
詩斷：卦以觀為義，須明進退人，行藏有通塞，用捨要乘時。
占斷：官事凶，病者吉，求財吉，望事未就。
六四：觀國之光，利用賓于王。【大吉】
象曰：觀國之光，尚賓也。
詩斷：任途多顯達，得志在亨通，所用應多吉，門庭日有餘。
占斷：宜尋人，求事必託于人方吉也。
九五：觀我生，君子无咎。【次吉】
象曰：觀我生，觀民也。
詩斷：觀人先審己，貞正以臨人，上下皆相化，斯為大吉亨。
占斷：求財遂，謀事成，訟有理，病痊，失物難見，出入平
上九：觀其生，君子无咎。【次吉】
象曰：觀其生，志未平也。
詩斷：君子能推省，檢身盡日閑，下觀人自化，心志定平安。

占斷：官事，我強他弱，終是和勸。望事否，求財無。

## 注釋

①鞍轡（ā n pèi）：鞍子和駕馭牲口的嚼子、韁繩。

②撓括：煩擾彙聚。

③悔尤：猶怨恨。

④貽羞（yí xiū）：使蒙受羞辱。

⑤窺（ku ī）觀：從小孔、縫隙或隱蔽處偷看。謂所見狹小。

## 分類占斷

占天時：一陰一晴，其意未定，或有陰風亦無雨。

占求官：遂意，貴人得力，見草頭人為福，巳丑日得文書吉。

占見貴：巳酉丑日見，大吉。

占謀望：有陰貴人，或有出家人為力可用，事即稱心，莫憂疑也。

占家宅：若非竹林，則近香火之處，可居。或夜有夢寐，不祥。

占風水：有古墓相近，更主左右有路，或近竹林，損陰人，主人離散。

占婚姻：二人為媒，口字、草頭人說，須難就，女有美貌。
占胎產：初生女，次生男，或是雙生，吉。
占求財：宜與人同求，或于陰人所得，待時而有。
占交易：稱意，應在戌亥日可。
占田蠶：半收成。
占出行：不宜獨行，眾行則大吉。
占行人：途中有三四人，草頭、點水邊之人同行，逢四九日有信，人未回。
占尋人：其人在西南方，丑未日得見。
占遺失：陰人相誤，也可往西南方，寺宇邊後路，有兩人見，可問。若器物，往木石處尋見。
占捕盜：急於寺堂香火邊，有二三條路往來之處，或竹林中尋之，不久便見。
占疾病：因往東南方廟宇寺觀處，沖著邪鬼為禍，主兩姓共居，絕戶鬼、鄰鬼、山鬼，攬去魂魄。
主見寒熱頭疼，心寒拘急，或歡樂中得病，主進退留連。
用設二姓家先、南方廟司大王，還舊願。
小兒用設前生父母及社司、土主、半天午酉神、五路童子，送星辰。
占詞訟：有理，用草頭、口字人說，方有和合之兆。陰人在內，玄武爻動，防之吉。

# 山地剝

| ䷖艮上坤下，乾金五世，內卦伏藏。（乾宮第六卦） | | | | | |
|---|---|---|---|---|---|
| 爻位 | 卦　形 | 六親 | 納甲五行 | 世應 | 世下伏神 |
| 上九 | ▅▅▅▅▅ | 妻財 | 丙寅木 | | |
| 六五 | ▅▅　▅▅ | 子孫 | 丙子水 | 世 | 壬申金 |
| 六四 | ▅▅　▅▅ | 父母 | 丙戌土 | | |
| 六三 | ▅▅　▅▅ | 妻財 | 乙卯木 | | |
| 六二 | ▅▅　▅▅ | 官鬼 | 乙巳火 | 應 | |
| 初六 | ▅▅　▅▅ | 父母 | 乙未土 | | |

九月卦：春吉旺，夏平，秋凶，冬不利。

評曰：剝者，落也。山高岌岌①，其形似剝，陰道將盈㊀，陽道衰弱。卦臨九月，霜葉凋落，人離財散，求官失爵。

此卦是尉遲將軍②與金牙鬥爭卜得之，不利男子。

解曰：婦人床上坐，防陰人尖也。燭風中，明戚不定也。葫蘆，藥具也。山下官人坐，退居也。冠巾掛木上，喻休官也。一結亂絲。難整理收拾也。

去舊生新之卦，群陰剝盡之象。

剝：不利有攸往。

象曰：剝，剝也，柔變剛也。不利有攸往，小人長也。順而止之，觀象也。君子尚消息盈虛，天行也。

象曰：山附于地，剝。上以厚下安宅。

朱子曰：剝，落也。九月之卦也，陰盛陽衰，小人壯而君子病。故占得之者，不可有所往也。

## 注釋

①岌岌（jí）：形容山勢高聳；也形容十分危險，快要傾覆或滅亡。

②尉遲將軍：尉遲敬德，朔州善陽人。以武勇稱，累授朝散大夫，官至衛尉卿。參閱《舊唐書・列傳第十八・尉遲敬德》。

## 校勘記

㊀「盈」，原本作「行」，疑誤，據《卜筮全書・卦爻呈象・山地剝》原文改。

## 六甲旬斷

甲子旬：有福德，財散。外父㈠空，病吉。

甲戌旬：鬼墓，財吉。

甲申旬：福德長生㈡，身空。

甲午旬：鬼旺，財庫。應空，他人反覆㈢。

甲辰旬：身吉，福德庫㈣。財空亡，病吉。

甲寅旬：鬼長生㈤，財旺，世㈥空亡。為事進退，病犯西南方傷亡鬼。

### 校勘記

㈠「父」，原本作「鬼」字，疑誤，據其卦理及文意改。

㈡「福德長生」，原本作「有福德」，疑誤，據其卦理及文意改。

㈢「應空，他人反覆」，原本作「應亡，身無氣」，疑誤，據其卦理及文意改。

㈣「福德庫」，原本作「有福德」，疑誤，據其卦理及文意改。

㈤「鬼長生」，原本作「鬼旺」，疑誤，據其卦理及文意改。

㈥「世」，原本作「身」，疑誤，據其卦理及文意改。

## 日六神斷

五爻丙子水，子孫持世。忌辰戌丑未土日也。

甲乙：白虎持世，家宅不寧。

丙丁：玄武持世，盜賊，陰私。

戊己：青龍持世，百事吉，得外財。

庚辛：勾陳持世，田土事。

壬癸：騰蛇持世，憂懷孕婦。

## 十干詩斷

甲丙戊庚壬：剝至事雖傷，陰人恐在床，朝雲無定處，得雨始無妨。

乙丁己辛癸：久歷霸窮事，年來好息閑，掛冠真活計，洗耳適林泉。

## 六爻詩斷

初六：剝床以足，蔑①貞凶。【凶】

象曰：剝床以足，以蔑下也。

詩斷：將足不用將，于人失所安，既無貞正道，凶災可勝言。

占斷：訟，他侵我。疾病留連，尋人不見，望事未得，婚姻亦不遂也。

六二：剝床以辨，蔑貞凶。【凶】

象曰：剝床以辨，未有與也。

詩斷：乘勢陷他人，須防損自身，若能長守正，謹可免災迍。

占斷：訟我勝，病漸痊，凡事俱吉之兆也。

六三：剝之，无咎。【凶】

象曰：剝之，无咎，失上下也。

詩斷：剗②去群邪黨，存心輔正人，非惟无咎責，援引更相成。

占斷：求財、望事不利。訟，我有氣。病難安，出往不利之兆。

六四：剝床以膚，凶。【凶】

象曰：剝床以膚，切近災也。

詩斷：積釁非朝夕，須知禍有胎，剝膚將及己，切近致凶災。

占斷：訟、病凶災。求財不利之兆。

六五：貫魚以宮人寵，无不利。【吉】

象曰：以宮人寵，終无尤也。

詩斷：遇時方不利，遷善可無屯，引類同升進，將來獲寵榮。

占斷：求財、出行吉。訟散，病難安，凶事散，吉事成也。

上九：碩果不食，君子得輿③，小人剝廬④。【吉】

象曰：君子得輿，民所載也。小人剝廬，終不可用也。

詩斷：君子存天理，生生道不窮，小人全昧此，難免剝廬凶。

占斷：訟難散，失物空，病死，百事平。

## 注釋

①蔑（miè）：輕視；輕侮。

②剗（chǎn）：削去，鏟平。

③輿（yú）：車輛，尤指馬車。

④剝廬：扒毀房舍。

## 分類占斷

占天時：乍晴㊀乍雨之象。

占求官：先難後易，望小得大，位高財重，丑辰日月得之。

占見貴：可也，但忌小人嫉妒，是非，不妨。

占謀望：宜隔遠，不許成就，用三次方合。但不宜文書中之事，空誤自己。

占家宅：三人卓立，近寺宇居，其人孤獨，鄰舍亦平安。

占風水：丙壬向，乾巽山，葬後出人權柄有為，發財，主過房子①。

占婚姻：乃是剋夫之女，若非破卻一家，則主退夫家財。不成，有人說破不美。三人為媒，或三人爭婚。

占胎產：是第三胎。若非長胎，定是六根不足，母生之時亦有驚，不為害。如有凶神，必亡其子母。

占求財：用三人同求，有五六分入手，自求平也。

占交易：遂成，但雖密為，可託黑面人，方可定論。

占田蠶：不利也。

占出行：宜二三人同行②，可也。

占行人：三人同行，得一人帶破相，一人不足，同行不睦，欲動不動，多驚疑，未面。

占尋人：東南方可尋，卯丑日見。

占遺失：難尋，不過三家，若非三人得，亦是第三人得。不問生死器物，皆在水中。玄武動，大魚。

占捕盜：向西南去，十里內方見實，又近池塘邊，倒屋處，面有破相。

占疾病：因往西南方旺處，沖著木下三聖、南方廟司大王，被小鬼箭射，攪去魂魄。主見寒熱往來，心腹疼痛，或血膿之災。用設㊂家先、南方廟司大王、木下三聖、灶司，送瘟神，退土墓二㊃殺。看丑日退可保，進凶。

小兒用設上官，送星辰、前生父母、五路童子、床公床婆。

占詞訟：因財祿上爭鬥，若帶累，見官事則散。如未見官，防有枷鎖之厄，不為害。

## 注釋

①過房子：過繼的兒子。參見「過房」注釋。

## 校勘記

㊀「晴」，原本作「明」，疑誤，據其文意改。

㊁「行」，原本脫漏，據其文意補入。

㊂「用設」，原本作「用謝」，疑誤，據《乾為天•占疾病》行文體例改。後文遇與此體例不符之處，均依此例補入和改作，不另作校勘說明。

㊃「二」，原本作「三」，疑誤，據其文意改。

# 火地晉

☷離上坤下，乾金遊魂，內卦伏藏。（乾宮遊魂卦）

| 爻位 | 卦　形 | 六親 | 納甲五行 | 世應 | 世下伏神 |
|---|---|---|---|---|---|
| 上九 | ▅▅▅▅▅ | 官鬼 | 己巳火 | | |
| 六五 | ▅▅　▅▅ | 父母 | 己未土 | | |
| 九四 | ▅▅▅▅▅ | 兄弟 | 己酉金 | 世 | 丙戌土 |
| 六三 | ▅▅　▅▅ | 妻財 | 乙卯木 | | |
| 六二 | ▅▅　▅▅ | 官鬼 | 乙巳火 | | |
| 初六 | ▅▅　▅▅ | 父母 | 乙未土 | 應 | |

二月卦：春吉，夏平，秋凶，冬吉。

評曰：晉者，進也。日出於地，柔而上行，巡運照耀，升進其明。居官益位，禍滅福生，利見王侯，任意必亨。

此卦昔司馬①進策卜得之，後果為宰相。

解曰：文字破，不圓全也。官人掩面，悲也。毬在泥上，事沉也。雞銜秤，雞早鳴，有準也。枯木生花，晚發也。鹿銜書，祿命也。一堆金寶。有財有利。

龍劍出匣之卦，以臣遇君之象。

晉：康侯用錫②馬蕃庶③，晝日三接。

彖曰：晉，進也。明出地上，順而麗乎大明，柔進而上行。是以康侯用錫馬蕃庶，晝日三接也。

象曰：明出地上，晉。君子以自昭明德。

朱子曰：晉，進也。康侯，安國之侯也。錫馬蕃庶，晝日三接，言多受大賜，而顯被親禮也。

## 注釋

①司馬：西晉高祖宣皇帝司馬懿（179－251），字仲達，漢族，河內郡溫縣孝敬里（今屬河南溫縣）人。三國時期魏國傑出的政治家、軍事家，西晉王朝的奠基人。曾任職過曹魏的大都督，太尉，太傅。是輔佐了魏國三代的托孤輔政之重臣，後期成為全權掌控魏國朝政的權臣。參閱《三國誌》、《晉書》。

②錫（xī）：通「賜」。給予，賜給。

③蕃庶（fán shù）：繁盛，眾多。

## 六甲旬斷

甲子旬：有福德，病痊。

甲戌旬：世空，求謀反覆㊀。

甲申旬：財絕，鬼衰，病吉。

甲午旬：鬼空，病安。

甲辰旬：不利求財。

甲寅旬：鬼長生㊁，財吉。

## 校勘記

㊀「世空，求謀反覆」，原本作「宅舍財空」，疑誤，據《乾為天・六甲旬斷》行文體例改。

㊁「鬼長生」，原本作「鬼旺」，疑誤，據其卦理及文意改。

## 日六神斷

第四爻己酉金，兄弟持世。二爻㊀相剋，丑日吉。

甲乙：騰蛇持世，內雀外武剋身，陰私，口舌。

丙丁：白虎持世，內陳外龍剋身，雖凶亦大吉。

戊己：玄武持世，內蛇外雀剋㊁世，文字喜。

庚辛：朱雀持世，內武外蛇剋身，陰私，口舌。

壬癸：勾陳持世，內龍外虎剋身世，進人口，更防外服①。

虎易按：「騰蛇持世，內雀外武剋身」，指世爻臨騰蛇，二爻官鬼巳火臨朱雀，六爻官鬼巳火臨玄武，剋制身爻（世爻）酉金。以下「白虎持世，內陳外龍剋身」，「玄武持世，內蛇外雀剋世」，「朱雀持世，內武外蛇剋身」，「勾陳持世，內龍外虎剋身世」，與「騰蛇持世」文意相同，請讀者注意理解清楚。

## 注釋

①外服：為家族中女性方面的親屬服孝。

## 校勘記

㈠「二爻」，原本作「二宮」，疑誤，據其卦理及文意改。

㈡「剋」，原本作「刑」，疑誤，據其卦理及文意改。

## 十干詩斷

甲丙戊庚壬：雲散月當空，牛前鼠後逢，張弓方挽處，一箭定成功。

乙丁己辛癸：二姓合新室，資財滿目前，從今百事泰，兩處保團圓。

## 六爻詩斷

初六：晉如，摧如，貞吉。罔孚，裕无咎。【大吉】

象曰：晉如，摧如，獨行正也。裕无咎，未受命也。

詩斷：大宜圖進用，小阻亦何妨，切戒毋輕動，終須保吉昌。

占斷：凡事中平之兆無疑。

六二：晉如，愁如，貞吉。受茲介福，于其王母。【次吉】

象曰：受茲介福，以中正也。

詩斷：進謀憂有患，守正可無迍，自爾來多福，推誠以事親。

占斷：求財先難後遂，婚不成，官事吉，行人未至。

六三：眾允，悔亡。【吉】

象曰：眾允之志，上行也。

詩斷：欲進前程路，幽陰漸向明，眾人俱信服，百事盡光亨。

占斷：官事和，婚姻成，尋人遂，望事亦吉，求財則無。

九四：晉如鼫鼠①，貞厲。【凶】

象曰：鼫鼠貞厲，位不當也。

詩斷：知進當知退，剛強是禍根，貪求不知止，雖正亦防危。

占斷：大凡所占者，百事俱中平。

六五：悔亡，失得勿恤②，往吉，无不利。【吉】

象曰：失得勿恤，往有慶也。

詩斷：有德居高位，何人不聽從，前程无不利，吉慶自相從。

占斷：官事散，求財無，病安，失脫難尋。出入、望事俱不獲。

上九：晉其角，維用伐邑③，厲吉，无咎，貞吝。【守吉】

象曰：維用伐邑，道未光也。

詩斷：居守圖小勝，猶慮過乎剛，貞吝終言意，日憂道未光。

占斷：不宜出行，求財無，官事否，病作福，婚不成。

## 注釋

①鼫（shí）鼠：指螻蛄（lóu gū）。

②恤（xù）：顧慮，憂慮。

③邑（yì）：古代稱侯國為邑。

## 分類占斷

占天時：日在於地，必當晴明。如六二爻動，當發雨，應在巳亥日。

占求官：用託相識人方得遂，或與人同求。卻不宜六四爻動，主或有相識人阻破不成。餘吉

占見貴：有道斑面人吉，亥卯未日。

占謀望：二次得之，待文書動吉。或用他人求尋方遂，不可尋他同求，必是處言其事。

占家宅：有二人上卦，不然必有二喜，或進人口。但門破不正，宜整起，吉。

占風水：後有兩小山峰，前山遠，左右有田，甲庚向也。

占婚姻：若非二處，即有二人。說媒人為鬼，有一多口人，及中年女人說方成。

占胎產：若非第三胎，當孿生，或男子也，防厄用保。又似第三胎之兆，申子辰日時方是也。

占求財：不可獨求，須用兩人同望，不然四個同求。雖反覆，終入手無疑。

占交易：用心仔細方成，亥卯未日吉。

占田蠶：大熟。

占出行：宜二人同行，東南吉。

占行人：二人行，一人不足，有憂，欲行不行。到中途遇一人言，即憂，恐非真言矣。

占尋人：見在西南方，用二人尋。

占遺失：神廟邊，向北方，木橋，近人家尋。

占捕盜：東南方，唯從以近墓處，一人同在。

占疾病：因往西南方廟前，或水邊、井竈、大樹下過，沖著南方廟司大王、木下三聖馬頭，被小鬼射一箭，攬去魂魄。

主見寒熱頭痛，心疼，上熱下冷，嘔吐，四肢痛，進退留連。及防女人產災，香火破碎。

用設二姓家先、南方廟司大王、木下三聖、五㊀瘟神、刀兵㊁傷亡、謝灶司、邪鬼、開鎖甲神、退土殺。

小兒用設半天午酉神、前生父母、送星辰、五路童子。

占詞訟：二人官事，內外不和，鬼賊多。然終是他人求我，自身不可動，其事遲疑，終久得理之兆

## 校勘記

㊀「五」，原本脫漏，據《坎為水•占疾病》行文體例補入。後文遇與此體例不符之處，均依此例補入和改作，不另作校勘說明。

㊁「刀兵」，原本作「五路」，疑誤，據《天地否•占疾病》行文體例改。後文遇與此體例不符之處，均依此例補入和改作，不另作校勘說明。

| 火天大有 | | | | | |
|---|---|---|---|---|---|
| ☲ 離上乾下，乾金歸魂，內卦出現。（乾宮歸魂卦） | | | | | |
| 爻位 | 卦　形 | 六親 | 納甲五行 | 世應 | 世下伏神 |
| 上九 | ▅▅▅▅▅ | 官鬼 | 己巳火 | 應 | |
| 六五 | ▅▅　▅▅ | 父母 | 己未土 | | |
| 九四 | ▅▅▅▅▅ | 兄弟 | 己酉金 | | |
| 九三 | ▅▅▅▅▅ | 父母 | 甲辰土 | 世 | 乙卯木 |
| 九二 | ▅▅▅▅▅ | 妻財 | 甲寅木 | | |
| 初九 | ▅▅▅▅▅ | 子孫 | 甲子水 | | |

正月卦，春吉，夏平，秋凶，冬吉。

評曰：大有者，寬也。柔得尊位，官爵日實，掩惡揚善，豐財和義。廣納包容，成物之美，自天佑①之，吉无不利。

此卦是藺相如送趙壁往秦②卜得之，後果還壁也。

解曰：婦人腹中一道氣，喜氣也。氣中二小兒，有孕雙生之兆也。一藥王，臨產遇良醫也。藥有光，藥靈驗也。女人受藥，去災也。一犬。戌日見喜。

金玉滿堂之卦，日麗中天之象。

大有：元亨。

彖曰：大有，柔得尊位大中，而上下應之，曰大有。其德剛健而文明，應乎天而時行，是以元亨。

象曰：火在天上，大有。君子以遏惡揚善③，順天休命。

朱子曰：大有，所有之大也。乾健離明，居尊應天，有亨之道，占者有其德，則大善而亨也。

**注釋**

①佑（yòu）：保護，保佑。

②藺相如送趙璧往秦：藺相如（前329年—前259年），戰國時趙國大臣，官至上卿，戰國時期著名的政治家、外交家。他的生平最重要的事蹟有完璧歸趙、澠池之會與負荊請罪三個事件。藺相如多謀善辯，膽略過人。他以國家利益為重，善於人和，不畏強暴，為歷代人們所傳頌。參閱《史記•廉頗藺相如列傳》。

③遏（è）惡揚善：指禁遏邪惡，褒揚善良。

## 六甲旬斷

甲子旬：財長生㈠，福德旺，病安。

甲戌旬：應無氣㈡，官事不成。

甲申旬：鬼衰，世長生㈢，病易痊。

甲午旬：世空亡，謀未利，出旬吉。

甲辰旬：求財不㈣遂。

甲寅旬：財旺㈤，子孫空亡，病主留連。

### 校勘記

㈠「財長生」，原本作「財無氣」，疑誤，據其卦理及文意改。

㈡「應無氣」，原本作「應空亡」，疑誤，據其卦理及文意改。

㈢「世長生」，原本作「身旺」，疑誤，據其卦理及文意改。

㈣「不」，原本脫漏，據其卦理及文意補入。

㈤「財旺」，原本作「財有氣」，疑誤，據其卦理及文意改。

## 日六神斷

第三爻甲辰土，父母持世。憂子孫，忌未日。
甲乙：勾陳持世，剋福德㊀，主爭田土事。
丙丁：騰蛇持世，憂驚，防口舌。
戊己：白虎持世，憂小口，破財。
庚辛：青龍持世，喜慶，宜求財。
壬癸：朱雀持世，公事不成。

### 校勘記

㊀「剋福德」，原本作「剋財」，疑誤，據其卦理及文意改。

## 十干詩斷

甲丙戊庚壬：欲進又徘徊，心危事不危，貴人相指引，名利得榮歸。
乙丁己辛癸：舊沒困塵泥，逢羊事漸新，要求真與實，木口是恩人。

## 六爻詩斷

初九：无交害，匪咎，艱則无咎。【中平】

象曰：大有初九，无交害也。

詩斷：富有易驕盛，當存敬㊀畏心，艱難常在念，災害永無侵。

占斷：婚成，病癒，訟散，望事吉，求財遂也。

九二：大車以載，有攸往，无咎。【大吉】

象曰：大車以載，積中不敗也。

詩斷：大有方強盛，人宜大有為，如車乘重載，不致㊁有傾危。

占斷：不宜求婚，出入利，望事有成之兆也。

九三：公用亨于天子，小人弗剋。【大吉】

象曰：公用亨于天子，小人害也。

詩斷：偏宜君子道，求利與求名，貴客相提拔，前程自顯榮。

占斷：婚姻成，官事有貴人，求財諸事吉。

九四：匪其彭①，无咎。【平】

象曰：匪其彭，无咎，明辨哲也。

詩斷：日過中必是，物既盛還衰，明智能先見，謙謙諸福來。

占斷：婚姻、望事、出入、尋人、官事、皆吉。失物亦在也。

六五：厥②孚交如，威如吉。【吉】

象曰：厥孚交如，信以發志也。威如之吉，易而无備也。

詩斷：上下相交際，中心在信孚，柔當剛以濟，不怒亦威如。

占斷：諸事中平也。

上九：自天佑之，吉无不利。【吉】

象曰：大有上吉，自天佑也。

詩斷：庯③極能招損，謙謙不自居，上天中眷佑④，吉慶得相扶。

占斷：官事有頭無尾㊂，餘吉。

## 注釋

①彭：通「旁」。側，邊。

②厥（jué）：其。

③庯（bū）：屋頂平。

④眷佑：眷顧庇佑。

## 校勘記

㊀「敬」，原本作「競」，疑誤，據其文意改。

㊁「致」，原本作「至」，疑誤，據其文意改。

㊂「尾」，原本作「進」，疑誤，據其文意改。

## 分類占斷

占天時：晴占得雨，雨占得晴。如空日，占得大風後晴。

占求官：我高名達，更得高貴扶持，去而再來，應丑未月日時。

占見貴：初阻後順，一心向前則好。若惟退不決，則無始終也。

占謀望：用而必得，先動自己，財後就，不必疑慮。

占家宅：大人不全，屋宇修整，門戶不正，或有兩門，外姓人同居。

占風水：不吉之兆。

占婚姻：必成，或入贅為用，或再嫁之女，其婦人有破相也。

占胎產：是雙生，古云『有月必有日』，所以日㊀一月二，有陰陽交泰，但過月生無虞。

占求財：動有靜無，若得木字姓人在內，其財易取，不用再求，不須憂。

占交易：可成，只防酒中是非，及忌呼盧①人。

占田蠶：大熟。

占出行：宜往西方，亦遲動好。
占行人：先用見兩姓，第三次則自回來。有三人同行，再添一人，一人先回，戌日則至也。
占尋人：在西，有遇口、木姓人，知端的②。
占遺失：生物有色，向半新舊屋處尋。死物，在溝邊。
占捕盜：難捉之兆。
占疾病：因往東南方山邊或橋邊，沖著山神③或南方廟司大王，攬去魂魄，賣與半天午酉神。主見寒熱往來、頭痛、眼自昏朦、胸痛、留連進退。用設家先、土地、傷亡，謝社司，送星辰，退土殺、墓殺。小兒用設社司、土地、五路童子、半天午酉神、前生父母。
占詞訟：大事成小，有頭無尾。木字人是貴人，遇吳姓人則有驚，其中有人說信，可信也。

## 注釋

①呼盧：糊弄，欺騙捉弄。
②端的：詳情。
③山神：主管某山的神靈。

## 校勘記

㊀「日」，原本作「目」字，疑誤，據其文意改。

# 坎為水

䷜ 坎上坎下，坎水八純，內外出現。（六沖）（坎宮首卦）

| 爻位 | 卦　形 | 六親 | 納甲五行 | 世應 | 世下伏神 |
|---|---|---|---|---|---|
| 上六 | ▅▅　▅▅ | 兄弟 | 戊子水 | 世 | 己巳火 |
| 九五 | ▅▅▅▅▅ | 官鬼 | 戊戌土 | | |
| 六四 | ▅▅　▅▅ | 父母 | 戊申金 | | |
| 六三 | ▅▅　▅▅ | 妻財 | 戊午火 | 應 | |
| 九二 | ▅▅▅▅▅ | 官鬼 | 戊辰土 | | |
| 初六 | ▅▅　▅▅ | 子孫 | 戊寅木 | | |

十月卦：春吉，夏凶，秋凶，冬吉。

評曰：坎者，陷也。逢流則注，遇坎則止，出入艱險，隨坎不已。陰愁伏匿①，共相謀計，千里辭家，始免迍否②。

此卦唐玄宗避祿山③卜得之，後果身出九重也。

解曰：人在井中，身陷也。人用繩引出，有汲引也。一牛一鼠，子丑日可進用也。人身虎頭。有威望也，占者得之，謀事遇大貴人，方能獲吉。

船涉重灘之卦，外虛中實之象。

習坎：有孚，維心亨，行有尚。

象曰：習坎，重險也。水流而不盈，行險而不失其信。維心亨，乃以剛中也。行有尚，往有功也。天險，不可升也；地險，山川丘陵也。王公設險，以守其國。險之時用大矣哉。

象曰：水洊④至，習坎。君子以常德行，習教事。

朱子曰：此卦上下皆坎，是為重險。中實為有孚心亨之象，以是而行，必有功矣。

注釋

①伏匿：隱藏，躲藏。

②迍（zhūn）否：迍，通「屯」。屯謂艱難，否謂隔塞。後以「迍否」指困頓不利。

③唐玄宗避祿山：唐玄宗時，身兼范陽、平盧、河東三節度使的安祿山反唐。唐玄宗逃亡蜀中，後來郭子儀收復兩京，才得以重回京師。參閱《舊唐書》。

④洊（jiàn）：再，接連。

## 六甲旬斷

甲子旬：外㈠鬼空，身旺，病吉。
甲戌旬：財庫，貴人順。
甲申旬：應空，他人反覆㈡，身吉。
甲午旬：財旺㈢，貴人順。
甲辰旬：子孫空，防病。
甲寅旬：世空㈣，求謀反覆。

校勘記

㈠「外」，原本脫漏，據其卦理及文意補入。
㈡「他人反覆」，原本脫漏，據《水雷屯•六甲旬斷》行文體例補入。
㈢「旺」，原本作「吉」，疑誤，據其卦理及文意改。
㈣「世空」，原本脫漏，據《乾為天•六甲旬斷》行文體例補入。

## 日六神斷

第六爻戊子水，兄弟持世。一鬼剋身，忌辰戌丑未日。

甲乙：玄武持世，財無氣㊀，動主陰私，失財。

丙丁：青龍持世，喜慶至。

戊己：朱雀持世，防口舌災㊁。

庚辛：騰蛇持世，財物剋剝，爭田園。

壬癸：白虎持世，憂疑，婦人血疾。

## 校勘記

㊀「財無氣」，原本作「財冬旺」，疑誤，據其卦理及文意改。

㊁「防口舌災」，原本作「主陰私，失財」，疑誤，據《天風姤·日六神斷》行文體例改。

## 十干詩斷

甲丙戊庚壬：坎雖重疊見，逢牛漸脫時，更逢寅卯地，別立舊鎡基①。

乙丁己辛癸：因禍方成福，逢危卻見亨，木邊人借力，安穩過平生。

## 六爻詩斷

初六：習坎，入于坎窞②，凶。【凶】

象曰：習坎入坎，失道凶也。

詩斷：柔弱無強臨，謀為事不成，未能離禍患，坎窞險難平。
占斷：官事我勝，求財無，婚姻成，病好。
九二：坎有險，求小得。【次吉】
象曰：求小得，未出中也。
詩斷：居坎須言險，寧從險處求，此求須小得，未可大營謀。
占斷：官事他生我，餘吉。
六三：來之坎坎，險且枕；入于坎窞，勿用。【平】
象曰：來之坎坎，終无功也。
詩斷：進退方多難，重重險未平，雖然人助己，為事竟難成。
占斷：訟勝，婚成，出入吉，行人至，求財有。
六四：樽③酒簋④，貳用缶⑤，納約自牖⑥，終无咎。【吉】
象曰：樽酒簋，貳，剛柔際也。
詩斷：暫時遭險難，薄禮可通神，上下相交吉，終焉无咎迍。
占斷：求財失望，餘吉。
九五：坎不盈，祇既平，无咎。【吉】
象曰：坎不盈，中未大也。
詩斷：歷盡重重險，風波幸已平，災危今已退，福祿自然生。

占斷：求望遂，病重有災凶，餘吉。

上六：係用徽纆⑦，寘⑧于叢棘⑨，三歲不得，凶。【不吉】

象曰：上六失道，凶三歲也。

詩斷：音問全無至，暸㊀然久被留，若占公訟事，和會免無憂。

占斷：諸事不吉。

## 注釋

① 鎡（zī）基：基業，家業。

② 坎窞（dàn）：坎中小坎，坑穴。喻險境。

③ 樽（zūn）：古代盛酒的器具。

④ 簋（guǐ）：古代盛食物的器具。

⑤ 缶（fǒu）：盛酒漿的瓦器。大腹小口，有蓋。

⑥ 牖（yǒu）：窗戶。

⑦ 徽纆（huī mò）：繩索。古時常特指拘繫罪人者。《易•坎》：「上六，係用徽纆，寘于叢棘」。陸德明 釋文引劉表云：「三股曰徽，兩股曰纆，皆索名」。

⑧ 寘（zhì）：安排，放置。

⑨ 叢棘（cóng jí）：古時囚禁犯人的地方，四周用荊棘堵塞，以防犯人逃跑，故稱。

## 校勘記

㊀「瞭」，原本作「橑」，疑誤，據其文意改。

## 分類占斷

占天時：久雨不晴，逢辰巳日，住二三日再雨，春發雷聲。
占求官：如石中取玉，雖得亦難。石中主難，或破損，應在有阻，寅卯日見也。
占見貴：防小人嫉妒，且是無妨。
占謀望：反覆無定，我向前，他即退，我退他又向前，若三四次方可。隔手好也。
占家宅：合有次子，必見二人成家，近江邊及坑圳之處居。
占風水：四畔有遮圍，不可。改坤向，出二子。
占婚姻：其次子婚，長女為妻，合得成雙。但恐自己進退不成也。
占胎產：非是長子，合是次胎，生男則有，二項生女養不成。臨產之時，亦有驚恐，不妨。
占求財：用二人求，防一破相人在內，欲合其財，必向前。乃空手中之財也，申子辰日見。
占交易：問羽姓人可成，其餘不可。
占田蠶：少收。
占出行：不宜，恐有失算之患，及有驚恐之厄。
占行人：當有險難、虛驚，不然卻不安寧。寅午日信，未戌日至也。

占尋人：他人在南方，坑圳江河之所。但欲去尋他，他又動，難見。

占遺失：生物在坑圳可尋，死物水邊、堆糞、木料邊，可急尋，遲則難見，或是小兒見之。

占捕盜：其賊不遠，陷在其所，近江河、林窠①下藏身。

占疾病：因往東南方水邊，沖著落水傷亡、土洪神、山魅鬼，攬去魂魄。主見氣疾，飲食不進。此卦以二人靈，宜小占大，不宜大占小，必亡。用設水邊神、落水傷亡、土洪、山鬼、土主、大王、五瘟神、西方墓殺。小兒用設前生父母、五路童子、社司、南方廟司大王、化公化婆、床公床婆。

占詞訟：因田土事，二人在中爭鬥不止㊀，爭三兩次必順。自身亦有理，是自欺於他人，或因盜賊起成此事。

## 注釋

①窠（kē）：借指人安居或聚會的處所。

## 校勘記

㊀「止」，原本作「足」，疑誤，據其文意改。

| 水澤節 | | | | | |
|---|---|---|---|---|---|
| ䷻ 坎上兌下，坎水一世，外卦出現。（六合）（坎宮第二卦） | | | | | |
| 爻位 | 卦　形 | 六親 | 納甲五行 | 世應 | 世下伏神 |
| 上六 | ▅▅　▅▅ | 兄弟 | 戊子水 | | |
| 九五 | ▅▅▅▅▅ | 官鬼 | 戊戌土 | | |
| 六四 | ▅▅　▅▅ | 父母 | 戊申金 | 應 | |
| 六三 | ▅▅　▅▅ | 官鬼 | 丁丑土 | | |
| 九二 | ▅▅▅▅▅ | 子孫 | 丁卯木 | | |
| 初九 | ▅▅▅▅▅ | 妻財 | 丁巳火 | 世 | 戊寅木 |

十一月卦：春吉，夏吉，秋凶，冬凶。

評曰：節者，止也。天地得節，四時所成，節以制度，儉以豐盈。內憂外悅，不出戶庭，於身謹節，無不康寧。

此卦是孟姜女①送寒衣卜得之，知夫落亡，不吉之兆。

解曰：大雨下，沛澤也。火中魚躍出，太陽正照。雞屋上，曉明也。犬在井中，晚沒也。屋門開著。乃朝門開，可入也。

船行風橫㊀之卦，寒暑有節之象。

節：亨，苦節不可貞。

象曰：節，亨，剛柔分而剛得中。苦節不可貞，其道窮也。說以行險，當位以節，中正以通。天地節，而四時成。節以制度，不傷財，不害民。

象曰：澤上有水，節。君子以制數度，議

德行。

朱子曰：為卦下兌上坎，澤上有水，其容有限，故為節。節固自有亨道矣，又其體陰陽各半，而二五皆陽，故其占得亨。然至於太甚，則苦矣。

## 注釋

①孟姜女：孟姜女「夫死後向城而哭，城為之崩」。參閱劉向《說苑》及《列女傳》。

## 校勘記

㊀「横」，原本作「黃」，疑誤，據《卜筮全書‧卦爻呈象‧水澤節》原文改。

## 六甲旬斷

甲子旬：身吉，外鬼空㊀。

甲戌旬：應空，他人反覆㊁。

甲申旬：鬼長生㊂，財無氣。

甲午旬：世空，事不成。

甲辰旬：財宜退。

甲寅旬：百事大吉。

### 校勘記

㊀「外鬼空」，原本作「財空」，疑誤，據其卦理及文意改。

㊁「應空，他人反覆」，原本作「財吉」，疑誤，據其卦理及文意改。

㊂「鬼長生」，原本作「鬼旺」，疑誤，據其卦理及文意改。

## 日六神斷

初爻丁巳火，妻財持世。

甲乙：青龍持世，主文章，貴子生。

丙丁：朱雀持世，主妻女口舌。
戊己：勾陳持世，凡事反覆。
庚辛：白虎持世，吉為遠信，凶主內親孝服。
壬癸：玄武持世，利陰人財，防盜賊。

## 十干詩斷

甲丙戊庚壬：前途險阻不堪行，順處安身道乃亨，守節操心無過慮，須知樂處恐交爭。
乙丁己辛癸：欣樂中生禍，驕淫罔剋終，節貪並謹事，守靜卻無凶。

## 六爻詩斷

初九：不出戶庭，无咎。【吉】
象曰：不出戶庭，知通塞也。
詩斷：深居宜簡出，可免禍來侵，尤貴知通塞，時行則可行。
占斷：官事有理，有賢人，百事吉利。
九二：不出門庭，凶。【凶】
象曰：不出門庭，凶，失時極也。

詩斷：時進須當進，遲疑卻反凶，前途逢貴拔，知即自相隨。
占斷：官事散，求財無，婚成，出入吉，望事不遂，行人至也。
六三：不節若，則嗟①若，无咎。【平】
象曰：不節之嗟，又誰咎也？
詩斷：飲食防過度，資財戒太奢，不能先謹節，何必更籲嗟。
占斷：出入、官事凶。宜尋人，病亦凶，婚不成，餘皆不吉之兆也。
六四：安節，亨。【大吉】
象曰：安節之亨，承上道也。
詩斷：立身從儉約，財祿自豐盈，安節常能守，施為盡吉亨。
占斷：訟和，孕生女，凡事平，只宜守常，行人亦至。
九五：甘節吉，往有尚。【吉】
象曰：甘節之吉，居位中也。
詩斷：節以甘為義，居尊貴得中，以茲行有尚，得吉保成功。
占斷：求財有，望事成，訟得貴人扶助。失物在，久方見之兆。
上六：苦節，貞凶，悔亡。【平】
象曰：苦節，貞凶，其道窮也。

詩斷：物當窮得變，事極貴能通，苦節長貞守，因循反致凶。

占斷：出入、望事皆平。

## 注釋

①嗟（jiē）：歎息。

## 分類占斷

占天時：雨雖大，忽然而晴。卻不宜上六爻動，必有一日晴又雨。初爻動，主風。

占求官：虛勞心力，三五次用心不成，更被人反誤，失財也。

占見貴：和順，但空亡無成，待錢李周姓人可。

占謀望：節至則事成，三兩次望方遂。若問文書，可有他事去，而再來求方遂。

占家宅：近竹林，對面隔水有人煙住，四畔有牆籬，後有小山，左右人煙少，宜防盜賊。

占風水：遠山高水，前後更有古墓。

占婚姻：是室女，我貪婚，他不望，須當成就。其女美貌年少，說或久不娶，他人欲退，急進立遂。

占胎產：生男，可求神佛保度產母，災無。

占求財：向東南方，有八九分，二人同去求，我強他弱，立遂。宜急，緩則少。

占交易：應在寅午戌日，更主不成之兆。

占田蠶：不利。

占出行：必動不得，只宜守舊。

占行人：在路未定，離又離不得，被人誤也。又不在原處，改變他所，斷未回也。

占尋人：他藏身，或出幹事，急尋必見。其人說信虛，莫尋。

占遺失：生物可去竹林、山下尋，在東南方。死物只在竹林邊，急尋獲。

占捕盜：在北方小澗橋邊，二人同也。

占疾病：因往西北方，沖著南方廟司大王、落水傷亡，攬去魂魄。天羅地網，或鄰家自縊[一]鬼為禍[二]。

主見寒熱氣急，心腹、腰肚疼痛，上熱下冷，四時沉重。

用設家先、土地、南方廟司大王、社司、五瘟神、落水鬼、退墓殺。

小兒用設床公床婆、五路童子、退土殺。

占詞訟：欲動不動，以虛而止。須防陰女不足，終是我刑於他，久必是和也。

**校勘記**

㊀「縊」，原本作「害」，疑誤，據其文意改。

㊁「禍」，原本作「衬①」，疑誤，據現代用字方式改。後文遇此字，均依此例改作，不另作校勘說明。

**注釋**

①衬（cùn）：災禍。

# 水雷屯㊀

☵☳坎上震下，坎水二世，外卦出現。（坎宮第三卦）

| 爻位 | 卦　形 | 六親 | 納甲五行 | 世應 | 世下伏神 |
|---|---|---|---|---|---|
| 上六 | ▅▅　▅▅ | 兄弟 | 戊子水 | | |
| 九五 | ▅▅▅▅▅ | 官鬼 | 戊戌土 | 應 | |
| 六四 | ▅▅　▅▅ | 父母 | 戊申金 | | |
| 六三 | ▅▅　▅▅ | 官鬼 | 庚辰土 | | |
| 六二 | ▅▅　▅▅ | 子孫 | 庚寅木 | 世 | 戊辰土 |
| 初九 | ▅▅▅▅▅ | 兄弟 | 庚子水 | | |

六月卦：春吉，夏凶，秋吉，冬平。

評曰：屯㊁者，難也。象屯之時，動則難生，如常之事，先易後爭。時方屯㊂難，切忌遠行，婚姻即吉，謀望不亨㊃。

此卦季布逃難①卜得之，漢推其忠，乃赦其罪也。

解曰：人在望，竿頭立，望前不顧危也。車在泥中，不能輪轉也。大頭回字，哭也。人射文書，占財也。刀在牛上，角字也。一盒子。和合之吉兆也。

龍居淺水之卦，萬物始㊄生之象。

屯：元亨，利貞。勿用有攸往，利建侯。

彖曰：屯，剛柔始交而難生。動乎險中，大亨貞。雷雨之動滿盈，天造草昧，宜建侯而不寧。

象曰：雲雷，屯。君子以經綸②。

朱子曰：其占為大亨，而利於正，但未可遂有所往耳。

## 注釋

①季布逃難：季布，生卒年不詳，楚地下相（今江蘇省宿遷市宿城區）人，曾效力於西楚霸王項羽，為項羽帳下五大將之一，多次擊敗劉邦軍隊。項羽敗亡後，被漢高祖劉邦懸賞緝拿。後在說情下，劉邦饒赦了他，並拜他為郎中。惠帝時，官至中郎將。文帝時，任河東郡守。參閱《漢書•季布欒布田叔傳》。

②經綸：指治理國家的抱負和才能。

## 校勘記

㈠㈡㈢「屯」，原本作「迍」，按通行本《易經》用字方式改。

㈣「謀望不亨」，原本作「來所往明」，疑誤，據《卜筮全書•卦爻呈象•水雷屯》原文改。

㈤「始」，原本作「如」，疑誤，據《卜筮全書•卦爻呈象•水雷屯》原文改。

## 六甲旬斷

甲子旬：應空，他人反覆。
甲戌旬：父母空，財吉。
甲申旬：財空。
甲午旬：內㈠鬼空，病吉。
甲辰旬：福德空，有財㈡。
甲寅旬：有福德，吉。

### 校勘記

㈠「內」，原本脫漏，據其卦理及文意補入。
㈡「有財」，原本作「剋財」，疑誤，據其卦理及文意改。

## 日六神斷

第二爻庚寅木，子孫持世。
甲乙：朱雀持世，不利子孫。
丙丁：勾陳持世，外人事牽連。

戊己：騰蛇持世，小口災，防僕妾散失。
庚辛：玄武持世，陰私、盜賊、失脫。
壬癸：青龍持世，主婚姻成。

## 十干詩斷

甲丙戊庚壬：施設不須多，提攜出網羅，一登平穩地，從此少風波。
乙丁己辛癸：過盡波濤險，如今穩泛舟，江邊人指引，任意可營謀。

## 六爻詩斷

初九：盤桓①，利居貞，利建侯。【平】
象曰：雖盤桓，志行正也。以貴下賤，大得民也。
詩斷：靜守安居吉，盤桓可待時，不宜輕進步，妄動惹災危。
占斷：行人有阻，官事凶，失物空，諸事不利。
六二：屯如邅②如，乘馬班如，匪寇婚媾③。女子貞不字，十年乃字。【平】
象曰：六二之難，乘剛也。十年乃字，反常也。
詩斷：迍邅④方不利，欲進阻行程，凡事宜求緩，婚姻久乃成。

占斷：謀事不遂，求財五分，宜出不宜入，婚吉。

六三：即鹿无虞，惟入于林中，君子幾，不如舍，往吝。【平】

象曰：即鹿无虞，以從禽也。君子舍之，往吝窮也。

詩斷：無虞而即鹿，妄動必無功，君子去先見，毋令往吝窮。

占斷：求財、望事利。婚成。不時災患。

六四：乘馬班如，求婚媾，往吉，无不利。【大吉】

象曰：求而往，明也。

詩斷：婚媾宜從吉，求名亦顯榮，得人相贊助，何事不光亨。

占斷：占病痊。官事和，不大失理。餘皆無妨。

九五：屯其膏。小，貞吉；大，貞凶。【吉】

象曰：屯其膏，施未光也。

詩斷：西象宜求望，秋冬漸出迍，不須更猶豫，盡可識經綸。

占斷：宜求財，凡事有氣，婚不成，出入皆吉。

上六：乘馬班如，泣血漣如。【凶】

象曰：泣血漣如，何可長也。

詩斷：居迍謀進用，憂懼不安寧，要問前程路，猶如風裡燈。

占斷：病重，望事先阻後吉。

## 注釋

①盤桓（pán huán）：徘徊，逗留。

②邅（zhān）：難於行走的樣子。多用以形容境遇之不順。

③婚媾（gòu）：婚姻，嫁娶。

④迍邅（zhūn zhān）：處境不利，困頓。

## 分類占斷

占天時：不時，春占雨必多，雲行雨施之象。夏占多如常。

占求官：未遂，反受其迍。若見六三㊀爻動，主官司也。

占見貴：未遂。

占謀望：主他人與我求則吉，必合也。

占家宅：路不正，從屋頭入，主出一過房子。不然，有外姓來往，防有災及火盜。

占風水：兩畔山高無有水，甲庚向改。

占婚姻：此再婚再嫁之兆，亦先奸後娶之由，有腳。

占胎產：生男，產母必見一驚，無危也。

占求財：遠求可，近求難。取遲方遂，急亦難。不可與人同，自求得六七分財。

占交易：有阻，黑面小人為鬼，宜慎可也。
占田蠶：少收。
占出行：心有進退，未宜急動，宜往西北方接也。
占行人：二人同行，中途有阻，不可去，有驚恐反背也。
占尋人：至中途許相遇，不見人亦主見信，須防口舌。
占遺失：在牆籬空地，破屋草木中可尋。過三日後，難尋也。
占捕盜：西北方可尋，在公吏人所。
占疾病：因往東北方庵堂，沖著護界大王，攬去魂魄。伏屍傷亡為禍。主見寒熱，頭目昏悶，飲食不進。
用設家先、護界，送瘟神、土地神，退土殺、墓殺，送星辰。
小兒用設前生父母、化公化婆、五路童子，謝社司，求神保吉。
占詞訟：小事成，大忌拈帶，又寬中凶之象，不為大害。

## 校勘記

㊀「三」，原本作「二」，疑誤，據其卦理及文意改。

## 水火既濟

䷾ 坎上離下，坎水三世，外卦出現。（坎宮第四卦）

| 爻位 | 卦　形 | 六親 | 納甲五行 | 世應 | 世下伏神 |
|---|---|---|---|---|---|
| 上六 | ▅▅　▅▅ | 兄弟 | 戊子水 | 應 | |
| 九五 | ▅▅▅▅▅ | 官鬼 | 戊戌土 | | |
| 六四 | ▅▅　▅▅ | 父母 | 戊申金 | | |
| 九三 | ▅▅▅▅▅ | 兄弟 | 己亥水 | 世 | 戊午火 |
| 六二 | ▅▅　▅▅ | 官鬼 | 己丑土 | | |
| 初九 | ▅▅▅▅▅ | 子孫 | 己卯木 | | |

正月卦：春平，夏凶，秋平，冬吉。

評曰：既濟者，合也。水火相遇，會合之義，往渡得船，成功必濟。所求必從，所欲必遂，斯不失時，謂之既濟。

此卦季布在周家潛藏①卜得之，遂遇高皇帝也。

解曰：人在岸上一船來，接得濟也。一堆錢，大利也。雲中雨下，沛澤也。二小兒在雨中行，主年少沾君之雨澤也。文書一策。書名姓字也。

舟楫濟川之卦，陰陽配合之象。

既濟：亨小，利貞。初吉，終亂。

彖曰：既濟亨，小者亨也。利貞，剛柔正而位當也。初吉，柔得中也。終止則亂，其道窮也。

象曰：水在火上，既濟。君子以思患而預防之。

朱子曰：水火相交，各得其用，六爻之位，各得其正，故為既濟，亨小當為小亨。大抵此卦及六爻占辭，皆有警戒之意，時當然也。

## 注釋

①季布在周家潛藏：參見前「季布逃難」注釋，參閱《漢書・季布欒布田叔傳》。

## 六甲旬斷

甲子旬：外㊀鬼空，身旺，病吉㊁。

甲戌旬：父母空，合㊂福德。

甲申旬：身有氣。

甲午旬：本宮財旺㊃。

甲辰旬：福德空亡。

甲寅旬：應空，他人反覆㊄。

## 校勘記

㊀「外」，原本脫漏，據其卦理及文意補入。

㊁「病吉」，原本作「財吉」，疑誤，據其卦理及文意改。

㊂「合」，原本作「有」，疑誤，據其卦理及文意改。

㊃「本宮財旺」，原本作「本宮合財旺」，疑誤，據其卦理及文意改。

㊄「他人反覆」，原本作「船庫有失」，疑誤，據《水雷屯•六甲旬斷》行文體例改。

## 日六神斷

第三爻己亥水，兄弟持世。

甲乙：勾陳持世，鬼扶剋世，病急，退土殺。

丙丁：騰蛇持世，虛驚㊀，求謀不遂。

戊己：白虎持世，父母合世，防小口災。

庚辛：青龍持世，福德臨身，吉。

壬癸：朱雀持世，財合世。

虎易按：「白虎持世，父母合世」，大約是指白虎屬金，與卦中父母戊申金同屬性，臨於世爻上。「朱雀持世，財合世」，大約是指朱雀屬火，與卦中伏神妻財戊午火同屬性，臨於世爻上。以上兩處，採用「合世」二字，似乎不是很恰當，請讀者注意理解其意。

## 校勘記

㊀「虛驚」，原本作「口舌」，疑誤，據其卦理及文意改。

## 十干詩斷

甲丙戊庚壬：仙舟已到綠楊堤，險難經過已脫離，去福來終不錯，不須回首顧前時。

乙丁己辛癸：莫待殷高崇，須將禍典凶，預防兼早備，方可保初終。

## 六爻詩斷

初九：曳①其輪，濡②其尾，无咎。【吉】

象曰：曳其輪，義无咎也。

詩斷：時方云既濟，遽進③卻非宜，思患能先謹，災消吉自隨。

占斷：訟勝，婚不成，失物難尋，求財、諸事吉。

六二：婦喪其茀④，勿逐，七日得。【吉】

象曰：七日得，以中道也。

詩斷：時雖云可濟，欲速即難尋，貞固宜長守，待時行則行。

占斷：病難愈，求財無，望事難成，官事反覆。

九三：高宗伐鬼方，三年剋之，小人勿用。【吉】

象曰：三年剋之，憊⑤也。

詩斷：天意從人意，風雲少壯區，鬼方何足慮，凶散吉相隨。

占斷：訟久勾連，病凶。求財望事，宜遲則順也。

六四：繻⑥有衣袽⑦，終日戒。【平】

象曰：終日戒，有所疑也。

詩斷：事雖云已濟，尤慮吉成凶，戒謹連朝夕，方能保始終。

占斷：訟有理，病癒。出入、求財、望事，宜緩則可。

九五：東鄰殺牛，不如西鄰之禴祭⑧，實受其福。【吉】

象曰：東鄰殺牛，不如西鄰之時也。實受其福，吉大來也。

詩斷：禮薄須誠意，施為貴出奇，自然蒙福佑，凡事貴先時。

占斷：財有，訟無憂，行人未至。

上六：濡其首，厲。【平】

象曰：濡其首，厲，何可久也。

詩斷：更改事相宜，閑言自是兆，切宜防暗箭，獨見早思維。

占斷：失物難尋，尋人、求財、望事吉。

## 注釋

①曳（yè）：拖，拉，牽引。

②濡（rú）：沾濕。

③遽（jù）進：快進，急進。

④茀（fú）：朱熹注：「婦車之蔽」。車蔽，古代婦女乘車不露於世，車之前後設障以自隱蔽。一說為婦人頭巾，或婦女發飾。帛易為「發」字。

⑤憊：疲乏，困頓

⑥繻（xū）：彩色的絲織品。

⑦袽（rú）：爛衣服或破舊棉絮。

⑧禴（yuè）祭：祭名，中國夏商兩代在春天舉行，周代在夏天舉行。

## 分類占斷

占天時：久雨無晴，逢巳午日及戊己日，可見太陽。

占求官：憂盡且得，職達官高，巳子日阻，寅亥日可遂意也。

占見貴：遂意，應在申酉戌日。

占謀望：三次可得實信，前人說事是虛，後人信是實。

占家宅：無氣，上真香火得力。一屋，兩邊有樹木，外門樓之前又有小屋。

占風水：道人家，水邊，後有荒野之所，少樹木。

占婚姻：被媒人反覆，有急眼人說則就。卻不宜急，遲慢則成也。

占胎產：生男。如一、四爻動，即生女。秋卜此卦養不成，恐產母有災。五爻動，子難養。三爻動，易養。

占求財：求得些小，被人分去，空勞心。三五次求之，未得之兆，過六旬求之方有。

占交易：貴人得力，可行也。

占田蠶：半收。

占出行：宜出往，不宜求財，亦可尋人。東北方利，宜與人同往，不宜自行。

占行人：其人在外有阻，亦有信至。如遇九五爻動，則未有信。

占尋人：其人在家，雖不尋亦有信至。如上爻動，則在途中相遇見也。

占遺失：同事人見，可去尋，茅屋下及堆積處。

占捕盜：其賊不遠，易捉。如上爻皆動，主盜人欲去，可急尋見也。

占疾病：因往西北方，沖著五道神、水鬼，攪去魂魄，或是暗身為禍。主見腰胛血光之疾，或吐瀉，上熱下冷，留連，日輕夜重。用設家先、土地、南方廟司大王、落水鬼、血光神、落河神、傷亡鬼、墓殺，送星辰。小兒用設前生父母、五路童子、化公化婆、半天午酉神保度之。

占詞訟：是鬼賊侵算事，有虛驚，是和勸也。